BASILIO ANTOCI

FAMIGLIE E CONVIVENZE
PROFILI COSTITUZIONALI

PROPRIETÀ LETTERARIA RISERVATA

Copyright 2013 - Basilio Antoci

© **Basilio Antoci**
Famiglie e convivenze. Profili costituzionali.
Lulu Press Inc. - Catania settembre 2013
ISBN 978-1-291-55814-2

I diritti di traduzione, memorizzazione elettronica e di adattamento totale o parziale, con qualsiasi mezzo, sono riservati per tutti i Paesi.
All rights are reserved in every Country.

Stampato in USA - Printed in USA

« Pur essendo molto caro ai democristiani il concetto del vincolo sacramentale nella famiglia, questo non impedisce di raffigurare anche una famiglia, comunque costituita, dotata di una propria consistenza che trascende i vincoli che possono solo temporaneamente tenere unite due persone »

Aldo Moro[*]

---

[*] MORO A., 1ª Sottocommissione per la Costituente, discussione sull'art. 29, 5 novembre 1946.

II
PREMESSA

1. La famiglia: specchio della società - Sfogliando l'enciclopedia del diritto alla voce "famiglia" si rintraccia immediatamente una definizione incentrata sui concetti di "relazioni familiari" e "matrimonio". Dopodiché si trova anche un'importante sottolineatura circa il fatto che siano "un uomo e una donna" i protagonisti di questa particolare situazione relazionale[1].

Questa definizione è molto simile a quella che Vera Slepoj, presidentessa della Federazione Italiana Psicologi, ha usato per indicare l'uomo come "attore" - ossia come "protagonista della storia"[2]: egli è, infatti, da migliaia di anni l'elemento centrale della storia del mondo. Da quest'ottica di partenza è possibile apprezzare in maniera più profonda ogni aspetto di questa porzione atomica della società, di questo aggregato fondamentale - la famiglia - cercando di evitare, al contempo, ogni retorica o banalità di sorta. Tanto elementari sono, infatti, queste prime considerazioni, quanto evidente è il fatto stesso che, su un tema del genere, si siano già versati fiumi d'inchiostro e proferite montagne di parole.

L'uomo è al centro non soltanto della storia, bensì anche delle micro-strutture che compongono, alla stregua di un puzzle, la realtà empirica in cui egli vive reagendo alle pulsioni che lo muovono dal profondo. Tra queste micro-strutture un ruolo fondamentale è sempre spettato alla famiglia. Ciò premesso c'è da precisare che, quando si parla di pulsioni, s'intende riferirsi a tutte quelle esigenze - materiali o immateriali - proprie di ciascun essere umano. Per la maggior parte di esse la vita comunitaria ha offerto una quanto mai crescente garanzia di soddisfacimento. All'aumentare delle conoscenze e al perfezionarsi delle tecnologie è aumentata e si è perfezionata la vita e il benessere delle genti che hanno fatto parte della società, la quale si è gradualmente modificata sino a diventare così come noi oggi la conosciamo.

È necessario, però, rilevare che non sempre la società abbia assolto il suo compito: ossia quello di soddisfare i bisogni dei suoi membri. È anzi possibile costatare come la storia sia stata costellata dai grandi fallimenti di taluni sistemi sociali - e degli ideali che li sorreggevano. Nei più grandi e più bui corsi e ricorsi storici, infatti, taluni sistemi sociali hanno finito per assolvere compiti diametralmente opposti a quelli poc'anzi ricordati. Qualcuno è giunto persino a teorizzare che, la stupidità di certi sistemi e comportamenti umani (guerre, stermini, roghi di libri, ecc.), sia da ricollegare a un naturale processo di adattamento della specie umana: secondo queste idee l'eccessiva

---

(1) Cfr. ROPPO V. e BENEDETTI A. M., voce Famiglia, Enciclopedia Giuridica, cap. III, par. 1.1, pag. 1.
(2) Cfr. SLEPOJ V., *Le Ferite degli Uomini*, Mondadori, Milano 2005, pag. 26.

intelligenza potrebbe portare l'uomo verso l'estinzione e così la stupidità sarebbe stata, è tuttora e probabilmente sarà utile proprio al fine di garantire la conservazione della specie[3].

Eccezioni a parte, è possibile affermare che, in linea di principio, la necessità di far fronte ai vari bisogni degli individui abbia mosso gli uomini verso l'aggregazione in società sempre più organizzate nella speranza di trovare, in ciò, una via di salvezza, di sopravvivenza e magari anche di crescita.

Alla luce di quanto osservato è altresì agevole intuire come, dette società umane, abbiano avuto sin dall'inizio l'esigenza di dotarsi di strutture atte a sacrificare talune libertà dei singoli, al fine di garantire a essi una pacifica convivenza. Tutto ciò, in vista della sopravvivenza stessa dei consociati, nonché della comunità tutta. Le società hanno, dunque, cominciato a organizzarsi al loro interno in maniera sempre più complessa e articolata sino a giungere alla redazione di veri e propri cataloghi di regole, talmente elaborati da andare man mano a formarne il c.d. ordinamento giuridico.

Per ordinamento giuridico s'intende, dunque, quella struttura sistematica e sistemica[4] di norme elaborata e posta dagli stessi uomini facenti parte della comunità sottostante. Alla base di ogni ordinamento giuridico si pone il diritto nonché la scienza del diritto, due elementi che vennero individuati concettualmente dai romani i quali li consegnarono alla civiltà come un vero e proprio *monumentum aere perennius*[5].

Si è già fatto cenno all'ipotesi secondo la quale l'uomo sia stato spinto a sviluppare la società per appagare finalità precipuamente individualistiche per le quali, il vivere organizzato, ha rappresentato il rimedio più soddisfacente. I bisogni umani sono sempre stati i medesimi seppur, con l'avvicendarsi delle varie epoche storiche, essi abbiano cambiato forma e, a volte, anche nome. In tal senso è possibile operare un'elementare divisione fra due differenti tipologie di pulsioni ed esigenze umane: quelle di tipo **biologico** (primarie), quelle **sociologico-spirituali** (secondarie).

Passando adesso a esaminare, velocemente, le due categorie di cui sopra potrà dirsi che le esigenze biologiche ineriscano alla mera fisicità dell'essere umano: fame, sete, freddo, caldo, salute, igiene e simili ne costituiscono gli esempi più chiari. Da queste esigenze hanno avuto di riflesso origine le varie categorie sociali quali cacciatori, sarti, coltivatori, pescatori, medici eccetera - ciascuna delle quali è stata votata a produrre un'utilità più o meno concreta volta ad appagare le corrispondenti esigenze biologico-materiali dei propri

---

(3) Cfr. APRILE P., *Elogio dell'Imbecille*, Piemme, Milano 2010, cap. II.
(4) La Teoria Generale del Diritto ha gradualmente iniziato ad abbandonare il concetto di norma per orientarsi verso un concetto di ordinamento inteso come sistema di norme giuridiche. Per approfondire l'argomento è possibile consultare LOSANO M. G., *Sistema e struttura nel diritto*, Giuffrè, Milano 2002, tomo I.
(5) Cfr. NICOSIA G., *Nuovi Profili Istituzionali Essenziali di Diritto Romano*, Torre, Catania 2005, pag. 2.

simili. Per ciò che attiene, invece, alle esigenze del secondo tipo, è evidente come esse trascendano, per così dire, la mera materialità del corpo umano e dell'ambiente a esso circostante. Esse vanno, infatti, a interessare in maniera variegata la sfera emotiva e spirituale di ogni singolo individuo. Se, quindi, per le esigenze della prima categoria è stato trovato relativo soddisfacimento nel vivere e nel lavorare con armonia in società strutturate giuridicamente e spesso anche gerarchicamente, per quelle del secondo tipo ciò si è rivelato insufficiente. Affinché l'uomo potesse, infatti, appagare le proprie pulsioni sociologiche e spirituali si è dimostrato necessario compiere un passo ulteriore rispetto al mero vivere in società: ossia vi è stata la necessità di sviluppare particolari relazioni tra i vari soggetti della medesima comunità. Vivere in società ha, perciò, favorito l'innato bisogno umano di relazionarsi[6].

In quest'ottica può rilevarsi come la famiglia abbia risposto principalmente a due esigenze: un'inconscia, genetica per così dire, di perpetuazione della specie e un'altra di tipo sociale ed emotivo, ma non propriamente spirituale o religiosa. È anche vero che, come si vedrà più avanti, l'uomo ha gradualmente iniziato a servirsi della religione per velare il matrimonio e la famiglia di un'aurea trascendente, rituale e sacrale. Tutto ciò ha fatto sì che questo istituto fosse preso in considerazione rispettivamente dalle religioni prima, quale momento sacro della vita umana e dalla scienza del diritto poi, quale straordinario aggregato giuridico-sociale avente grande impatto a livello di effetti giuridici nei vari sistemi sociali umani.

Detto questo, diventa necessaria una precisazione: dal ragionamento sin qui elaborato sembrerebbe, infatti, scaturire l'assunto secondo il quale le relazioni tra gli esseri umani siano state e siano ancor oggi una diretta conseguenza dell'organizzazione in società. Ciò è per lo più vero se si tiene conto del fatto che, dal vivere in società, discendano inevitabilmente tutti gli altri più profondi e complessi intrecci fisici e metafisici - tra i quali è possibile annoverare anche la famiglia. Se si tiene, però, conto anche di quanto osservato in precedenza, è altresì possibile affermare che, il vivere in società, rappresenti esso stesso una basilare forma di risposta a pulsioni innate e inconsce dell'uomo: in tal senso non è inverosimile affermare che la società sia stata essa stessa una conseguenza, più o meno diretta, dell'umano bisogno di relazionarsi cui si è ampiamente fatto cenno. A questo punto potrebbe sembrare che, il discorso, sia giunto a un paradosso. Ciò è vero solo all'apparenza in quanto, se si affronta il problema da un punto di vista diverso, si può benissimo argomentare che ogni comportamento umano sia fondato su un preciso e correlato impulso dell'essere. In questo senso la società andrebbe, dunque, intesa come la più immediata risposta a questi impulsi emotivi. Il fatto che essa stessa si sia pian piano evoluta, passando da semplice conseguenza di

---

(6) Cfr. ANTOCI B., *Fede, Metodo, Esperienza. Approccio con il mondo dell'educazione. Spunti e riflessioni*, Akkuaria Edizioni, Catania 2010, pag. 56, 107.

un impulso a terreno fertile per la soddisfazione del medesimo bisogno dal quale aveva tratto origine, è soltanto un fattore evolutivo o, per dirla meglio, adattativo.

Sintetizzando è possibile concludere che raggrupparsi in comunità organizzate sia stato, perciò, il primo passo verso la socialità. L'interazione più profonda, intercorsa successivamente tra i singoli membri dei vari insiemi sociali, è stata il secondo traguardo, per così dire.

È necessario riconoscere sin d'ora che, questa idea di tipo evoluzionistico, risulti essere fondata soltanto per ciò che attiene il profilo materiale e giuridico della famiglia. È, infatti, evidente come essa si sia per così dire "evoluta" da un modello patriarcale a uno nucleare, sino a giungere alle moderne forme di aggregazione familiare delle quali si tenterà più avanti di rintracciare un paradigma esauriente ed oggettivo. Quest'idea non è, però, pacificamente accettabile se si guarda alla famiglia da un piano naturalistico-biologico. Esiste, infatti, una concezione "universale" di matrimonio secondo la quale il matrimonio (e di riflesso anche la famiglia che da esso trae origine) sia sempre stato il medesimo per tutti gli esseri umani, in ogni tempo. Il matrimonio, in se considerato, non si è evoluto poiché ha sempre avuto i medesimi presupposti e si è presentato con il medesimo schema universale: unione tra un uomo e una donna sorretta dall'amore reciproco e diretta - più o meno consciamente - alla procreazione.

Seppur sia assunto come presupposto indispensabile per quello che è considerato il matrimonio di diritto naturale, mi lascia perplesso che il fine della procreazione si possa aprioristicamente annoverare quale presupposto di esistenza di qualsivoglia unione matrimoniale - tanto è vero che mi sono preso la libertà di instillare tale dubbio nel lettore, accennando ad una consapevolezza sfumata e non proprio cosciente di tale finalità nei coniugi che scelgono di dar vita ad una famiglia.

Se la famiglia si è evoluta, magari soltanto a livello di forma, ciò non può dirsi del matrimonio inteso come istituto universale.

Ritornando alle considerazioni sull'evoluzione sociale dell'uomo, si deve tenere ben in conto che la varietà interiore di questi abbia, inoltre, contribuito a creare differenti tipi e livelli di relazioni interpersonali. Il diritto stesso è assurto, nei secoli, a momento di sintesi della molteplicità delle relazioni umane. È condivisibile, anzi, l'affermazione secondo la quale ogni società, ogni aggregazione umana, non possa esistere senza un complesso di regole che disciplinino i rapporti - ossia le relazioni interpersonali - tra le persone che l'aggregazione stessa compongono. Tutto ciò si riassume, dunque, nella formula latina *ubi societas ibi ius*[7].

Volendo, adesso, anticipare una semplice considerazione, la famiglia può essere definita come quella formazione sociale all'interno della quale ogni

---

(7) Cfr. TORRENTE A. e SCHLESINGER P., *Manuale di Diritto Privato*, Giuffrè, Milano 2004, pag. 3.

uomo si autodetermina liberamente e sviluppa profonde e durature relazioni di affetto, di fiducia e di amore. Autodeterminarsi liberamente significa poter liberare la propria personalità senza l'influenza dei condizionamenti che, invece, limitano l'essenza di ciascuno nel suo vivere all'interno della macrosocietà.

Famiglia intesa, dunque, come momento primo dell'innata esigenza sociale dell'uomo. Famiglia come prototipo elementare del vivere civile. Famiglia quale eloquente specchio del costume e della società stessa.

CAPITOLO 1
LA FAMIGLIA IN GENERALE: FILOSOFIA, STORIA E DIRITTO.

SOMMARIO: 2. Il concetto di famiglia nel diritto naturale. - 3. Cenni sul matrimonio nel diritto naturale. - 4. La famiglia ellenica. - 5. La concezione romanistica della famiglia e del suo diritto. - 6. Il matrimonio nel Diritto Romano. - 7. Il coniugio nel Diritto Canonico. - 8. Delibazione delle sentenze canoniche. - 9. Cenni sul Diritto Islamico. - 10. Il matrimonio nella Shari'a. - 11. La moderna concezione etnologica di famiglia. - 12. La "non naturalità" della famiglia.

2. Il concetto di famiglia nel diritto naturale - Per analizzare nella maniera migliore la micro-struttura sociale della famiglia non si può prescindere dal suo inquadramento teorico secondo i canoni della filosofia e, più precisamente, del diritto naturale. La centralità dell'istituto familiare nella filosofia è testimoniata, infatti, dall'importanza degli studi che ne hanno fatto il proprio oggetto nei secoli[8]. Per una più completa visione d'insieme sarà necessario, dunque, illustrare le caratteriste fondamentali del diritto naturale, per poter poi esaminare il concetto di famiglia che in esso è radicato. Il lettore si renderà conto senza difficoltà di come un siffatto esame condurrà il discorso sin dentro un altro importantissimo istituto: quello del matrimonio - il quale è inscindibilmente legato alla famiglia. Questa relazione è tutt'altro che priva di sviluppi pratici, perché essa ispira tuttora l'ordinamento giuridico canonico[9] nonché la stessa concezione Costituzionale della famiglia - che sarà esaminata nel prossimo capitolo e che apparirà più chiara alla luce delle considerazioni che si stanno per operare.

Il diritto naturale è di certo il primo *ius* in senso tecnico che abbia preso in considerazione l'unione matrimoniale tra gli esseri umani. Carattere fondamentale del diritto naturale è, innanzi tutto, quello di essere nettamente contrapposto al diritto umano. Quest'ultimo, insomma, non può essere considerato come un'organica conseguenza del diritto naturale, bensì va inteso semplicemente come una creazione artificiale a sé stante[10].

Da queste due realtà giuridiche (ossia diritto naturale e diritto materiale) si diramano due correnti di pensiero: "giusnaturalismo" e "giuspositivismo". Il giusnaturalismo antico e quello medioevale erano fondati sull'idea dell'esistenza di una legge naturale alla quale dovevano conformarsi le leggi positive. Questa ipotesi era presente in Aristotele, fu poi sviluppata dagli stoici, fissata in modo classico da Cicerone e ripresa da Tommaso D'Aquino.

---

(8) Cfr. TRECCANI G., voce *Famiglia*, Enciclopedia Treccani on-line < www.treccani.it >.
(9) Cfr. Editoriale *La Famiglia si Fonda sul Diritto Naturale* in L'Osservatore Romano, 14 maggio 2011: «La differenza sessuale è innata e non un semplice prodotto di scelta culturale, un'elaborazione posteriore da parte delle culture umane. Il matrimonio naturale tra uomo e donna, la famiglia monogamica, sono un principio fondamentale del diritto naturale».
(10) Cfr. WELZEL H., *Diritto Naturale e Giustizia Materiale*, Giuffrè, Milano 1965, pag. 11.

La concezione più antica del diritto naturale risale al V sec. a.C. ossia al periodo del c.d. "illuminismo greco". Al tempo dei sofisti, legge e natura erano identificate come un'unica unità essenziale - essendo gli ordinamenti umani inseriti a pieno titolo all'interno delle leggi filosofiche dell'essere. Per dirla con Eraclito: "Tutte le leggi umane si nutrono dell'Uno divino" - dove "l'Uno divino" altro non è se non il Logos al quale partecipa anche l'uomo poiché il Logos stesso è un elemento proprio dell'anima di questi[11]. L'idea di un diritto radicato nella natura è in tal senso antica e bifronte: in Grecia esso era immaginato, infatti, come un *corpus* di norme contrapposto alle imperfette leggi della quotidianità umana, le quali avrebbero dovuto ispirarsi a questo. A Roma, il diritto naturale, era invece inteso come una distorsione di un indefinito e primitivo ordine naturale del quale tutti gli uomini erano parte. In quest'ottica, il matrimonio era considerato quale espressione di una legge naturale cui gli uomini erano assoggettati, così come lo erano gli stessi animali[12].

Nel "giusnaturalismo moderno" - i cui maggiori esponenti sono Grozio, Hobbes, Spinoza, Pufendorf, Locke, Rousseau e Kant - si è ipotizzando il passaggio da uno stato di natura allo stato civile per mezzo di un contratto. Per i giusnaturalisti moderni, infatti, esiste una legge naturale razionale che precede le norme positive. In tal senso la legge naturale dovrebbe fungere da criterio ispiratore dell'opera del legislatore, costituendo perciò la base per lo Stato e per il Diritto.

L'idea di un *ius naturae* è già presente, come si è già detto, nella cultura antica ma solo con l'età moderna essa darà vita a una tradizione di tipo filosofico-giuridico fondata su due principi essenziali: l'esistenza di un diritto naturale (conforme, cioè, alla natura dell'uomo e quindi intrinsecamente giusto) e la sua superiorità sul diritto positivo (il diritto prodotto dagli uomini). Oltre ad alcuni giuristi-filosofi (Grozio, Pufendorf, Thomasius), sono giusnaturalisti anche alcuni tra i massimi pensatori politici dell'età moderna: Hobbes, Locke, Rousseau, Kant.

Costoro condividono, con differenti sfumature di pensiero, un "modello" di giusnaturalismo fondato sui seguenti elementi:

- Stato di natura (la condizione pre-politica in cui vivono gli individui, liberi ed eguali);
- Il patto o contratto come strumento per far sorgere lo Stato;
- Lo Stato civile o politico (nel quale le leggi civili sostituiscono quelle naturali).

---

(11) Cfr. WELZEL H., op. cit., pag. 12.
(12) Cfr. VAN CAENEGEM R. C., *Introduzione Storica al Diritto Privato*, Il Mulino, Bologna 2004, pag. 145-146.

Ognuno di essi, però, ha declinato in modo differente tale modello di passaggio dalla Natura allo Stato, secondo la propria concezione antropologica e politica della realtà.

Hobbes teorizza uno Stato assoluto, Locke e Kant uno Stato liberale, Rousseau uno Stato democratico (ma non liberale). A differenza di quanto era accaduto in epoca antica o medioevale, nel mondo moderno il giusnaturalismo comincia a porre l'accento sull'aspetto soggettivo del diritto naturale, ossia sul riconoscimento dei diritti innati degli individui. L'idea centrale del giusnaturalismo moderno - quella dell'esistenza di diritti umani individuali e innati - trova non a caso la propria consacrazione nel documento più celebre della Rivoluzione Francese, ossia la Dichiarazione dei diritti dell'uomo e del cittadino del 1789[13].

Lasciando però da parte questi interessanti, seppur sommari, discorsi circa il diritto naturale, è bene addentrarsi nel merito del discorso. In genere, la famiglia, è considerata pacificamente un istituto di diritto naturale: così la immaginava già Aristotele (per il quale, però, anche lo Stato era un istituto naturale, formatosi per "evoluzione" proprio dall'unità sociale primaria della famiglia). Per il giurista tedesco J. Althusius[14], la famiglia era, invece, la forma più elementare di associazione privata, perciò essa incarnava in pieno i tratti tipici degli istituti associativi di diritto privato.

Dal canto suo, Locke, parlava dell'associazione tra coniugi, genitori e figli come di un istituto naturale sorretto dall'istinto di conservazione: l'unione coniugale era, in quest'ottica, un patto volontario che sussisteva per la preservazione, sostentazione e educazione della prole. La divisione del lavoro tra i coniugi e la propensione al risparmio rispondevano, dunque, non a dinamiche culturali o metafisiche, bensì al finalismo di una natura che opera ai fini della mera sopravvivenza della specie. Il filosofo riconosceva alla donna diritti uguali a quelli dell'uomo[15] e, ai figli, il diritto ad essere mantenuti in vita, amati e curati, a venir educati e a ereditare i beni di famiglia. La sovranità e la giurisdizione esercitata dai genitori era ritenuta da Locke frutto di un potere temporaneo dettato dall'affetto e dalla tenerezza, né troppo severo né arbitrario, che si allentava al crescere dell'età e della ragione e cessava allorché il figlio avesse raggiunto lo stato di maturità. La famiglia, perciò, era quasi uno

---

(13) Cfr. TRECCANI G., voce *Giusnaturalismo*, Enciclopedia Treccani on-line cit.
(14) Cfr. TRECCANI G., voce *Althusius Johannes*, Enciclopedia Treccani on-line cit., «Giureconsulto calvinista (Diedenshausen 1557 - Emden 1638 circa), professore di diritto a Herborn (1590), sindaco di Emden (1604). Propone un'idea Contrattualista della società e delle sue strutture, ponendo un patto o contratto alla base sia dei piccoli gruppi (famiglia, corporazione) sia dello Stato, che nasce da una volontaria associazione di corpi politici minori».
(15) Cfr. LOCKE J., *Il secondo trattato sul governo*, RCS Quotidiani, Milano 2010, pag. 49: «Il termine potere paterno sembra attribuire il potere dei genitori sui figli interamente al padre, come se la madre non ne partecipasse affatto; laddove, se consultiamo la ragione o la rivelazione, vediamo che essa vi ha eguale titolo. Ciò può dar motivo di chiedersi se non lo si possa chiamare più propriamente potere parentale».

strumento teleologicamente predisposto dalla natura stessa per la perpetuazione della specie attraverso la garanzia - quasi giuridica - di cure e attenzioni ai piccoli esseri umani.

Secondo Hobbes (che pose ancor più l'accento sul concetto di contratto), con il matrimonio si istituiva la sovranità del padre sui figli e sulla famiglia (i quali per diritto naturale avrebbero dovuto appartenere alla madre che li ha direttamente generati). Mentre Locke identificava la famiglia con la sfera del privato, come organizzazione pre-politica e naturale, Hobbes ne accentuò il carattere civile e la raccordò con la società in generale per mezzo dell'istituto del matrimonio.

Rousseau indicava la famiglia come modello primo delle società politiche. Egli affermava, infatti, che la società più antica di tutte (nonché l'unica naturale per eccellenza) fosse proprio quella della famiglia. Egli, come Locke, teorizzò che i figli fossero legati al padre soltanto fino a quando avessero avuto concreto bisogno del suo aiuto per la loro mera conservazione. Non appena tale bisogno fosse cessato il legame naturale tra padre e figli si sarebbe sciolto. Essi sarebbero stati liberati dall'obbligo dell'obbedienza che erano tenuti a riservare al padre e, di contro, questi sarebbe stato sciolto dall'obbligo di accudirli. In tal senso tutti finivano per rientrare a parità di condizioni in una dimensione di reciproca indipendenza. È vero che le famiglie e i vincoli che le tengono unite non si sciolgono da un giorno all'altro, è, infatti, possibile che si scelga di sacrificare un po' d'indipendenza pur di continuare a mantenere vivo il rapporto familiare, così com'era sorto per disposizione naturale. In tal senso Rousseau affermava che, se i membri della famiglia avessero continuato a restare uniti, anche dopo che i figli avessero raggiunto l'età della ragione e della maturità, non si sarebbe trattato più di un'unione naturale, bensì di un'unione volontaria. Dal che si ricava che la famiglia stessa non si conserva se non in conformità a un accordo privato fondato sulla volontà dei singoli. Questa comune libertà è una conseguenza della natura stessa dell'uomo: essere libero, pensante e indipendente. La sua prima legge è senza dubbio quella di assicurare la propria conservazione e le prime cure in tal senso sono quelle dovute a se stesso.

Non appena l'uomo arriva all'età della ragione, essendo egli solo il giudice dei mezzi adatti alla propria conservazione, diventa perciò signore di se stesso. Autonomo. La famiglia è dunque, per Rousseau, il primo modello ispiratore delle società politiche: in queste il capo riproduce l'immagine del padre, il popolo quella dei figli e tutti, essendo nati uguali e liberi, non cedono la loro libertà se non per la loro utilità. La differenza fondamentale tra Stato e l'amiglia risiede nel fatto che, nella famiglia, l'affetto che il padre riceve dai suoi figli ricompensa costui delle cure che egli dedica loro mentre, nello stato, il piacere del comando supplisce a quest'amore che il governati non dispensano al capo[16]. Questa tesi sembrerebbe dare ragione a quanto si è affermato nell'introduzione, circa le pulsioni che hanno nei secoli spinto gli uomini ad associarsi in società organizzate per sopperire ai propri bisogni, prima ancora che per altre più profonde e altruistiche motivazioni.

Per finire la sortita tra i filosofi moderni nei "Lineamenti di filosofia del diritto" si ritrova il pensiero di Hegel sulla famiglia. Essa era intesa come il primo momento dell'eticità, cioè della condivisione oggettiva di valori morali. L'eticità nel suo momento "immediato" e "naturale" era la prima forma della negazione dell'individuo perché tale: ciò che era "due" diventava oggettivamente "uno". Ci si trovava dinanzi alla sintesi che unisce - senza corromperne l'essenza - l'uomo e la donna in un legame indiviso e indivisibile (la sintesi hegeliana non è, infatti, un processo reversibile), in "un'unica persona"[17]. Lo Stato si poneva a sua volta come un momento di sintesi tra famiglia e società civile. La famiglia sarebbe dunque la relazione tra i sessi, elevata però a determinazione spirituale. Essa è l'accordo dell'amore e la disposizione d'animo alla fiducia reciproca. Il filosofo si è preoccupato, nello specifico, di indicare alcuni livelli teorici caratterizzanti l'istituto della famiglia. Istituto che viene analizzato in un'ottica di stretta correlazione con quello matrimoniale. Ecco di seguito una schematizzazione delle regole teoriche elaborate da Hegel:

1) La differenza naturale dei sessi appare come una differenza della determinazione intellettuale ed etica. Queste personalità si congiungono, secondo la loro individualità esclusiva, in una sola persona e l'intimità soggettiva fa' di questa riunione una relazione etica: il matrimonio. L'intimità sostanziale fa' del matrimonio un legame indiviso delle persone e quindi matrimonio monogamico. L'unione corporale è conseguenza del legame eticamente annodato. La conseguenza ulteriore è la comunanza degli interessi personali e particolari.

2) La proprietà della famiglia, come di un'unica persona, mediante la comunione nella quale stanno i diversi individui che compongono la famiglia, acquista un interesse etico. L'eticità, collegata con la generazione naturale dei figli si realizza nella seconda nascita dei figli, cioè nella loro nascita spirituale: l'educazione volta a renderli persone autonome. I figli usciranno, quindi, dalla vita concreta della famiglia: diventeranno esseri per sé. Il matrimonio si scioglie essenzialmente in forza del momento naturale ultimo, che è la morte dei coniugi. I membri della famiglia assumono tra loro la

---

(16) Cfr. ROUSSEAU J. J., *Contratto Sociale*, cap. II pubblicato su < www.filosofico.net >.
(17) Cfr. HEGEL G. W. F., *Lineamenti di filosofia del diritto*, par. 518-522 pubblicato su www.filosofico.net.

condizione di persone e in tal modo soltanto entra in questo legame ciò che in sé gli è estraneo: le determinazioni giuridiche[18].

Queste appena esaminate sono le maggiori idee giusnaturaliste inerenti alla famiglia ed alla sua funzione sociale e giuridica. Sebbene noi sognatori e idealisti riteniamo da sempre che, per vivere in pace e in serenità, sarebbe sufficiente seguire le preordinazioni naturali dell'essere, la realtà fisica del mondo e dell'uomo hanno, nei secoli, dato torto a questa nostra illusoria e utopistica convinzione.

La speranza giusnaturalista si è infranta, inesorabilmente, sullo scoglio del positivismo.

Il positivismo giuridico[19] non è, però, sorto come arida e pretestuosa contrapposizione al naturalismo: il giuspositivismo esiste, infatti, in quanto il diritto naturale non è stato capace di adempiere la propria missione. Esso si è, infatti, dimostrato inefficace per ciò che ha riguardato la regolamentazione della vita materiale degli uomini, i quali hanno dovuto far ricorso a regole, istituti e rituali artificiali che potessero supplire ai limiti e alla irraggiungibile perfezione insita nell'ideale giusnaturalistico. La prova di ciò è evidente: essa si manifesta in tutte le questioni bio-politiche del nostro tempo. E si è manifestata in tutte le questioni bio-politiche degli altri tempi, seppur in forme differenti. Tutto ciò si può sintetizzare affermando semplicemente che sia difficile, se non in certi casi impossibile, creare delle norme positive dotate di una qualche valenza concreta che siano, al contempo, ricolme di etica.

3. Cenni sul matrimonio nel diritto naturale - È necessario, a questo punto, operare qualche considerazione sul matrimonio, partendo proprio dalla sua configurazione generale di diritto naturale. Se inteso nella sua definizione minima, ovvero come unione fra un uomo e una donna, tale che i figli nati da questa unione siano riconosciuti come progenie legittima di entrambi i coniugi, esso può essere considerato un'istituzione universale comune a tutti i popoli conosciuti di ogni continente e di ogni epoca. In quest'ottica antropologica risulterebbero false tutte le teorie evoluzionistiche secondo le quali il matrimonio sarebbe sorto per gradi a partire da un primordiale stato di agamia e di promiscuità sessuale generale sino a raggiungere alla forma monogamica[20].

Questa istituzione universale, così com'è stata appena definita, trae origine da un'esigenza intima insita in ogni essere umano: quella che lo porta a

---

(18) Cfr. HEGEL G. W. F., op. cit., pag. 463-464.
(19) Per positivismo giuridico si intende una particolare idea giuridica secondo cui esiste una strettissima correlazione tra diritto e legge. Può essere considerato diritto, in tal senso, soltanto ciò che trova consacrazione in un atto normativo posto da un'autorità competente. Al riguardo cfr. MONTANARI B., *Filosofia, Merodo, Diritto*, Scriptaweb, Napoli 2009, cap. I.
(20) Cfr. TRECCANI G., voce *Matrimonio*, Enciclopedia Treccani on-line cit.

sviluppare relazioni affettive con i propri simili. L'esistenza di un rapporto affettivo tra due soggetti, per quanto sincero e intenso, è un elemento indispensabile ma non sufficiente, affinché si possa configurare un matrimonio. È necessario, infatti, che i soggetti coinvolti in questa relazione investano in essa il proprio "essere personale", assumendo reciprocamente ciascuno l'essere personale dell'altro. Ulteriore presupposto indispensabile affinché si abbia un matrimonio di diritto naturale è dato dal fatto che l'unione avvenga tra individui di sesso diverso.

Intenzione coniugale, assunzione dell'essere personale ed eterosessualità sono i tre elementi costitutivi dell'istituto del matrimonio. In tal senso è evidente come l'idea stessa del relazionarsi non sia prettamente legata ad un particolare ideale religioso: le pulsioni umane trascendono ogni differenza e/o convinzione religiosa.

L'intenzione coniugale è, in pratica, la volontà dei coniugi stessi di creare l'unione matrimoniale. Essi sono considerati, per definizione, gli unici ministri di detta unione. Come si è già detto è necessario che essi assumano coscientemente ciascuno l'essere personale dell'altro perché si abbia un valido coniugio e da ciò discenda una famiglia legittima. Quando si parla di "essere personale", altro non si intende se non la vera essenza di ogni persona, la quale è immutabile e non risente in alcun modo del variare degli "attributi dell'io". Aprendo una parentesi circa gli "attributi dell'io" potrà dirsi che essi sono, invece, tutte le contingenze che contornano l'essere personale di ciascun individuo. Un esempio potrà essere utile a dissipare ogni dubbio in merito: immaginiamo una persona X. Il suo essere personale sarà semplicemente X - sempre. Questa persona potrà poi essere giovane, vecchia, ricca, povera, bella, brutta, intelligente, stupida. Ciascuna di queste situazioni potrà sussistere per tutta la vita di X oppure no: poco importa. Il vero punto focale del discorso è dato dal fatto che ogni aggettivo attribuibile ad X rappresenti un "attributo dell'io". Gli attributi possono cambiare nel corso dell'esistenza, ma l'io rimarrà sempre uguale: esso è immutabile. In tal senso si parla precisamente di "perduranza dell'io" - intesa questa appunto come immutabilità dell'io di ciascun individuo.

Riassumendo, si ha matrimonio nel diritto naturale quando non soltanto si ama, bensì anche e soprattutto quando si assume l'essere personale dell'altro accettandolo come perdurante e immutabile a prescindere dagli attributi che lo coronano. L'avere o meno accettato detti attributi è, infatti, irrilevante per la validità dell'unione. La quale unione sarà addirittura nulla nel caso in cui si sia fondata sulla sola assunzione degli attributi o addirittura sia avvenuta in odio. Se si esclude, infatti, l'altro in quanto persona, si finisce per negare il matrimonio stesso. Avendo chiari questi concetti è possibile adesso ripercorrere per sommi capi le manifestazioni del matrimonio e della famiglia nella storia e nel diritto.

4. La famiglia ellenica - Nell'antica Grecia, la famiglia era un importante elemento della società, avente delle precise regole e finalità. Il matrimonio monogamico era per così dire la regola, così come lo era la famiglia nucleare - ossia composta soltanto dal marito, dalla moglie e dai loro figli. La società greca prevedeva una separazione dei compiti tra i due sessi: i mariti erano dediti all'agricoltura, alla politica e alla vita sociale della polis. Le donne, soprattutto le più ricche, erano incaricate della gestione della casa (*oikonomia* = economia) dovendo preoccuparsi dei figli, del cibo, di tenere i conti, di cucire gli abiti per i familiari, di coordinare gli schiavi nel loro lavoro in casa e di curarli in caso questi si fossero ammalati. Le donne appartenenti ai ceti più poveri lavoravano, invece, fuori dalla casa - solitamente come venditrici al mercato. Il loro ruolo nella vita pubblica consisteva nel partecipare ai funerali, alle celebrazioni di stato e ai rituali religiosi. Dopo il matrimonio le donne passavano dalla potestà del padre a quella dei propri mariti: i matrimoni erano, infatti, totalmente pianificati dagli uomini. Il tutore di una donna la prometteva in sposa a un altro uomo sin da bambina. La promessa di matrimonio era un evento pubblico di grande rilievo che si svolgeva con l'intervento di diversi testimoni e che si sostanziava nella formula "Dò a te questa donna per la procreazione di figli legittimi". Si noti in questa formula l'evidenza di concetti fondamentali che ricorreranno anche in altre epoche e in altre civiltà, come si vedrà più avanti. La cerimonia del matrimonio vero e proprio aveva poi luogo quando la ragazza era adolescente (Esiodo consigliava di sposare "vergini al quinto anno successivo alla pubertà"). Così come avveniva con l'*usus* nel diritto romano, anche in Grecia era necessario che la donna andasse a vivere col marito: il matrimonio legale si celebrava con una processione simbolica dalla di lei casa a quella del marito. La donna era tenuta a conferire una dote (solitamente di proprietà e terre) che diventava patrimonio della casa e poteva essere ereditata dai figli. Il marito, dal canto suo, era legalmente tenuto a preservare e far fruttare tale dote e a restituirla alla donna in caso di divorzio. Quest'ultimo istituto non era propriamente fondato sulla legge, nel senso che si trattava più che altro di un potere del marito, consistente nella possibilità di cacciare la moglie di casa. Questa, a sua volta, poteva deliberatamente lasciare il proprio marito per tornare sotto la tutela dei propri parenti maschi. Questa facoltà poteva però essere limitata con la forza dal marito stesso. Nonostante solo Sparta facesse eccezione per ciò che atteneva alle regole della monogamia e della famiglia nucleare, i cittadini maschi potevano avere rapporti sessuali con schiavi, concubine, prostitute o altri adolescenti maschi senza incorrere in conseguenze legali, mentre le cittadine erano prive di una simile libertà sessuale. C'è da rilevare, però, un equo apprezzamento dell'eventuale adulterio che era sanzionato duramente sia che fosse stato commesso tanto dalla moglie quanto dal marito. Anche in questo caso Sparta faceva eccezione: non commetteva adulterio la donna che, col consenso del marito sterile, avesse avuto rapporti con altri uomini al solo fine di procreare. Il potere dato agli uomini sulle donne era finalizzato al controllo della riproduzione e, di riflesso, alla distribuzione della proprietà in vista dell'obiettivo di preservare il patrimonio familiare - a causa delle difficoltà economiche del c.d. "Medioevo Ellenico". La stessa mitologia (si veda ad esempio "Pandora") sosteneva la concezione secondo la quale gli uomini avrebbero dovuto sposarsi per generare figli, i quali li avrebbero poi sostenuti nelle vecchiaia ereditando i loro averi dopo la loro morte; così come le donne, pur essendo un male, erano necessarie per svolgere degli importanti ruoli sociali e religiosi[21]. Le donne, infatti, esercitavano un forte potere proprio grazie al prestigio che acquisivano con la loro attività nella famiglia e nella religione. Nonostante ciò, esse erano escluse dalla politica in quanto considerate sempre in subordine agli uomini[22].

5. La concezione romanistica della famiglia e del suo diritto - Con il lemma *familia* i latini indicavano la famiglia in senso proprio - ossia intendevano riferirsi a quella particella sociale che si poteva qualificare come famiglia in quanto costituita da un insieme di persone legate tra loro da un vincolo fondato su di un *iure proprio ipsorum*. La famiglia in senso proprio era generalmente composta, a parte talune eccezioni date dai casi di *adoptio* o *adrogatio*, dalla moglie convenuta in *manu mariti*, dai figli naturali (*filii*) e dai discendenti di questi. Ogni membro della *familia* così individuato era, *iure proprio*, sottoposto al più importante legame giuridico-familiare che esistesse: la "patria potestas" del *pater familias*. Si trattava di uno stringente assoggettamento personale, scaturente da un effettivo potere giuridico del *pater* su tutti gli altri componenti il nucleo familiare. È bene chiarire che, nel diritto dei romani, il *pater familias* era considerato l'unico soggetto *sui iuris* della famiglia stessa. Nel gergo giuridico odierno si potrebbe esemplificare questo concetto immaginando il *pater familias* come l'unico soggetto capace di agire. È vero che, in epoche più tarde, i giuristi escogitarono meccanismi giuridici atti ad aggirare la rigidezza del diritto romano per permettere anche alle donne di occuparsi di affari non soltanto familiari ma tale questione, per quanto possa essere interessante, esulerebbe dal tema qui esaminato. Occorre, invece, operare un'altra precisazione: la *potestas* in quanto potere giuridico del *pater* non scaturiva direttamente dalla mera filiazione naturale, bensì essa esisteva in quanto, tale filiazione, fosse avvenuta all'interno di unioni giuridicamente riconosciute. L'istituto della *familia* era, infatti, imperniato su quello del *matrimonium* e, in particolare, del *matrimonium iustum*. C'è da rilevare che la *potestas* subì una sorta d'involuzione in quanto, da forte potere giuridico e politico del *pater* si dissolse pian piano riducendo la famiglia al ruolo di comunità domestica atta a soddisfare esigenze più propriamente personali e

---

(21) Cfr. MARTIN T. R., <u>Storia dell'Antica Grecia</u>, Newton & Compton, Roma 2006, pag. 81-83.
(22) Cfr. MARTIN T. R., op. cit., pag. 152.

affettive[23].

6. Il matrimonio nel Diritto Romano - Perché tra due persone potesse aversi quello che è stato poc'anzi definito un *matrimonium iustum*, ossia un matrimonio giuridicamente riconosciuto era ritenuto necessario che sussistesse il diritto di contrarre un tale matrimonio - tecnicamente si parlava di *ius conubii* o *conubium*. A ciò dovevano aggiungersi altri presupposti: la manifestazione della propria volontà di convivere come marito e moglie da parte di due persone di sesso diverso in età pubere e l'attuazione di tale intenzione in maniera continuativa. La manifestazione del consenso era la base essenziale dell'istituto in questione, esso doveva provenire dai due coniugi o dai loro aventi potestà (se si fosse trattato di soggetti *alieni iuris*). A differenza di ciò che accadeva nel matrimonio di diritto naturale, nel diritto romano il consenso aveva delle finalità giuridiche precipue e non per forza doveva provenire da quei soggetti che sono stati inquadrati come unici e soli ministri del coniugio.

Il matrimonio come rapporto continuativo fu considerato quale situazione giuridicamente rilevante basata sul consenso che, in quanto continuativo, venne configurata come *affectio* - si parlava in particolare di *maritalis affectio*.

Lo schema originario di tale istituto, in riferimento ai patrizi, era configurato dalle *nuptiae confarreate* le quali, per mezzo del rituale della *confarreatio*[24], facevano sì che la moglie entrasse solennemente come *alieni iuris* nella famiglia del marito.

Questo rito era inaccessibile ai plebei, persino dopo il plebiscito Canuleio del 445 a.C. che riconobbe a questi il *conubium* con i patrizi (ossia il diritto a contrarre matrimonio). Il problema giuridico fondamentale di tale limitazione era che, senza il rito della *confarreatio*, la donna non poteva entrare nella famiglia del marito in qualità di *alieni subiecti*[25]. Si comprende come, nell'antica Roma, il coniugio assolveva delle finalità che avevano una enorme rilevanza sul piano giuridico e patrimoniale, prima ancora che sul versante propriamente affettivo. I giuristi romani escogitarono un meccanismo che potesse permettere l'assoggettamento della moglie al marito, alla stregua di come già accadeva nella *confarreatio*. Si pensò in tal senso di adattare l'istituto della *mancipatio* in modo che potesse comunque costituirsi quel potere qualificato come *manus* del marito sulla moglie. Tale istituto prendeva il nome di *coëmptio*.

---

(23) Cfr. NICOSIA G., op. cit. pag. 229-230.
(24) Cfr. TRECCANI G., voce *Confarreazione*, La Piccola Treccani, Milano 1995, tomo III, pag. 286, «La confarreazione era una delle forme per mezzo delle quali si compiva l'assoggettamento della donna alla potestà del nuovo *pater familias*. Riservata ai patrizi, era obbligatoria solo per i flamini maggiori e per il *rex sacrorum*. In mezzo a complessi riti religiosi gli sposi si facevano reciprocamente solenni interrogazioni e dichiarazioni dinanzi a dieci testimoni, al flamine diale e al pontefice massimo i quali eseguivano un sacrificio utilizzando del pane di farro (*farreum* = focaccia di farro). Tale tipologia di unione matrimoniale poteva essere sciolta attraverso una cerimonia contraria, denominata *diffarreatio*, tanto complessa quanto la prima».
(25) Cfr. NICOSIA G., op. cit. pag. 232.

Risulta evidente come il matrimonio basato sul libero consenso fosse distinto dalle formalità ad esso legate affinché si ottenesse l'effetto giuridico della *conventio in manum* - il quale effetto era indispensabile per il diritto nonché per il funzionamento della stessa famiglia nella società romana. Talmente importante era il fatto che il marito ottenesse la *potestas* sulla moglie che si arrivò a permettere che questa potesse ricadere in *manu maritii* non solo in assenza della *confarreatio*, bensì anche della *coëmptio*. Con una *fictio iuris*, infatti, si stabilì che la *manus* sulla donna si potesse costituire automaticamente in virtù del c.d. *usus*. Questo istituto consisteva nel portare una donna in casa propria e conviverci per un anno, senza che questa si fosse mai allontanata dall'abitazione coniugale[26].

La dottrina romanistica più accreditata afferma, infatti, che sia da considerare *uxor* la donna abituale, ossia l'essere femminile al quale si è abituati. Essa era di norma resa socialmente tale per tramite delle *nuptiae*, intese queste come l'insieme dei riti che accompagnavano l'inizio della convivenza coniugale (*confarreatio*, *coëmptio* e per estensione anche l'*usus*). In quest'aspetto la moglie si differenziava da tutte le altre donne eventualmente conviventi con essa all'interno della famiglia del marito (quali madri, sorelle, concubine e simili)[27].

È senza dubbio da notare come tale istituto si evolse nel senso che, la tanto ricercata *potestas* del marito sulla moglie fu considerata ad un certo punto d'intralcio nei rapporti sociali ed economici. Lo fu a tal punto che non soltanto essa finì per non accompagnarsi più con il *matrimonium*, ma fu attuata persino con persone differenti dallo stesso marito - ossia *cum extraneo*. Ciò è interessante se si pensa che la *potestas* del marito sulla moglie non si fondava su un suo reale bisogno di assistenza e di tutela, così come accadeva invece per la tutela sui figli (*impuberum*). La tutela *mulierum* affondava le proprie radici nel *mos majorum* e s'inquadrava in un'antica concezione patriarcale della famiglia romana. Quando tale concezione prese a indebolirsi rese poco credibile tale istituto condannandolo ad un'inesorabile involuzione. Già dall'epoca di Gaio non si riusciva più a rintracciare una convincente spiegazione alla persistenza di una simile tutela prevista per le donne, alle quali si affibbiava a torto la c.d. *levitas animi*. Da Gaio in poi furono emanate varie leggi ed escogitate altrettante *fictio* per abolire, limitare o comunque aggirare l'effettività di un simile legame[28] gravante sulle donne più per tradizione che per reale necessità.

7. Il coniugio nel Diritto Canonico - Il concetto di famiglia è, come si avuto modo di appurare, inscindibilmente legato a quello di matrimonio. Il

---

(26) Cfr. NICOSIA G. op. cit. pag. 232-233.
(27) Cfr. CORBINO A., *Il Formalismo Negoziale nell'Esperienza Romana*, Giappichelli, Torino 2006, pag. 7.
(28) Cfr. NICOSIA G., op. cit. pag. 247-248.

diritto canonico non fa eccezione alcuna in tal senso. Il matrimonio è il modo per mezzo del quale è possibile far sorgere, infatti, quella comunità giuridico-sociale chiamata "famiglia". Non a caso si è chiarito il concetto di tale istituto partendo proprio da un'ottica giusnaturalista. Ciò è importante perché, il diritto canonico, affonda la propria esistenza nel riconoscimento di un diritto superiore, direttamente proveniente da Dio: il c.d. diritto divino. Questo *ius* nutre profonde affinità con il diritto naturale anzi, per certi versi, s'identifica in esso con la sola (e non indifferente) specificazione del fatto che, essendo la natura originata direttamente da Dio, così anche il diritto di natura assurge a elemento direttamente generato dalla volontà fondazionale di Dio stesso. Per utilizzare dei concetti più propriamente giuridici è possibile affermare che il diritto canonico sia la trasposizione in termini giuridici positivi dei principi di diritto divino naturale.

Vincenzo Del Giudice parla in tal senso di "canonizzazione" per indicare specificamente l'atto di ricezione di detti principi all'interno del codice di diritto canonico e delle altre norme della Chiesa - le quali compongono l'ordinamento giuridico canonico. L'ordinamento canonico, così com'è stato rapidamente individuato nelle considerazioni appena compiute, può essere annoverato quale unico esempio di ordinamento giuridico originato dall'armonica unione di un elemento divino con un elemento umano. In tal senso si avrebbe quella che è stata definita come "positivizzazione" del diritto divino naturale - ossia la presa di coscienza, da parte della comunità ecclesiale, del contenuto concreto dei veri princìpi che sono insiti in esso[29].

Avendo precedentemente chiarito, seppur a grandi linee, le maggiori idee su cosa sia il diritto naturale si può adesso affermare, per chiudere il cerchio, che si definisce in tal senso "famiglia" quell'insieme di persone legate tra loro da vincoli di sangue qualificati. Insieme che si origina, non a caso, dall'unione di due soggetti eterosessuali denominata coniugo. Si è già detto abbastanza al riguardo in termini generali. Occorre ora muovere il discorso verso una prospettiva più specificamente aderente alla realtà positiva del diritto della Chiesa.

In questo senso è facile rilevare come, il Cristianesimo, si sia inserito in un contesto storico, politico e sociale nel quale esistevano già dei modelli di famiglia ben radicati e dotati di un proprio, specifico, ruolo sociale e giuridico. È ovvio che in epoca antica tale formazione sociale fosse profondamente differente da una cultura ad un'altra. Il Cristianesimo rompe di netto con le varie differenze, unificando l'idea di "famiglia" in un modo molto semplice: essa fu centrata sull'istituto del "matrimonio". Ciò ha una valenza differente rispetto, ad esempio, al diritto romano. Si è visto che in esso, il matrimonio, aveva una funzione molto più sfumata e specifica - basti pensare che la famiglia poteva nascere anche *usus*, giacché il rito della *confarreatio* non soltanto

---

(29) Cfr. LOMBARDIA P., *Lezioni di Diritto Canonico*, Giuffrè, Milano 1985, pag. 12-15 / 170.

era oscuro e complesso, bensì anche e soprattutto riservato a soggetti di sangue nobile che dovevano essere stati concepiti da genitori uniti anch'essi in matrimonio tramite *confarreatio*. Il matrimonio Cristiano assume, dunque, un valore più profondo rispetto all'istituto matrimoniale tradizionale: la famiglia ha, in tal senso, obiettivi differenti da quelli che aveva prima della Rivelazione di Cristo. La crescita delle comunità familiari attraverso la procreazione non è più intesa, infatti, come fattore di potenza e di affermazione politica e sociale - così come, invece, avveniva nelle famiglie pagane o nelle stesse famiglie ebraiche. Essa rappresenta la socializzazione propria del fatto di amore (amore di Dio per gli uomini) caratterizzato dall'impegno di fedeltà e di fecondità che tutt'ora sorregge la famiglia nell'ideale cristiano[30]. Solo a partire dal XII sec. la Chiesa iniziò a prendere coscienza dell'importanza del matrimonio, riconoscendogli definitivamente la dignità di sacramento.

> *"La realtà di questo sacramento è che l'uomo e la donna, uniti in matrimonio, perseverino nell'unione per tutta la vita e che non sia lecita la separazione di un coniuge dall'altro, eccetto il caso di fornicazione. Questo infatti si osserva tra Cristo e la Chiesa che vivendo l'uno unito all'altra non sono separati da alcun divorzio per tutta l'eternità"*[31].

Ciò comportò che le gerarchie ecclesiali avocassero la sua regolamentazione giuridica e teologica[32]. La concezione canonistica del matrimonio non fu, peraltro, né semplice e né, tanto meno, pacifica. Si è detto, infatti, che il diritto canonico sia fondato sul diritto divino naturale. In tal senso si ricorderà anche che, nel diritto naturale, il matrimonio sia un momento intimo e profondo che coinvolge i soli coniugi, i quali ne sono gli unici ministri. Ciò consente di affermare che può esistere un matrimonio naturale senza testimoni o sacerdoti che lo presiedano, ma non può per contro venire all'esistenza un valido matrimonio senza i suoi naturali ministri. In un'ottica di potere e di controllo, qual era quella in cui la Chiesa pretendeva di avocare a se il governo di un tale istituto, non pochi furono i problemi teoretici da superare per il Magistero Cattolico. Particolarmente controverso fu, per l'appunto, l'elemento della sacramentalità del matrimonio, che la

---

(30) Cfr. LO CASTRO G., <u>Matrimonio, Diritto e Giustizia</u>, Giuffrè, Milano 2003, pag. 5-6.
(31) Cfr. Sant'Agostino, <u>De Nuptiis et Concupiscentia</u>, libro I, par. X pubblicato in Sant'Agostino, < www.augustinus.it >.
(32) Cfr. l'enciclica di papa PIO XI, <u>Casti Connubii</u>, Roma C.d.V., 1930 pubblicata sul sito < www.vatican.va >, «Per rivendicare la divina istituzione, la dignità sacramentale e la perpetua indissolubilità del matrimonio, resti anzitutto stabilito questo inconcusso inviolabile fondamento: che il matrimonio non fu istituito né restaurato dagli uomini, ma da Dio; non dagli uomini ma da Dio, autore della natura, e da Gesù Cristo, Redentore della medesima natura, fu presidiato di leggi e confermato e nobilitato. Tali leggi perciò non possono andar soggette ad alcun giudizio umano e ad alcuna contraria convenzione, nemmeno degli stessi coniugi».

tradizione patristica non aveva mai definito con chiarezza. Ancora più controversa fu la questione del momento in cui il matrimonio si perfezionasse. In tal senso, una diversità di vedute, si manifestò fra dottrina italiana e dottrina francese: la prima sostanzialmente riteneva che il matrimonio *commixtione perficitur*, mentre la seconda riteneva perfetto soltanto il matrimonio che fosse stato benedetto dal sacerdote, non bastando il solo consenso degli sposi. Il contrasto fu risolto quando il Concilio di Trento fissò i principi generali del matrimonio e fu definita la dottrina generale dei sacramenti (1563): si sancì la nullità di tutti i matrimoni che non fossero stati contratti davanti al parroco (o a un sacerdote da lui delegato) e a due testimoni, con la conseguente condanna dei matrimoni clandestini[33].

Volendo fare una digressione a-tecnica al riguardo, si può immaginare come il dramma di Renzo e Lucia sarebbe stato insignificante, se non avesse alla fine prevalso la linea francese: don Abbondio non sarebbe stato, infatti, un elemento necessario perché si perfezionasse l'unione tra i due innamorati.

Avendo così rintracciato gli elementi costitutivi del matrimonio e della famiglia nel diritto naturale, è possibile osservare nello specifico la realtà canonica di questi istituti.

Il canone 226 del codice di diritto canonico recita al primo comma: "I laici che vivono nello stato coniugale [...] sono tenuti al dovere specifico di impegnarsi [...] nell'edificazione del popolo di Dio" questo articolo sancisce esplicitamente che, per matrimonio, i coniugi sono chiamati a edificare il popolo di Dio. Il sacramento del matrimonio attribuisce una dimensione soprannaturale ai fini stessi dell'unione rispetto alla quale i coniugi non sono più soltanto dei "ministri", bensì "ministri di Cristo". In tal senso si inquadrerebbe il fine della procreazione in una duplice funzione: non solo quella di aumentare e conservare il genere umano, bensì anche quella di dare nuovi membri alla Chiesa e, di riflesso, degli eletti. La famiglia cristiana diventa seme dei nuovi cristiani nonché cellula prima della stessa società cristiana. La famiglia, secondo i principi del diritto divino naturale, così come recepito nel codice, sarebbe un punto di irradiazione cristiana, giacché inserita nella società e in stretto contatto con questa. Il canone in esame è particolare poiché pone a carico delle famiglie cristiane un dovere che non è però giuridico, bensì morale. Sul piano giuridico, il canone in questione, riserva tre differenti ordini di libertà alla famiglia: libertà dei genitori sulla generazione ed educazione dei figli, uguali diritti verso lo Stato e la società civile, libertà dei membri di essa per ciò che attiene la vita religiosa. Lo stesso Benedetto XVI ha ribadito la centralità dell'istituto familiare, definendolo una "risorsa decisiva" per rigenerare la Chiesa e "vivificare il tessuto sociale"[34]. Per il Catechismo

---

(33) Cfr. TRECCANI G., voce *Matrimonio*, Enciclopedia Treccani on-line cit.
(34) Cfr. Editoriale *La Famiglia Risorsa di Futuro* in L'Osservatore Romano, 07 giugno 2011: «La famiglia è una risorsa decisiva non solo per rigenerare sempre di nuovo la Chiesa, ma anche

dunque il patto matrimoniale dà inizio ad una comunità che dura tutta la vita e sulla quale gravano diversi obblighi morali quali la procreazione e l'educazione dei figli. Le sacre scritture cristiane si aprono con l'immagine di un uomo ed una donna creati tali e quali a Dio, testimoniano l'inizio della predicazione di Cristo a partire dal racconto del miracolo delle nozze di Cana e si chiudono con la visione delle nozze dell'Agnello. Il matrimonio e la famiglia hanno un ruolo centrale, mistico, nella dottrina cristiana. Il matrimonio è inteso come una vocazione innata dell'uomo e perciò non è di creazione umana (su questo punto si esamineranno più avanti delle teorie sociologiche diametralmente opposte a questa). L'uomo è stato creato per amore ed è stato chiamato ad amare: l'amore tra un uomo e una donna diventa semplicemente immagine dell'amore di Dio. La natura sacramentale dell'unione matrimoniale si manifesta in primis nel fatto che essa sia celebrata durante la messa perché sia valida, degna e fruttuosa. Come si vedrà anche per il diritto positivo, un ruolo importante è giocato dal consenso dei coniugi che deve essere libero e scambievole in quanto è elemento indispensabile del matrimonio - esso si manifesta con un atto umano volto a far sì che i coniugi si diano e si ricevano a vicenda. Per il diritto canonico con il matrimonio sorge un vincolo perpetuo ed esclusivo e, in quanto stabilito da Dio, questo vincolo è indissolubile[35]. Nel matrimonio cristiano non vi sono più due persone, bensì una sola - e questa è la caratteristica della unità del matrimonio canonico. Questa previsione religiosa stride con le odierne leggi sul divorzio[36], alle quali fanno ricorso anche battezzati e quindi anche individui soggetti alle leggi canoniche, le quali leggi sanciscono che il ripudio del coniuge comporti adulterio nei confronti di questi e dunque violazione di quelle leggi apodittiche (ossia immutabili poiché direttamente discendenti da Dio) che sono i c.d.

---

per vivificare il tessuto sociale».
[35] In tal senso si generano spesso non pochi equivoci circa l'attività svolta dalla Sacra Rota, la quale viene volgarmente e impropriamente sostanziata nell'annullamento del matrimonio. Ciò è errato poiché un matrimonio valido non può in nessun caso essere annullato. La Sacra Rota non ha, infatti, il potere di annullare i matrimoni se questi sono stati validamente celebrati. Essa può soltanto verificarne la valida costituzione e, ove ve ne fosse la prova, dichiararne l'invalidità originaria. In questo senso la Sacra Rota può dichiarare che il matrimonio non sia mai esistito e quindi esso sia nullo non perché sia stato direttamente annullato, bensì perché non è mai stato posto in essere. Di conseguenza non si può annullare qualcosa che non esiste ab origine, così come non si può annullare un matrimonio che, invece, esista e sia stato contratto in modo valido.
[36] In Italia il divorzio è regolato dalla l. 898 del 1° Dicembre 1970 recante disposizioni sui casi di scioglimento del matrimonio. È da segnalare, al riguardo, il recente curioso caso dei divorzi rapidi ed a basso costo, i quali sono in crescita. Si tratta di una scorciatoia consentita dal regolamento del Consiglio Europeo n. 44/2001, che dà la possibilità a qualunque tribunale dell'UE di pronunciare una sentenza di divorzio valida in tutto il territorio dell'Unione, a patto che la coppia sia stabilmente residente in quel Paese da almeno 6 mesi. Non esistono ancora norme transitorie che specifichino in modo più chiaro tale previsione del legislatore Europeo - cfr. CRUCIANI C., *Divorzi in Romania? Rapidi e a basso costo*, in Altalex 02 novembre 2011.

comandamenti[37]. Ritengo interessante chiudere questo discorso facendo un breve cenno al Paradiso Perduto di Francisco Suarez, nel quale egli immagina un mondo irreale, un'utopia dell'intelletto ossia un Paradiso Perduto. Perduto in quanto esso era originariamente possibile, se non vi fosse stato il peccato originale commesso da Adamo ed Eva. Se non fosse stata infranta l'Alleanza di Dio con gli uomini ci troveremmo oggi in questo mondo meraviglioso nel quale gli uomini, seppur immortali, si sarebbero moltiplicati con gioia. In questo senso il matrimonio sarebbe stato inteso come un grande beneficio concesso agli uomini da Dio: ciò perché sarebbe incredibile che Adamo ed Eva fossero stati creati per restare da soli, ma anche e soprattutto perché con la benedizione "crescete e moltiplicatevi" Dio stesso mirava ad un completamento dell'universo. Il coniugio e la copula valgono per sé e mirano non alla continuazione della specie, ma alla perfezione degli individui[38].

Il matrimonio canonico, in Italia, ha degli automatici effetti all'interno dell'ordinamento civile grazie ai concordati Stato/Chiesa del 1929 e del 1984 - l'art. 34 dei Patti Lateranensi stabiliva, infatti, che fosse necessaria la pubblicazione anche presso la casa comunale di tutti i matrimoni canonici. In tali circostanze il ministro del culto avrebbe dovuto dare lettura anche degli articoli del codice civile inerenti ai diritti e ai doveri dei coniugi - formando così in duplice originale l'atto di matrimonio da trasmette poi all'ufficiale dello stato civile. Si parla in tal senso di matrimonio concordatario[39].

8. Delibazione delle sentenze canoniche - Non è questa la sede per sviluppare gli aspetti etici e morali della filosofia cristiana inerente al matrimonio e alla sua validità, ma è possibile brevemente esaminare le implicazioni giuridiche che nascono con esso. Gettando una rapida occhiata sulla storia si riscontra come la Chiesa abbia operato nel concreto imponendo le proprie idee a milioni di persone, essendosi abilmente innestata nei vari ordinamenti giuridici cristiani: per millenni in Europa vi è stato un dominio giuridico e religioso di matrice cristiana. Un esempio è dato da Carlo Magno e dal suo Sacro Romano Impero. Le leggi di detti Stati erano, perciò, ispirate alle sacre scritture (si pensi anche alle leggi veneziane sul trattamento da riservare agli ebrei "usurai", imposte dai fondamentalisti cristiani che Shakespeare ci mostra fedelmente in una sua celebre opera). Quando però gli stati hanno preso a rivendicare la propria laicità si è assistito ad una fase iniziale di guerre

---

(37) Cfr. _Catechismo della Chiesa Cattolica_, sez. II, cap. III, art. 7, pubblicato su < www.vatican.va >.
(38) Cfr. MIGLIORINO F., _Il Corpo Come Testo_, Bollati Boringhieri, Torino 2008, pag. 95-97.
(39) Cfr. FINOCCHIARO F., _Matrimonio concordatario_, in FINOCCHIARO F. et al., _Matrimonio concordatario. Matrimonio degli acattolici_, Giuffrè, Milano 1977, pag. 3-4, in tal senso la giurisprudenza più risalente si è allineata a chi (PETRONCELLI) ha sostenuto che sia possibile parlare di matrimonio concordatario soltanto nel caso in cui si tratti di un matrimonio che, pur nascendo nell'ordinamento canonico, sia capace di dispiegare effetti civili grazie a quella serie di adempimenti che lo differenziano dal matrimonio religioso. Cfr. Cass. civ. 1888-1957.

di religione, di scismi e quant'altro. Negli stati moderni si è iniziato perciò a porre il problema del rapporto tra potere temporale e potere spirituale. L'Italia è sempre stata più lenta rispetto al resto del mondo in fatto di adeguamento: la rottura con la Chiesa risale infatti alla celebre "Breccia di Porta Pia" (20 settembre 1870) con la quale un corpo di bersaglieri mise fine allo Stato Pontificio e al conseguente potere temporale del papa - con il quale si era tentato di addivenire ad un accordo politico. Alla Chiesa fu permesso, con una legge del maggio 1871, di esercitare liberamente i propri poteri spirituali e le fu concessa la sovranità sui palazzi del Vaticano e del Laterano in ossequio al principio "libera Chiesa in libero Stato" incessantemente sostenuto da Cavour. Il papa non riconobbe la validità di questa legge e sfruttò il proprio potere per spaccare l'elettorato italiano facendo leva sul diffuso sentimento cattolico[40].

Solo nel febbraio del 1929, con l'avallo di Mussolini, furono firmati i c.d. Patti Lateranensi che sancirono il mutuo riconoscimento tra Italia e Santa Sede[41]. Più precisamente il Trattato prevedeva il riconoscimento dell'indipendenza e della sovranità della Santa Sede, mentre il concordato regolava i rapporti tra lo Stato Italiano e quello Vaticano. Importante fu anche la Convenzione Finanziaria, voluta per regolare i rapporti economici che erano conseguiti alle c.d. Leggi Eversive emanate tra il 1880-1889[42]. Nel Concordato erano e sono ancora fissate le regole secondo le quali un matrimonio celebrato davanti al ministro del culto cattolico può essere trascritto nei pubblici registri dall'ufficiale di Stato Civile. In quest'ambito è stato inquadrato anche il procedimento di delibazione delle sentenze ecclesiastiche di annullamento del vincolo matrimoniale[43].

Per delibazione s'intende quel particolare procedimento giudiziario per mezzo del quale uno stato riconosce l'efficacia di una sentenza emessa da un giudice di uno stato estero[44]. L'art. 34 del Concordato lateranense riconosceva in origine una vera e propria riserva di giurisdizione ecclesiastica sul matrimonio canonico trascritto, con una pressoché automatica rilevanza civile delle sentenze ecclesiastiche dichiarative della nullità del matrimonio. Le sentenze canoniche avevano, dunque, piena efficacia in Italia non appena la Corte d'Appello avesse adottato l'ordinanza di chiusura del procedimento di delibazione che si svolgeva in unico grado. A tal proposito è bene ricordare che nel nostro ordinamento il procedimento di delibazione delle sentenze straniere era disciplinato dagli artt. 796-805 del c.p.c. i quali sono stati abrogati con la l. 218/1995 che ha riformato il diritto internazionale privato sancendo, nel suo titolo IV, la regola generale secondo la quale la sentenza straniera è

---

(40) Cfr. VILLARI R., *Storia Contemporanea*, Editori Laterza, Roma 1974, pag. 244.
(41) Cfr. FELTRI M. F. et al., *I Giorni e le Idee*, Sei, Torino 2002, pag. 170.
(42) Cfr. DE ROSA G., *Storia Contemporanea*, Minerva Italica, Milano 1976, pag. 151.
(43) Cfr. FINOCCHIARO F., *Diritto Ecclesiastico*, Zanichelli, Bologna 2009, par. 16.4.
(44) Cfr. COTINI C., *La delibazione della sentenza ecclesiastica di nullità matrimoniale*, in SLC < www.studiolegalecotini.it >.

riconosciuta in modo automatico in Italia senza necessità di un apposito giudizio di merito[45]. Ciò purché siano soddisfatte determinate condizioni (che in sostanza sono quelle che erano contenute nel vecchio art. 797 c.p.c. adesso trasfuse nell'elencazione di cui all'art. 64 della legge poc'anzi citata) la cui sussistenza è addirittura presunta - facendo sì che il giudice debba adesso intervenire solo in caso di controversia circa tale presunzione[46].

Il sistema lateranense previgente alla citata riforma prevedeva, invece, l'unicità dello status coniugale che non poteva avere una diversa sorte nell'ordinamento canonico e nell'ordinamento dello Stato, in quanto, cessando detto status nel primo di tali ordinamenti a seguito di una sentenza ecclesiastica che avesse dichiarato la nullità del matrimonio, il medesimo status veniva a cessare necessariamente anche nell'ordinamento Italiano per mezzo dell'exequatur che, automaticamente e su iniziativa officiosa, veniva concesso alla sentenza in questione da parte della Corte d'appello competente per territorio.

Con l'avvento della riforma del diritto di famiglia e, in particolare, dell'istituto del divorzio vi sono stati dei problemi di coordinamento tra questo e la delibazione delle sentenze ecclesiastiche. Ciò avvenne poiché la doppia giurisdizione che si era venuta a creare in merito alla fine del matrimonio si prestava ad un utilizzo fraudolento: accadeva per esempio che, dopo un divorzio con rito civile, il coniuge soccombente tentasse di cambiare le proprie sorti percorrendo la strada canonica in modo da ottenere una sentenza dichiarativa della nullità del vincolo al fine di poterla far delibare e trascrivere. Ciò avrebbe reso vana la precedente statuizione a lui sfavorevole. Il problema è stato risolto applicando il principio secondo il quale *electa una via, non datur recursus ad alteram*: ottenuto il divorzio civile non è possibile travolgerne gli effetti mediante la trascrizione di una successiva sentenza canonica di nullità e viceversa. La Corte Costituzionale già nel 1982 ha affermato che la "riserva di giurisdizione" prevista nel Concordato del '29 ha perduto sostanzialmente la sua stessa ragion d'essere come tale e si avvia inevitabilmente a costituire un "relitto storico"[47]. La Corte di Cassazione ha ripreso questa datata argomentazione della Consulta ed ha affermato che proprio la legge sul divorzio ha anticipato i cambiamenti operati dal concordato dell'84, facendo sì che l'unità del sistema lateranense si spezzasse divenendo desueta, giacché era stata minata la stessa unicità del vincolo coniugale che era alla base di detto sistema. Oggi il giudice di legittimità afferma che per le cause inerenti alla nullità del matrimonio c.d. "concordatario" sussistono tanto la giurisdizione italiana, quanto la

---

(45) Cfr. FINOCCHIARO F., op. cit. pag. 492.
(46) Cfr. COMITI A. e LIGUORI S., *Codice di Procedura Civile Esplicato minor*, Ed. Giur. Simone, Napoli 2009, pag. 568.
(47) Cfr. C. Cost. 18-1982, in Giurisprudenza su < www.cortecostituzionale.it >.

giurisdizione ecclesiastica, le quali concorrono parimenti in base al criterio della prevenzione (con la conseguenziale affermazione della giurisdizione del giudice italiano ove questi risulti preventivamente adito).

In forza di quanto osservato, il principio della "prevenzione" unitamente a quello *electa una via, non datur recursus ad alteram* vietano che si possa far riemergere una giurisdizione alla quale, per libera scelta, il singolo non ha fatto ricorso preferendone un'altra[48].

9. Cenni sul Diritto Islamico - Ritengo essere di grande importanza l'esame delle principali caratteristiche dell'Islam e del suo diritto. Ciò non soltanto perché ciò permetterà alla trattazione di mostrare un quadro teorico più ampio in merito all'argomento che si sta cercando di delineare, bensì perché è di grande attualità il tema dell'integrazione e delle relazioni tra il diritto e la cultura dei soggetti immigrati da ordinamenti di stampo islamico e quello dei paesi ospitanti occidentali, primo fra tutti il nostro che da sempre domina e si offre come spiaggia sicura per coloro i quali solchino il Mediterraneo.

Detto questo può essere rilevato il fatto che l'islam sia una religione di legge: ciò significa che nella rivelazione Dio ha dato ai suoi fedeli non soltanto la dottrina religiosa, bensì anche le norme giuridiche da applicare nel quotidiano. Esse formano la legge sacra (*sharì'a*), alla cui interpretazione e comprensione è votata la scienza del diritto islamico (*fiqh*) il quale comprende, oltre le leggi che riguardano le pratiche religiose rituali, tutte le leggi che regolano la vita sociale e dello Stato[49]. Convenzionalmente caratterizza il *fiqh* la parte che riguarda lo statuto personale[50] e il diritto di famiglia[51]. Il Corano rappresenta in tal senso la fonte primaria dalla quale gli esperti traggono le norme e i conseguenti argomenti per interpretarle e applicarle nel concreto. Il Corano, oltre che fonte di riferimento per la sussunzione dei casi concreti nell'astratta legge islamica è anche e principalmente il Libro sacro dell'islam - così come Talmud e Bibbia lo sono rispettivamente per l'ebraismo e il cristianesimo. Il Corano contiene la parola di Dio trasmessa agli uomini per mezzo del profeta Maometto, con la mediazione dell'arcangelo Gabriele. Si

---

(48) Cfr. C. Cass. S.S.U.U., Ordinanza 14839-2011, in Diritto24 < www.diritto24.ilsole24ore.com >.

(49) Cfr. CARADONNA I., *Il diritto islamico: categorie generali e norme penali* in Diritto e Diritti, novembre 2003, < www.diritto.it >.

(50) L'espressione "statuto personale" non appartiene al vocabolario giuridico tradizionale, ma è stata creata nel 1875 dal giurista egiziano Muhammad Qadri Basha. Il concetto di "personalità" rimanda all'applicabilità, appunto, su base personale di questo corpo di norme: la sharì'a è applicata ai musulmani dal giudice musulmano. Lo statuto personale è dunque una partizione caratteristica dei sistemi giuridici arabi, che si è definita storicamente come l'ambito di massima resistenza opposta dal diritto musulmano ai progetti di occidentalizzazione giuridica. Cfr. CESTIM - Centro Studi Immigrazione o.n.l.u.s.

(51) Cfr. TRECCANI G., voce *Islam*, Enciclopedia Treccani on-line cit.

ritiene che la comprensione della parola di Dio sia illuminata dal ricorso alla *sunna*, che è una sorta di raccolta dei detti e delle opere del Profeta. A queste due fonti di natura testuale si aggiungono l'*igmà*, ossia il consenso della comunità che è ritenuto una garanzia di verità ("La mia comunità non si accorderà mai su un errore" dice, infatti, Maometto) e l'analogia (*qiyàs*), che rappresenta il limite alla possibilità di libero ragionamento dell'interprete. Curioso osservare quindi come l'analogia, nel diritto islamico, sia assurta a limite per l'interpretazione libera degli studiosi e dei tecnici del diritto stesso ove, in ordinamenti come il nostro, è essa stessa a trovare degli stringenti limiti d'applicazione.

La scienza giuridica musulmana non è, però, monolitica: con riferimento alle figure di grandi capi-scuola si svilupparono altrettanti sub-tradizioni giuridiche (chiamate: "Malikita", "Hanafita", "Sciafiita" e "Hanbalita"). Appare evidente che le dottrine di queste diverse scuole possano trovarsi in conflitto tra loro persino su rilevanti questioni di fede: ciò tuttavia non è ritenuto in contrasto con il principio del consenso (*igmà*), secondo il quale si ritiene che ogni scuola sia sorretta, per l'appunto, da un grande consenso nella propria comunità dei fedeli. Per questo motivo esse sono considerate parimenti legittime e si riconoscono vicendevolmente[52].

Il diritto islamico sta affrontando, in questi decenni, una fase di radicale cambiamento: la modernità ha iniziato a pervadere ogni aspetto della vita sociale. Lo stato, le università, l'economia sono profondamente influenzate dalle nuove tecnologie e dalle idee che le sorreggono. Anche il diritto islamico non fa eccezione in tal senso: la vecchia tradizione giuridica si trova oggi a confronto con le scienze giuridiche moderne. Passo importante è, in quest'ottica, la codicizzazione la quale non può non tener conto del pensiero e dell'evoluzione giuridica tradizionale.

Per quanto attiene allo specifico di questa trattazione può osservarsi come, le norme sciariatiche in materia di matrimonio e famiglia, abbiano sempre goduto di un alto grado di effettività e, al momento della codificazione, è raro che il legislatore le abbandoni del tutto per aprirsi a concezioni di stampo più laico. Il diritto di famiglia affonda le proprie radici nella antica tradizione giuridica islamica. L'unicità dell'origine delle leggi di famiglia in vigore, tutte saldamente radicate nella *sharì'a*, non deve indurre tuttavia a sottovalutare la loro marcata varietà. Le soluzioni adottate dai vari legislatori sono state sensibilmente diverse e, a volte, radicalmente opposte. Ciò è peraltro facile da spiegare. Va innanzi tutto tenuto conto del fatto, già accennato, che la dottrina islamica non è monolitica, ma si articola in diverse sub-tradizioni: la dottrina cui fanno riferimento i legislatori è, dunque, sempre stata eterogenea. A ciòsi è oggi aggiunta una varietà dottrinale su base nazionale per la codificazione del *fiqh* da parte dei diversi stati mussulmani.

---

(52) Cfr. LOSANO M. G., *I Grandi Sistemi Giuridici*, Laterza, Roma 2000, cap. VII.

I cittadini stranieri provenienti dai paesi arabi attualmente presenti in Italia sono portatori di una propria legge nazionale che è una particolare versione del diritto musulmano codificato e non. Il giudice italiano potrebbe dunque essere chiamato ad applicare il diritto musulmano in una delle versioni nazionali attualmente codificate. Un problema delicato è rappresentato dalla definizione del rapporto esistente tra legge statale e *sharì'a*, per i riflessi sui criteri di interpretazione richiamati dall'art. 15 della sopracitata l. 218/1995 ("La legge straniera è applicata secondo i propri criteri di interpretazione e di applicazione nel tempo"). Si pone il problema di determinare in che misura la legge dello Stato possa essere interpretata alla luce della *sharì'a* tradizionale. Secondo le norme di interpretazione codificate, la lacuna di legge è l'unico caso in cui l'interprete potrebbe ricorrere alla legge straniera (in questo caso alla *sharì'a*). È evidente che simili norme sull'interpretazione siano di poco conforto per il giudice italiano: restano, infatti, molto indefiniti i limiti entro i quali l'interprete nazionale possa colmare l'eventuale lacuna di legge in materia matrimoniale e quali norme della *sharì'a* possano essere utilizzate a tal fine. Più determinante potrebbe essere il grado di conoscenza del diritto musulmano da parte del giudice nazionale, ma ciò non rappresenta di certo la soluzione al problema. Per quanto riguarda, infine, i cittadini italiani di fede musulmana è difficile immaginare la possibilità di una loro diretta soggezione a un regime matrimoniale, famigliare e successorio diverso da quello fissato dal nostro ordinamento e contrastante con i principi sanciti dalla Costituzione. Anche l'eventuale matrimonio in moschea, richiesto con valore religioso, sarebbe sottoposto alle norme del codice civile.

10. Il matrimonio nella Shari'a - Avendo brevemente illustrato i rudimenti di diritto islamico e i più comuni problemi interpretativi di diritto internazionale privato che possono scaturire dalla convivenza delle norme italiane e quelle islamiche, si possono adesso esaminare velocemente le caratteristiche principali del matrimonio islamico.

Innanzitutto è bene chiarire che, per il diritto musulmano, il matrimonio è un contratto.

L'islam non conosce il concetto teologico di sacramento, caratteristico del cristianesimo.

Come ogni altro contratto il matrimonio è concluso con il consenso delle parti contraenti. A differenza, però, del consenso nel diritto naturale e canonico, in questo caso questo non deve necessariamente provenire direttamente dagli sposi. Occorre considerare che, secondo la *sharì'a*, ogni persona può essere titolare del rapporto matrimoniale, anche un bambino appena nato. In tal caso, il bambino, non essendo in grado né di decidere, né di concludere validamente il matrimonio è assistito dal tutore matrimoniale (*wali*), che normalmente è il padre. Nei matrimoni precoci la volontà matrimoniale è formata ed espressa dal tutore, che quindi esercita il potere di costrizione matrimoniale (*ijbâr*). Tale potere cessa quando l'individuo ad esso sottoposto raggiunge la pubertà. Fa eccezione alla regola della pubertà, secondo i Malikiti, la donna vergine poiché la verginità, allo stesso modo dell'età impubere, implica poca conoscenza della vita e giustifica il prolungarsi del potere di costrizione del tutore sulla donna virtuosa. La questione della formazione della volontà matrimoniale si intreccia con quella della sua manifestazione. La donna, anche se non soggetta al potere di costrizione, non può di norma contrarre direttamente il matrimonio: soltanto gli Hanafiti ammettono che la femmina libera, pubere e sana di mente possa essere parte attiva del contratto. L'intervento del tutore resta, dunque, necessario secondo tutte le altre scuole di pensiero ed è facile comprendere come, di fatto, il *walî* finisca per guidare, o almeno partecipare, alla scelta della donna circa il suo futuro marito. Ciò d'altra parte non stupisce, se si considera che il matrimonio è inteso dal diritto islamico, oltre che come unione di due vite, anche come alleanza tra due famiglie. Le regole in materia di adeguatezza matrimoniale ne sono una prova. Sia la sposa che il tutore possono reagire alla conclusione di un matrimonio con un uomo che sia considerato non degno della donna o alla determinazione di un *mahr*[53] inferiore a quello normalmente pagato per una donna di rango equivalente a quello della sposa. Dunque tanto la donna quanto la sua famiglia sono titolari di un autonomo interesse a un buon matrimonio. Le moderne riforme hanno, però, eliminato il fenomeno dei matrimoni precoci, fissando un'età matrimoniale minima. Le moderne leggi proibiscono altresì al tutore di costringere la donna al matrimonio. Non sempre, tuttavia, questa è ammessa alla diretta conclusione del contratto matrimoniale in cui viene coinvolta.

Il matrimonio è concluso alla presenza di due testimoni. Lo sposo è tenuto a pagare la dote (*mahr*), il cui ammontare è fissato nel contratto con apposita clausola. Tale dote è segno della legittimità dell'unione ed è di proprietà della donna che ne può disporre come meglio crede. L'istituto è oggi criticato da chi lo considera contrario al principio di uguaglianza tra i sessi e al rispetto della dignità umana, in quanto assimilabile a un prezzo da pagare per la sottomissione e la disponibilità della donna. Il *mahr* può tuttavia offrire protezione agli interessi della donna: si può ad esempio convenire che esso sia pagato in tutto o in parte al momento del ripudio o di morte del marito. Nel primo caso esso svolge un efficace ruolo di deterrente nei confronti dell'esercizio arbitrario e capriccioso del ripudio, il potere che la *sharî'a* attribuisce al marito di sciogliere il matrimonio - anche senza motivo. In caso

---

(53) Il *mahr* sarebbe l'equivalente dell'istituto della dote che, nell'Islam, è attribuito ai parenti maschi della sposa quale appunto "prezzo della sposa". Cfr. Corano, Sura IV, par. 24: «Vi è permesso cercare (mogli) utilizzando i vostri beni in modo onesto e senza abbandonarvi al libertinaggio. Così come godrete di esse, verserete loro la dote che è dovuta. Non ci sarà alcun male nell'accordo che farete tra voi oltre questa prescrizione. Invero Allah è sapiente e saggio».

di morte del marito invece la corresponsione di un *mahr* può essere di grande aiuto alla vedova, i cui diritti di erede sul patrimonio del coniuge sono esigui. Il matrimonio musulmano, pur potendo essere sciolto con facilità, è concluso per durare essendo, infatti, proibito il matrimonio a termine (*mut'a*), almeno nell'ambito dell'Islam sunnita.

Il matrimonio musulmano è poligamico (possibilità di sposare fino a quattro mogli): il Corano fa obbligo al marito di trattarle con giustizia[54]. Gli interpreti contemporanei del Corano mettono questo versetto in connessione con un altro[55] secondo il quale l'uomo, per quanto possa impegnarsi e desiderarlo, non è capace di agire con equità nei confronti delle proprie mogli. Dunque l'esercizio della poligamia è sottoposto a una condizione che Dio stesso ha reso difficilmente realizzabile, quasi impossibile. Se ne deduce che il matrimonio poligamico sia, almeno nella maggior parte dei casi, teologicamente proibito. È difficile immaginare, infatti, in che modo il marito possa dimostrare di essere degno e capace di spartire equamente se stesso e le sue cure tra le diverse mogli. Filosoficamente è qualcosa di impossibile, se si tiene presente l'imprevedibilità degli umori e dei comportamenti umani. Su questa nuova interpretazione del testo coranico fanno leva anche diversi legislatori per introdurre misure di dissuasione e di controllo più o meno penetranti circa la conclusione dei matrimoni poligamici.

La vita coniugale che scaturisce dal matrimonio è segnata dalla preminenza dell'uomo: la donna deve mettersi a sua disposizione e prestargli obbedienza. Il corrispettivo di tale quotidiana sottomissione è il mantenimento che l'uomo versa alla moglie, indipendentemente dalla condizione di bisogno di lei: esso comprende il vitto, l'alloggio, il vestiario, le spese mediche eccetera. L'insubordinazione ingiustificata della donna determina la sospensione del mantenimento. Questo è dovuto per tutto il tempo che la donna resta sottomessa alla potestà dell'uomo, cioè fino alla fine del ritiro legale (*'idda*) che segue lo scioglimento del matrimonio per morte, ripudio o divorzio. Il ritiro legale permette di accertare l'eventuale gravidanza della donna; esso dura generalmente tre mesi, dopo i quali il marito non ha più alcun obbligo nei confronti della moglie. Dopo lo scioglimento del matrimonio, la donna che non ha redditi propri resta a carico della famiglia di origine o dei figli.

Il marito può provocare, come si è accennato, la fine del matrimonio con una semplice dichiarazione di ripudio. Non occorre che tale dichiarazione sia motivata, né che la donna sia presente al momento in cui tale volontà venga

---

(54) Cfr. Corano, Sura IV, par. 3: «E se temete di essere ingiusti nei confronti degli orfani, sposate allora due o tre o quattro tra le donne che vi piacciono; ma se temete di essere ingiusti, allora sia una sola o le ancelle che le vostre destre possiedono. Ciò è più atto ad evitare di essere ingiusti».

(55) Cfr. Corano, Sura IV, par. 129: «Non potrete mai essere equi con le vostre mogli anche se lo desiderate. Non seguite però la vostra inclinazione fino a lasciarne una come in sospeso. Se poi vi riconcilierete e temerete (Allah) ebbene Allah è perdonatore, misericordioso».

manifestata o che ne sia addirittura informata. Non occorre neppure che sia l'uomo personalmente a manifestare ripudio, potendo darne mandato a chiunque. Il marito ha facoltà di ripudiare tre volte ogni moglie: dopo il terzo ripudio, a differenza che dopo i primi due, l'uomo non può più ritornare sulla propria decisione e riprendere con sé la moglie prima dello scadere del ritiro legale, né può, dopo tale momento, risposare la moglie che gli diventa, anzi, proibita.

I giuristi musulmani ammettevano che l'uomo potesse dare i tre ripudi in una sola volta, una sorta di ripudio cumulativo volto ad ottenere l'effetto di liberarsi definitivamente dalla donna.

I legislatori attuali si sforzano in vario modo di controllare e limitare il ricorso a questo istituto che, per sua natura, rende la vita coniugale instabile e insicura - con grave danno per la condizione della moglie che vive per così dire sotto scacco del marito. I legislatori moderni hanno iniziato a sottoporre il ripudio ad autorizzazione o al controllo del giudice, sottraendolo alla sfera del mero arbitro dell'uomo. Cercano inoltre di coinvolgere la moglie o, quantomeno, di garantire che essa ne sia adeguatamente informata. Prevedono, infine, che l'uomo che dà ripudio volontario, o che con il ripudio cagiona un pregiudizio alla donna, sia costretto a versarle un dono di consolazione[56].

11. La moderna concezione etnologica di famiglia - Dall'analisi compiuta sin qui, si evince che quello della famiglia sia da sempre stato considerato un istituto naturale, quasi trascendente.

Con l'era illuminista la tradizione che concepiva le istituzioni come direttamente discendenti da un diritto naturale improntato alla volontà trascendente di Dio iniziò, però, a declinare e verso la metà del XIX sec. sorse un rinnovato interesse storico per le società del passato europee ed extraeuropee. Riconosciuta la mutevolezza delle forme presentate dalla famiglia nel tempo e nello spazio, si cercò cioè di ricostruire le sequenze secondo le quali, tali forme si sarebbero succedute nella storia del genere umano. In quest'ottica, nel campo etnologico, si sono via via susseguiti diversi studi volti a sviluppare dei modelli teorici che potessero illustrare in maniera compiuta l'evoluzione e le trasformazioni della famiglia - considerata in tutte le sue manifestazioni antropologiche. Per tutto l'800 si prese come riferimento l'idea ispiratrice dei modelli evolutivi, i quali ipotizzavano una sorta di percorso evolutivo della famiglia, la quale si riteneva avesse avuto inizio da una fase di promiscuità sessuale. In questo contesto la priorità della discendenza era determinata a partire dalla madre e di conseguenza si ipotizzava una organizzazione su base matriarcale della società stessa, alla quale gli uomini avrebbero reagito imponendo, successivamente, il superiore principio della

---

(56) Cfr. CESTIM - Centro Studi Immigrazione o.n.l.u.s. < www.cestim.it >.

paternità⁽⁵⁷⁾. In tal modo si sarebbe poi giunti alle famiglie patriarcali mentre, con l'avvento del XX sec., il progressivo estendersi delle conoscenze etnografiche mise in crisi il modello evoluzionista. Più che sull'ipotetica successione cronologica di tipi universali di famiglia, l'interesse degli studiosi si focalizzò così sul funzionamento e sulle norme d'appartenenza a questa.

In contrapposizione a tutte le teorie biologiche ispirate alla "società naturale", dunque, in sociologia vi sono moderne ipotesi circa la famiglia che muovono dalla presunzione che essa non sia altro se non un'invenzione culturale, quasi interamente artificiale, prodotta al solo scopo di stabilizzare la divisione del lavoro tra i sessi e le generazioni. In sociologia si tiene, per l'appunto, conto della famiglia e del substrato sociale in cui essa è inserita: si ritiene, perciò, che la famiglia sia un micro sistema sociale e culturale caratterizzato da quattro differenti proprietà. La prima sarebbe data dalle sue dimensioni relativamente contenute, la seconda è rintracciata dai sociologi nella sua particolare organizzazione economica. La terza caratteristica della famiglia è data dagli equilibri che in essa si stabiliscono attraverso una divisione dei ruoli, tenendo conto anche delle influenze esterne che la società irradia su di essa. Ultima caratteristica generale dell'istituto familiare è quella data dalla sua presunta funzione di controllo sociale, di formazione della personalità nonché di socializzazione degli individui posti al suo interno. A partire dalla famiglia è, dunque, possibile rintracciare le dinamiche e i fattori di maturazione e mutamento che stanno alla base delle modificazioni sociali che si sono susseguite sin dall'inizio della storia umana. In questo ordine di idee si inquadrano le riflessioni di Max Horkeimer e Teodor Adorno circa i rapporti di potere: secondo i due teorici, infatti, la sociologia ha anche il compito di rintracciare il momento in cui entità autoritarie reali o necessarie diventano artificiose e, perciò, repressive in capo alla famiglia o ad altre formazioni sociali. Già dal dopoguerra cominciò a farsi spazio la sociologia della famiglia, nella quale il piccolo aggregato familiare diventa modello di studio per l'intera società in cui si inserisce. Tra i sociologi regna pacifica l'idea secondo cui la famiglia sia dunque un "gruppo per sé" - indifferente alle singole storie dei suoi componenti - che non è frutto di una vera e propria evoluzione, bensì rappresenta una modalità di risposta a bisogni biologici e culturali che si sviluppano di pari passo ai princìpi organizzativi comuni ad ogni formazione economico-sociale⁽⁵⁸⁾.

12. La "non naturalità" della famiglia - Risulta a questo punto interessante soffermarsi ad esaminare in maniera veloce il pensiero di Claude

---

(57) Interessante in tal senso il concetto di "fallocrazia", diffuso dal movimento femminista ed utilizzato per indicare il predominio sociale del maschio, enfatizzandone l'aspetto negativo attraverso l'allusione agli aspetti sessuali che la stessa etimologia del termine implica. Al riguardo cfr. TRECCANI G., voce *Fallocrazia*, La Piccola Treccani cit., tomo IV, pag. 501-502.
(58) Cfr. TRECCANI G., voce *Famiglia*, La Piccola Treccani cit., Tomo IV, pag. 508.

Lévi-Strauss secondo il quale non esiste nessuna istituzione o forma sociale che possa essere limitata al mero istinto biologico, in quanto la caratteristica dell'uomo è quella di strutturare e organizzare gli elementi dati, senza sottomettersi a fantomatiche tendenze innate. Il ragionamento di Strauss si sviluppa partendo dal presupposto naturale della fedeltà e della monogamia del matrimonio, in quanto essa non è parte della natura dell'uomo: ne sono la prova le forme di famiglia poligama. Per ciò che attiene la poligamia e i vari comportamenti di accoppiamento, qualcuno ritiene che questi siano eredità di un adattamento di stampo darwiniano dell'uomo. Cosicché gelosie e amori sarebbero frutto non di semplici pulsioni, bensì di veri e propri progetti genetici funzionali alla conservazione della specie[59].

Tornando, però, al discorso iniziale, solo la morale cristiana, secondo Strauss, pretende che il matrimonio e la conseguente costituzione della famiglia siano presupposti necessari affinché il sesso non sia peccato. Famiglia e matrimonio hanno, infatti, fini differenti da quelli meramente sessuali e procreativi. La principale funzione della famiglia sarebbe da ricercare nel campo sociale ed economico: la stessa divisione del lavoro su base sessuale dimostrerebbe la totale artificialità della famiglia, smontando così tutte le tesi giusnaturaliste al riguardo. L'unica osservazione scientifica possibile circa la famiglia monogamica e nucleare è che essa sia molto frequente rispetto ad altri modelli esistiti o esistenti. Lo stesso Strauss ha cercato di fornire la prova di questa teoria basandosi sulla non esistenza del modello famigliare in alcune società molto evolute - per lo più matriarcali. Dimostrata, a mio avviso molto debolmente, la non naturalità della famiglia, Strauss ha tentato di rintracciare la sua vera origine. Le ragioni dell'esistenza della famiglia sarebbero da rintracciare nella necessità di garantire la coesistenza sia tra i gruppi nonché tra i due sessi. Ciò sarebbe stato possibile grazie a due espedienti volti a realizzare una reciproca dipendenza economica e sociale dei due sessi: la divisione sessuale del lavoro e il divieto di incesto. La prima per creare, appunto dei vincoli economici tra individui e il secondo per costruire un tabù[60] e rafforzare i legami di "sangue" tra detti individui. Questo è accaduto perché nessuna società umana si sarebbe potuta conservare se fosse stata formata soltanto da gruppi consanguinei chiusi, ostili a tutti gli altri. In tal modo si è scelto di organizzare un sistema di catene e di dipendenze per legare i differenti nuclei familiari. L'incesto sarebbe, inoltre, un divieto di creazione umana (culturale) e non naturale (biologico) in quanto esso è stato regolato in

---

(59) Cfr. BENVENUTO S., *La Gelosia. Impulso naturale o passione inconfessabile?*, Il Mulino, Bologna 2011, pag. 37-38.
(60) In tal senso, in un mio precedente lavoro (op. cit., pag. 114), ho identificato nella *"Morale Storica"* il soggetto creatore dei c.d. tabù. Nel concetto di *"Morale Storica"* ho voluto inquadrare il *"Sentimento Collettivo"* nel suo aspetto dinamico, ossia come gradualmente arricchito e/o indebolito dall'avvicendarsi delle generazioni e delle correnti di pensiero che hanno percorso l'evoluzione culturale umana.

modo differente dalle varie realtà sociali nel corso della storia[61]. Secondo Lévi-Strauss, infatti, la legge universale che costituisce ogni società è fondata sulla rinuncia delle proprie donne per poterle scambiare con quelle degli altri[62]: non a caso egli afferma che *"la proibizione dell'incesto non è tanto una regola che vieta di sposare la madre, la sorella o la figlia, quanto invece una regola che obbliga a dare ad altri la madre, la sorella o la figlia"*[63].

Questa tesi è pregevole, senza dubbio, per la sua oggettività: il diritto di natura, lo si è già detto, è considerato spesso come un limite più che come una vera risorsa e perciò si cerca disperatamente di espungere i suoi princìpi e la sua idealità dal terreno della scienza e della ragione. Così facendo si perde, però, un importante seppur astratto punto di partenza. Le vie logiche del ragionamento sono sostanzialmente due: il Logos può procedere dal generale al particolare e viceversa. Ricercare nella primordialità dei concetti astratti e generali un punto di partenza per scendere poi nello specifico tecnico-scientifico di un determinato argomento (o viceversa), ritengo sia la base di qualsiasi lavoro logico ben costruito. In questo senso è possibile obiettare alla prima idea dello Strauss, secondo cui nessuna organizzazione umana può essere ridotta a semplice istinto, che in tale assunto è implicita l'accettazione della immancabile esistenza di un istinto alla base dei vari comportamenti umani. Tale argomento non può, però, essere utilizzato a contrario, ossia per tentare di dimostrare la sola valenza artificiale delle creazioni umane. Queste non sono dunque soltanto istinto, ma non sono neppure soltanto artificialità e ragione. Per quello che attiene i concetti religiosi di monogamia e di fornicazione non si può, invece, non essere sostanzialmente concordi con le tesi di Strauss (sempre che si muova da impostazioni logiche, scientifiche e laiche). Il punto più oscuro dell'idea della non naturalità della famiglia, credo sia dato dalla sua pretesa creazione a soli fini economici e sociali. Sembrerebbe, infatti, esistere nell'ombra dei tempi una sorta di mente ordinatrice che abbia studiato a tavolino i meccanismi psicologici umani in modo da modellare su di essi un congegno standardizzato e funzionale a detti scopi non precipuamente naturali. Seppur io stesso abbia individuato nella c.d. "Morale Storica" una possibile entità astratta creatrice del sentimento collettivo, delle idee, delle regole e dei tabù umani, non si capisce bene come una simile figura talmente sfumata e impersonale abbia potuto preordinare una struttura - la famiglia - che sia stata poi recepita quasi unanimemente e in modo automatico dai vari soggetti in tutto il mondo e in tutte le epoche senza che ci fosse, in essi, una reale predisposizione biologica ad essa. La questione è delicata perché ogni creazione umana, anche la più perfetta, ha sempre avuto

---

(61) Cfr. FEDELE P., voce *Famiglia*, UTET G.D.E., tomo VII, pag. 916-917.
(62) Cfr. BENVENUTO S., op. cit. pag. 101.
(63) Cfr. LÉVI-STRAUSS C., *Le strutture elementari della parentela*, Feltrinelli, Milano 1969, pag. 613-17, 631.

bisogno di vari adattamenti mentre, in questo caso, la famiglia sarebbe stata studiata e pensata in un dato modo per perseguire determinati obiettivi non naturali e il sistema l'avrebbe assimilata in modo indolore, facendola anzi proliferare in modo "frequente" (per dirla con Strauss) per millenni. Una cosa è, infatti, creare un mito, un tabù o una qualsivoglia superstizione di sicura suggestività; ben altro discorso si cela dietro la possibilità di creare *ex novo* strutture complesse quali la famiglia. Seppur non s'incontrano problemi a sposare l'idea secondo cui questa particolare formazione sociale altro non sarebbe se non un piccolo specchio dal quale osservare il riflesso della società, resta da chiedersi: la famiglia è davvero stata ideata a tavolino da una oscura mente ordinatrice e, grazie ad una fortunata casualità è stato possibile che prendesse piede tra gli uomini, oppure essa è il frutto di una predisposizione biologica o quantomeno psicologica (e quindi naturale) dell'uomo?

CAPITOLO 2
DIRITTO DI FAMIGLIA

SOMMARIO: 13. Concezione Costituzionale della famiglia. - 14. Il diritto di famiglia. - 15. Parentela e affinità. - 16. Rapporti personali tra i coniugi. - 17. Rapporti patrimoniali. - 17.1. Regime patrimoniale. - 17.2. Fondo patrimoniale. - 17.3. L'impresa familiare e l'azienda coniugale. - 17.4. Regime tributario. - 17.5. Regime successorio. - 17.6. Cause di scioglimento del matrimonio. - 18. Rapporti personali tra genitori e figli. - 19. Profili penali. - 19.1. I delitti contro la integrità e la sanità della stirpe. - 19.2. I delitti contro la famiglia. - 19.3. La legge 154 del 2001 sulla violenza familiare.

13. Concezione Costituzionale della famiglia - Per quanto la famiglia possa essere stata al centro di vicende controverse nonché di profondi cambiamenti e, nei limiti in cui mi è concesso parlarne, si sia evoluta nel corso dei secoli, l'Assemblea Costituente italiana non tenne conto di molte vicende che, già allora, ne avevano segnato profondamente la struttura[64].

Dall'esame che si è sin qui compiuto è stato possibile notare come non esista un modello universale di famiglia e come, i vari modelli esistiti nella storia, siano stati condizionati da religioni, diritto e costume. In tal senso si comprende anche un importante elemento sistematico della disciplina familiare del nostro ordinamento: essa è tutelata Costituzionalmente e più analiticamente nel codice civile, pur non essendone in esso delineata una esplicita definizione[65].

Nella Costituzione, infatti, l'istituto in questione fu disciplinato sulla scorta di una concezione positiva che inquadrava la famiglia non solo come elemento fondamentale dell'organizzazione sociale, bensì anche come realtà preesistente allo Stato stesso. Il fatto che i diritti della famiglia preesistessero allo Stato, precluse a questo il potere di crearli. Il potere costituito poté soltanto riconoscerli e tutelarli, così come avveniva per i diritti innati della persona. L'idea di fondo, cui si ispira il nostro sistema dunque, è quella secondo la quale tanto più solida sia la famiglia, tanto più saldo divenga lo Stato che può appigliarsi a valori di unità e solidarietà sociale per contrastare i numerosi fattori di disgregazione della società. Ciò si evince dallo stesso posizionamento della relativa disciplina in apertura del titolo sui rapporti etici e sociali: in tal senso l'art. 29 Cost. diventa risolutivo dei problemi più spinosi circa la famiglia[66].

La famiglia è, per l'appunto, definita come una "società naturale". Questo riferimento, seppur apparentemente di stampo giusnaturalistico, non vuole far

---

(64) Cfr. CUOCOLO F., voce *Famiglia*, Enciclopedia Giuridica, cap. I, par. 1, pag. 1.
(65) Cfr. TORRENTE A. e SCHLESINGER P., op. cit. pag. 845.
(66) Cfr. art. 29 Cost.: «La Repubblica riconosce i diritti della famiglia come società naturale fondata sul matrimonio. Il matrimonio è ordinato sull'eguaglianza morale e giuridica dei coniugi, con i limiti stabiliti dalla legge a garanzia dell'unità familiare».

ricadere la famiglia in un ambito, qual è quello del diritto naturale, che starebbe al di fuori dalla legge positiva[67]. La famiglia è naturale in quanto preesiste alla Costituzione e, di conseguenza, allo Stato che dalla legge primaria trae origine. È chiaro come questa idea non sia stata accettata pacificamente in sede di dibattito assembleare, in quanto da ciò scaturisce il corollario secondo il quale lo Stato non attribuisce, bensì riconosce i diritti della famiglia proprio in virtù della sua particolare essenza storica e sociale. Si arrivò in tal senso persino a contrastare la possibilità di dotare la famiglia di una disciplina Costituzionale, sull'idea che bastasse per essa solo quella civilistica, ma questa idea si arenò perché la maggioranza dei Padri Costituenti volle evitare che il legislatore ordinario potesse intaccare l'istituto in maniera profonda, così come era avvenuto in passato nel silenzio dello Statuto Albertino.

In tema di modifiche, miliare è senza dubbio la c.d. riforma del diritto di famiglia operata con l. 151/1975 per mezzo della quale si è passati da una disciplina basata su un modello agricolo di famiglia, ad un'altra ispirata ad un più dinamico modello industriale. Con essa si è integralmente parificato il ruolo dei coniugi nel governo della famiglia e della potestà sui figli, dissolvendo pratiche arcaiche quali quella della dote[68]. Il diritto di famiglia, dunque, ha subìto enormi trasformazioni soprattutto negli ultimi decenni: analizzare le relazioni che intercorrono tra famiglia e diritto è, perciò, ben lungi dall'essere considerato un mero esercizio retorico[69].

Tornando al discorso iniziale, è possibile intendere la famiglia come una formazione sociale - così come definita all'art. 2 - nella quale s'intrecciano svariate esigenze di tutela. Anzi, più precisamente, quest'ultima affermazione è un corollario che discende dal fatto che sia la famiglia stessa ad essere considerata un valore, di per se, meritevole di tutela. In quest'ottica, infatti, l'art. 29 della Carta Costituzionale assume consistenza almeno in tre ordini di situazioni:

- Il fatto che la famiglia sia un gruppo, incide sulle situazioni soggettive dei singoli che ne fanno parte, da qui scaturisce la necessaria presenza dei c.d. **obblighi di solidarietà**;
- Vi è poi la necessità, sempre per i singoli, di trovare nella famiglia un luogo privilegiato e asettico per lo **svolgimento della loro propria personalità**;
- Giuoco forza è che lo Stato incontri, in questi primi due ordini di situazioni, una particolare **limitazione alla propria autonomia**

---

(67) Cfr. TRIMARCHI P., *Istituzioni di diritto privato*, Giuffrè, Milano 2005, pag. 667-668 e PATERNITI C. et al., *Manuale dei reati - singole previsioni*, Giuffrè, Milano 2011 pag. 31-33.
(68) Cfr. TORRENTE A. e SCHLESINGER P., op. cit. pag. 846-847.
(69) Cfr. BALESTRA L., *L'evoluzione del diritto di famiglia e le molteplici realtà affettive*, in AULETTA T., *Il Diritto di Famiglia*, Giappichelli, Torino 2010, pag. 1.

normativa, giacché è costretto a farsi carico della tutela dei predetti diritti dei singoli, i quali compongono i vari nuclei familiari della società.

Da ciò discendono differenti norme di favore, volte a mantenere l'unità materiale della famiglia[70] che, per la Costituzione, è tale soltanto se è fondata sul matrimonio. In questo senso si è circoscritta un'area di operatività alquanto ristretta del concetto di "famiglia" inteso in termini costituzionali, giacché le relazioni matrimoniali sono limitate tipicamente ai coniugi e ai loro figli, siano essi nati all'interno del matrimonio oppure riconosciuti (ex art. 250 c.c.), poiché nati fuori dal matrimonio[71].

Per ciò che attiene allo specifico oggetto della presente trattazione è fondamentale l'esame appena operato circa la disciplina Costituzionale demarcata dall'art. 29 poiché, alla luce del suo dettato, esula dalla concezione costituzionale di famiglia sia l'unione di fatto (o unione libera) non fondata sul matrimonio, sia la c.d. famiglia estesa.

Ciò risulta essere problematico poiché, seppur non rientranti sotto l'egida delle previsioni della legge fondamentale, le unioni di fatto possono essere in grado di far sorgere situazioni giuridicamente rilevanti, alla stregua delle unioni tradizionali basate sul matrimonio. Prima di passare alle questioni inerenti proprio questa tipologia di situazioni, è bene effettuare una rapida sortita nel diritto di famiglia per poter cogliere appieno le differenze e le problematiche che ineriscono a questi differenti modelli relazionali, ormai profondamente radicati nella nostra cultura.

Circa, invece, ai profili costituzionali dell'istituto in esame si ricava, dall'attento esame dell'art. 29, il principio secondo il quale esista un'eguaglianza morale e giuridica tra i coniugi. In un sistema, com'era quello del codice del 1942, dove la diseguaglianza tra i coniugi era determinata dall'essere il marito a capo della famiglia, un principio radicalmente opposto come quello dell'uguaglianza faticò non poco ad entrare tra i dettami costituzionali. Venne addirittura tacciato di ipocrisia dallo stesso Calamandrei[72]. Non essendo però quel sistema immutabile, l'argomentazione del Calamandrei faceva leva sulla supremazia del marito, la quale non affondava la sua ragion d'essere in alcuna effettiva necessità giuridica - queste argomentazioni erano comunque aperte verso un problema che avrebbe poi condotto alla riforma del diritto di famiglia. In tal senso l'art. 29 si apriva allora ad un concetto di famiglia non più fondato sull'autorità del marito, bensì sul consenso: il diritto non può più imporre l'unità familiare, bensì questa deve discendere da un accordo frutto di una sintesi di valori morali e spirituali

---

(70) Cfr. ARCIDIACONO L. et al., *Diritto Costituzionale*, Monduzzi, Bologna 2005, pag. 242, 244-245.
(71) Cfr. VASSALLO G., *Figli naturali e famiglia di fatto*, Altalex, Montecatini Terme 2011, pag. 5.
(72) Cfr. CALAMANDREI P., Assemblea Costituente, Atti, seduta 23 aprile 1947.

operata da entrambi i coniugi[73].

Il secondo requisito che la costituzione pone in capo alla famiglia, dopo averla definita una società naturale, è che essa sia fondata sul matrimonio. La famiglia in quanto società naturale, con tutti i suoi diritti primari che pongono dei limiti all'azione stessa del legislatore, esiste in quanto sia fondata su un matrimonio. Lo Stato riconosce, dunque, quale effettivo istituto giuridico, soltanto la famiglia legittima. Resta esclusa dall'egida delle previsioni costituzionali la famiglia naturale o di fatto e, implicitamente, si esclude che possano essere riconosciute come famiglie di diritto costituzionale delle unioni improntate su schemi strutturali differenti da quello del matrimonio[74]. Lo stesso P. Schlesinger afferma in tal senso che non sussista una contraddizione tra l'affermazione secondo la quale la famiglia sia una società naturale e la pretesa che esista al contempo la necessità che essa si fondi sul matrimonio[75].

I valori Costituzionali posti alla base della famiglia sono, dunque: quello del matrimonio come fondamento della famiglia, intesa quale società naturale (art. 29 co. 1); quello dell'uguaglianza giuridica e morale dei coniugi che formano tale famiglia (art. 29 co. 2) e quello della quanto più ampia tutela dei figli, anche quelli nati fuori dal matrimonio (art. 30 co. 3). Quest'ultimo principio scaturisce quale corollario dell'art. 2, il quale stabilisce che la Repubblica è obbligata a riconoscere e garantire i diritti inviolabili di ogni persona sia come singolo, sia nelle formazioni sociali nelle quali si estrinsechi la sua personalità - la famiglia di cui all'art. 29, ossia quella legittima, nucleare e fondata sul matrimonio, risulta essere la prima e più importante tra queste formazioni. Chiarito l'ambito costituzionale in cui opera la disciplina del diritto di famiglia è possibile analizzarne gli aspetti salienti, primo fra tutti quello inerente la sua stessa natura.

Al riguardo c'è da dire che, seppur la dottrina non dubiti in merito all'appartenenza del diritto di famiglia alla sfera del diritto privato giacché essa è posta per regolare interessi dei singoli, è stato evidenziato che debba essere tenuta in conto anche l'esistenza di un altro interesse della famiglia, il quale prevale rispetto a quelli dei singoli componenti, l'attività dei quali è da esso condizionata. Di conseguenza è necessario domandarsi se e in che misura possa essere applicabile l'autonomia privata a questa particolare branca del diritto, tenendo conto del fatto che si tratta di una disciplina per lo più non derogabile: la risposta a tale quesito è affermativa, in quanto lo stesso matrimonio è frutto di una libera scelta dei coniugi, ai quali spetta anche la scelta dell'eventuale regime patrimoniale da adottare nonché altre facoltà in sede, ad esempio, di divorzio o di filiazione. Alla luce di queste

---

(73) Cfr. PULEO S., voce <u>Famiglia</u>, Enciclopedia, Giuridica cap. II, par. 1.1 e 1.2, pag. 1-2.
(74) Ibidem.
(75) Cfr. SCHLESINGER P., <u>L'unità della Famiglia</u>, in <u>Studi in Onore di F. Santoro Passarelli</u>, tomo IV, Jovene, Napoli 1972, pag. 439.

argomentazioni si ammette in dottrina l'esistenza di una, seppur ristretta, categoria di negozi giuridici c.d. "familiari".

Si è già accennato sul fatto che non esista un concetto giuridico di famiglia tanto preciso da poter delineare i confini di questo istituto e, quindi, dei soggetti che rientrano nel novero delle previsioni della sua disciplina giuridica. Il legislatore ha, infatti, attribuito ad essa vari significati di volta in volta differenti - giacché contenuti in molteplici leggi speciali, mirate ciascuna a regolare situazioni particolari. Fugando, a questo punto, i possibili dubbi sulla stessa opportunità di rintracciare un univoco concetto giuridico di famiglia, può in questa sede segnalarsi che la dottrina abbia rintracciato il nocciolo fondamentale dell'istituto in esame nel c.d. vincolo familiare, il quale assurge a fonte stessa delle leggi e delle disposizioni specifiche che regolano la famiglia. Detto vincolo è senza dubbio quello che sussiste tra i membri della famiglia coniugale formata da marito, moglie ed i loro figli. In tal modo si chiude il cerchio sulla questione, essendo state così rintracciate le situazioni sociali che ricadono sotto la previsione dell'art. 29 Cost.[76].

14. Il diritto di famiglia - Il Codice Civile non parla di "famiglia": si è già detto, infatti, che non esista una definizione univoca del concetto di famiglia (v. retro § 13) né, tantomeno del concetto di matrimonio[77]. Il libro primo del Codice è, sì, intitolato "Delle persone e della famiglia", ma di quest'ultima si inizia a parlare indirettamente dall'art. 74, che definisce la parentela (Titolo V). L'art. 79 introduce immediatamente l'istituto del matrimonio (Titolo VI) e, dopo questo, si hanno i titoli dal settimo al tredicesimo inerenti alla filiazione, all'adozione, alla tutela e all'emancipazione, all'affiliazione, alle misure di protezione e agli alimenti.

La maggior parte della disciplina inerente al diritto di famiglia è dettata nell'interesse non solo dei genitori, ma anche e soprattutto in quello dei figli minorenni i quali, non essendo capaci di agire per far valere i propri diritti, dipendono dai genitori i quali devono essere controllati dallo Stato perché assolvano efficacemente tale compito. Molto spesso sono addirittura i parenti più stretti a poter richiedere (e nella prassi a richiedere) l'intervento dello Stato proprio al fine di tutelare i minori. Si parla in tal senso di un "controllo familiare con l'arbitrato del giudice"[78].

Nel diritto di famiglia rivestono enorme rilevanza quegli atti che sono stati poc'anzi definiti come negozi familiari. Queste manifestazioni di volontà sono sorrette dall'autonomia privata, secondo quanto avviene per la più generale

---

(76) Cfr. PULEO S., op. cit. voce *Famiglia*, cap. II, par. 4-5, pag. 7-9.
(77) Cfr. UCCELLA F., voce *Matrimonio*, Enciclopedia Giuridica, cap. I, par. 1.5-1.6, pag. 4-5: «Nella vita giuridica dello Stato unitario si è manifestata, costante, la "ritrosia" (v. Bove) del legislatore a definire il matrimonio. [...] La normativa, invero, si pone in linea con le tendenze dottrinali che insistono più sul c.d. momento dinamico che su quello definitorio».
(78) Cfr. TRIMARCHI P., op. cit. pag. 667.

categoria dei negozi giuridici. I negozi giuridici familiari sono caratterizzati da tre elementi: personalità, tipicità e formalità.

Essi si definiscono, infatti, personalissimi poiché le valutazioni che devono essere operate in merito al compimento dell'atto, spettano direttamente all'interessato e quindi non trova spazio in tal senso la figura del rappresentante - essendo al massimo prevista la possibilità di servirsi di un nuncio (o portavoce) incapace perciò di formare una volontà autonoma. La tipicità di detti negozi si rintraccia nel fatto che, per compierli, possono essere utilizzate solo le figure negoziali esplicitamente delineate dal legislatore il quale ha per giunta blindato le discipline dei vari istituti rendendole inderogabili (di qui la limitazione alla sfera dell'autonomia negoziale cui si faceva cenno in precedenza - v. retro § 13). Sono, infine, formali perché la forma è un elemento importante per garantire l'esistenza e la definitività della volontà espressa. Per i negozi familiari è, inoltre, necessario l'intervento di un pubblico ufficiale, il che conferisce solennità alla manifestazione della volontà contenuta nel negozio[79].

15. Parentela e affinità - Per ciò che attiene alle relazioni che intercorrono tra i membri della famiglia in virtù del vincolo matrimoniale, il codice civile detta delle norme circa i c.d. rapporti di parentela e di affinità, definendo la prima come il vincolo che sussiste tra persone le quali discendono da un medesimo stipite (art. 74) e la seconda come il vincolo che si viene a creare tra un coniuge e i parenti dell'altro coniuge (art. 78 co. 1). La parentela è, inoltre, presa in considerazione dal legislatore su due piani differenti: in linea retta si hanno i parenti che discendono gli uni dagli altri, mentre in linea collaterale si hanno, invece, i parenti che non discendono gli uni dagli altri, pur avendo uno stipite comune (art. 75).

16. Rapporti personali tra i coniugi - Oltre che a creare i vincoli di parentela e affinità cui si è appena accennato, col matrimonio si pongono in esistenza degli effetti importantissimi tra i coniugi: l'art. 143 c.c. impone a questi l'obbligo reciproco della fedeltà, dell'assistenza morale e materiale, della collaborazione e della coabitazione[80]. Alla luce di questa norma i coniugi acquistano i medesimi diritti ed assumo i medesimi doveri mentre, prima della riforma del 1975, non vi era parità tra loro, essendo il marito a capo della famiglia. Per il marito esistono delle presunzioni circa la paternità dei figli avuti dalla moglie. Entrambi, inoltre, hanno l'obbligo di mantenere, educare ed istruire la prole. Esiste ancora uno sprazzo delle antiche tradizioni all'art. 143-bis, in deroga ai principi di uguaglianza, nel quale è prevista l'aggiunta del cognome del marito a quello della moglie, la quale lo conserva pur nello stato

---

(79) Cfr. TRIMARCHI P., op. cit. pag. 672-673.
(80) Cfr. TRIMARCHI P., op. cit. pag. 687.

vedovile sino a nuove nozze. In tal senso ci si trova davanti ad un rudere culturale che era stato posto dal legislatore a salvaguardia dell'unità familiare[81] e che tutt'ora riveste un simile ruolo, seppur in maniera molto più sfumata rispetto al passato.

17. Rapporti patrimoniali - Di fondamentale importanza sono quelle norme che regolano il bilanciamento degli interessi di natura economica tra i coniugi, i loro parenti e i loro aventi causa. Saranno brevemente illustrate, di seguito, le norme di riferimento ed i principali istituti che la legge prevede in tal senso per le famiglie legittime.

17.1. Regime patrimoniale - All'atto del matrimonio è concessa agli sposi la facoltà di stipulare una convenzione matrimoniale al fine di scegliere il regime patrimoniale da applicare alla famiglia che hanno inteso costituire. L'art. 177 c.c. disciplina la comunione legale dei beni, la quale rappresenta il regime tipico al quale sono soggette di diritto tutte le famiglie nelle quali non sia stata adottata una esplicita convenzione volta ad escluderne l'applicazione (a favore di una separazione dei beni) ovvero a modificarne alcuni aspetti, così com'è previsto dall'art. 210 c.c., inerente alla c.d. comunione convenzionale - con la quale si può, ad esempio, prevedere persino la c.d. comunione universale di tutti i beni dei coniugi[82]. Si discute in tal senso se la comunione convenzionale rappresenti un autonomo regime patrimoniale oppure sia soltanto una deroga al regime legale, in quanto specificazione delle norme derogabili in materia di comunione legale. Secondo alcuni esso non è un regime generale e autonomo, secondo altri si tratta, invece, di un regime generale e alternativo che può essere scelto grazie all'autonomia negoziale delle parti. Altri ancora propendo, per contro, per la teoria secondo la quale è la comunione legale ad essere un regime di tipo "suppletivo" che si applica soltanto in assenza di previsioni convenzionali. In tal senso è possibile che i coniugi sostituiscano interamente le previsioni legali con quelle convenzionali[83]. Nella comunione legale ricadono all'attivo tutti beni acquistati dai coniugi, i risparmi di ciascuno nonché l'azienda costituita e gestita da entrambi i coniugi durante il matrimonio (art. 177). Al passivo rientrano tutte le obbligazioni contratte da ciascun coniuge (sino all'ammontare della rispettiva quota ex art. 189 c.c.) nell'interesse della famiglia e, nello specifico, per il suo mantenimento nonché per l'educazione e l'istruzione dei figli (art. 186 co. 1 lett. c). Restano, invece, esclusi dalla comunione tutti i beni personali, nonché le obbligazioni contratte da uno dei coniugi prima del matrimonio o quelle derivanti da

---

(81) Cfr. TORRENTE A. e SCHLESINGER P., op. cit. pag. 872.
(82) Cfr. TRIMARCHI P., op. cit. pag. 694.
(83) Cfr. PERLINGIERI P., *Codice Civile Annotato con la Dottrina e la Giurisprudenza*, UTET, Torino 1980, tomo I, pag. 551-552.

donazioni o successioni.

Il regime della comunione si atteggia in modo particolare verso i creditori del singolo coniuge, i quali possono eccezionalmente soddisfarsi, in via sussidiaria, sui beni di questa fino alla concorrenza della quota del loro debitore in detta comunione (art. 189 co. 2 c.c.).

All'atto dello scioglimento[84] è necessario, ovviamente, compensare tutti gli eventuali rapporti di dare/avere pendenti, essendo previsto dall'art. 192 c.c. che ciascuno dei coniugi sia tenuto a rimborsare le somme prelevate dal patrimonio comune per finalità differenti da quelle di cui all'elencazione dell'art. 186 c.c. Eseguite dette operazioni l'attivo e il passivo risultanti si dividono in parti uguali tra i coniugi o i loro aventi causa (art. 194 co. 1 c.c.).

17.2. Il fondo patrimoniale - Peculiare è, nella disciplina dei rapporti patrimoniali tra i coniugi, l'istituto del fondo patrimoniale che, secondo l'art. 167 c.c. può essere costituito da uno o da entrambi i coniugi o persino da un terzo. È amministrato da entrambi i coniugi i quali sono anche proprietari dei beni in esso conferiti. Il suo scopo è quello di far fronte ai bisogni della famiglia. Nel caso sia costituito dai coniugi è necessario un atto pubblico, mentre il terzo può costituirlo anche per testamento (se questi, invece, opera per mezzo di un atto *inter vivos* la costituzione del fondo si perfeziona con l'accettazione dei coniugi beneficiari).

17.3. L'impresa familiare e l'azienda coniugale - Istituto davvero singolare è quello dell'impresa familiare, regolata dall'art. 230-bis c.c.

Si tratta di quell'impresa nella quale collaborano il coniuge, i parenti entro il terzo grado o gli affini entro il secondo. Presupposto positivo per l'esistenza di questa figura giuridica è il vincolo di parentela o affinità che deve legare i soggetti in essa coinvolti[85]. Ciascuno di questi soggetti, il quale presti la propria opera in modo continuativo, ha diritto al mantenimento secondo la condizione della famiglia, nonché il diritto di partecipare agli utili e agli incrementi dell'azienda[86]. Questa particolare fattispecie non trova nessun precedente nella legislazione italiana e crea una spaccatura nella dottrina, la quale oscilla tra due differenti posizioni riguardo la sua identificazione: secondo alcuni si tratterebbe di una "co-impresa" o un'impresa collettiva "non

---

(84) La comunione, secondo quanto disposto dall'art. 191 c.c., si scioglie per:
- Morte di uno dei coniugi;
- Dichiarazione di assenza o di morte presunta di uno dei coniugi;
- Annullamento, scioglimento o cessazione degli effetti civili del matrimonio;
- Separazione personale;
- Separazione giudiziale dei beni;
  Mutamento convenzionale del regime patrimoniale;
- Fallimento di uno dei coniugi.

(85) Cfr. AULETTA G. e SALANITRO N., *Diritto Commerciale*, Giuffrè, Milano 2009, pag. 15.
(86) Cfr. TRIMARCHI P., op. cit. pag. 695-696.

societaria" nella quale i familiari diventano co-imprenditori/soci - questa tesi porrebbe però a carico dei familiari tutti i rischi inerenti l'esercizio dell'impresa. La seconda impostazione delinea, invece, l'istituto come se si trattasse di un'impresa individuale: nel qual caso l'unico responsabile rimarrebbe il coniuge effettivamente imprenditore. La norma, pur essendo dettagliata, ha delle lacune che la dottrina ha colmato facendo ricorso alla disciplina societaria generale[87]. La disciplina in questione, comunque, è soltanto eventuale in quanto non si applica ove esista un contratto espresso con cui siano regolate le posizioni lavorative dei familiari impiegati nell'impresa. Essa dunque è una disciplina innovativa in quanto tutela quei familiari che non hanno avuto l'avvedutezza o il coraggio di pretendere la stipula di un contratto che regolasse il loro rapporto lavorativo[88]. Oltre ai diritti di natura patrimoniale di cui sopra, il parente impiegato nell'impresa familiare gode di diversi diritti di natura corporativa, potendo egli partecipare alla gestione stessa dell'impresa. Se si sposasse la prima delle due tesi appena esposte, che inquadra detta impresa tra le forme associative, il familiare sarebbe esposto a conseguenze durissime tra le quali persino la soggezione al fallimento. Ragionando sulla pratica, è evidente che non è logico esporre i familiari a rischi simili, per avere in contropartita dei diritti che, probabilmente, nemmeno esercitano con pienezza. La dottrina maggioritaria considera, quindi, l'impresa familiare come individuale. In questa impostazione, il titolare è tenuto a consultare i familiari potendo ad essi riconoscere dei diritti: eventualità che ha soltanto risvolti interni[89]. Per concludere l'esame circa i rapporti patrimoniali in famiglia è necessario analizzare velocemente l'art. 177 c.c., il quale annovera tra i beni che possono essere oggetto della comunione legale: sia le aziende gestite da entrambi i coniugi e costituite dopo il matrimonio, nonché gli utili e gli incrementi di quelle imprese appartenenti ad uno solo dei coniugi, costituite prima del matrimonio e gestite da entrambi. Si tratterebbe, dunque, di due differenti previsioni: alla prima - impresa coniugale gestita con azienda coniugale - si potrebbero astrattamente applicare tre discipline (comunione, società, mista); alla seconda si riconosce tendenzialmente valore societario, essendo l'impresa del singolo coniuge conferita alla società. In tal caso si applicherebbe la disciplina commerciale civilistica delle società, con l'unica eccezione per gli utili e gli incrementi che andrebbero attribuiti al patrimonio coniugale in forza della disposizione speciale contenuta nell'art. 177 c.c.[90].

17.4. Regime tributario - Per ciò che attiene, infine, ai redditi

---

(87) Cfr. PERLINGIERI P., op. cit., tomo I, pag. 561-562.
(88) Cfr. JEAGER P. G. et al., *Appunti di Diritto Commerciale*, Giuffrè, Milano 2010, pag. 95.
(89) Ibidem pag. 97.
(90) Cfr. JEAGER P. G. et al., op. cit. pag. 98-99.

familiari, l'originaria regola prevista dal TUIR in materia di prelievo IRPEF, la quale assoggettava le famiglie legittime al cumulo dei redditi, è stata tacciata di incostituzionalità dalla C. Cost. con la sent. 179/1976[91]. La Consulta ha infatti evidenziato non soltanto la disparità di trattamento che tale disposizione creava tra i coniugi, bensì anche quella che si realizzava tra il modello costituzionale di famiglia (ossia quella legittima, soggetta al cumulo dei redditi familiari e al conseguente superiore scatto dell'aliquota progressiva) e le famiglie di fatto, le quali non erano soggette al cumulo e venivano di conseguenza favorite grazie ad una imposizione calcolata su un'aliquota di minore consistenza rispetto alle prime. I redditi sono, da allora, tassati singolarmente anche nelle famiglie legittime[92] le quali sono state, in quest'ambito, equiparate alle unioni fattuali.

17.5. Regime successorio - "Fenomeno squisitamente giuridico per il quale un soggetto subentra ad altro soggetto in un complesso di rapporti giuridici patrimoniali ovvero in un rapporto giuridico patrimoniale singolo, restando oggettivamente inalterata la loro natura. Siffatta successione di una persona a un'altra si determina sia a causa di morte sia per trasferimento tra vivi" - questo è quanto si ricava dalla lettura dell'articolo inerente alla "successione" sull'enciclopedia giuridica[93]. La successione a causa di morte rappresenta un meccanismo giuridico che implica un intricato avvicendamento di rapporti e situazioni giuridiche, spesso molto eterogenee tra loro, tra soggetti differenti. Stando al dettato dell'art. 456 c.c. - che apre appunto il libro secondo, dedicato alle successioni - "la successione si apre al momento della morte, nel luogo dell'ultimo domicilio del defunto". Il fenomeno successorio può essere ricondotto all'ambito semantico del più generale concetto di trasferimento: successione e trasferimento si distinguono poiché, nella prima, il punto di partenza dell'istituto è rappresentato dal soggetto che acquista il diritto[94] (c.d. avente causa o, nel caso particolare, erede). In relazione proprio ai soggetti che, nella successione *mortis causa*, hanno appunto diritto di insinuarsi, si individuano tre ordini di c.d. successibili: un primo ordine è quello che include figli legittimi, naturali, legittimati e adottivi nonché i loro discendenti (al coniuge è riservata una posizione giuridica peculiare: metà del

---

(91) Secondo la C. Cost., infatti: «L'art. 2, comma primo, del D.P.R. n. 597 del 1973, nel disporre che unico soggetto passivo dell'imposta personale sui redditi sia tra i due coniugi non separati solo il marito, determina un trattamento giuridico diverso tra i coniugi con conseguente violazione degli artt. 3 e 29 della Costituzione: la detta disparità di trattamento, infatti, non si presenta adeguatamente e razionalmente giustificata e, con particolare riferimento all'art. 29 della Costituzione, non può dirsi che essa tenda a realizzare un limite alla eguaglianza morale e giuridica tra i coniugi in funzione della garanzia dell'unità familiare» tratto da Info UTET, *Banche Dati Platinum*, UTET Giuridica, Torino aprile 2007.
(92) Cfr. LA ROSA S., *Principi di Diritto Tributario*, Giappichelli, Torino 2009, pag. 47-48.
(93) Cfr. TRECCANI G., *Enciclopedia Giuridica On-Line*, alla voce *Successione*.
(94) Cfr. PERLINGIERI P., op. cit., tomo II, pag. 3.

patrimonio se concorre con un solo figlio; $1/3$ se concorre con più figli; $2/3$ se concorre con ascendenti legittimi o con fratelli e sorelle). Del secondo ordine fanno parte ascendenti, fratelli e sorelle, nonché i discenti di questi ultimi. Nel terzo ordine, infine, si trovano i parenti collaterali dal terzo al sesto grado[95]. Lasciando da parte il meccanismo proprio della successione in generale, è utile in questa sede soffermarsi sulle implicazioni che, l'esistenza di una relazione familiare, comporta sul suo funzionamento. In quest'ottica è possibile esaminare immediatamente l'art. 536 c.c. che apre il capo decimo, il quale si occupa di quei soggetti che la legge definisce "legittimari". Si tratta del coniuge, dei figli legittimi, dei figli naturali e degli ascendenti legittimi. Questo articolo particolare va letto in combinato disposto con un altro articolo del codice, il 457, poiché l'art. 536 disciplina un caso di successione necessaria, la quale crea un assetto differente da quello che potrebbe aversi con la sola applicazione dell'art. 457 c.c. Le disposizioni testamentarie, infatti, non possono mai pregiudicare i diritti che la legge riserva espressamente a determinati soggetti: ossia ai legittimari. Un legittimario sarebbe dunque sempre chiamato all'eredità, pur in assenza di delazione testamentaria, giacché titolare di una vocazione speciale a succedere[96]. La legge prevede, perciò, che quando esistano particolari categorie di successibili, una parte dei beni del defunto debba immancabilmente essere attribuita a questi: in tal senso si parla di *quota di legittima* o *riserva*[97]. Non è difficile intuire la ratio dell'esistenza di questo complesso di istituti, che formano la c.d. successione necessaria: essi sono volti a tutelare quei soggetti che sono parte del vincolo familiare - la tutela, in tal senso, è alquanto intensa giacché si tratta di una disciplina legale speciale e inderogabile. In termini quantitativi la riserva verso i legittimari è variabile in relazione al numero di figli e all'esistenza o meno del coniuge, al quale è sempre riservato il diritto di abitazione nella casa familiare (oltre la metà del patrimonio) - così è disposto dall'art. 540 c.c. restando salvo, appunto, il concorso di questi con i figli di cui all'art. 542 c.c. Questo diritto è riconosciuto anche al coniuge separato al quale non sia addebitabile il fallimento del matrimonio. Si esaminerà in prosieguo cosa la legge e la giurisprudenza prevedono nei casi di convivenza extraconiugale, bastando adesso anticipare che la tutela prevista per i figli legittimi è stata da tempo estesa anche a quelli naturali, in virtù dell'art. 30 Cost. Infine è bene precisare che, ciascun legittimario, ha diritto di ottenere la propria quota in natura e il testatore non può apporre alla legittima alcun peso o condizione, ciò scaturisce dal principio della tutela sociniana[98].

---

(95) Cfr. TORRENTE A. e SCHLESINGER P., op. cit., pag. 975-976.
(96) Cfr. PERLINGIERI P., op. cit., tomo II, pag. 156.
(97) Cfr. TORRENTE A. e SCHLESINGER P., op. cit., pag. 979.
(98) Cfr. TORRENTE A. e SCHLESINGER P., op. cit., pag. 982 - così chiamata dal nome del giurista che la ideò nel '500, Mariano Socino, la quale si ricollega al caso esaminato dall'art. 550 c.c.

17.6. Cause di scioglimento del matrimonio - Prima della riforma del 1970 il codice civile italiano propugnava il principio della indissolubilità del vincolo matrimoniale che, sino ad allora, soltanto la morte di uno dei coniugi poteva sciogliere[99]. Seppur il codice del 1942 prevedesse, dunque, la c.d. indissolubilità del matrimonio, non era escluso che i coniugi potessero comunque interrompere la propria convivenza: ciò poteva creare problemi giacché il vincolo giuridico matrimoniale continuava a sussistere impedendo che fossero contratte nuove nozze[100] (incorrendo così nel reato di bigamia, v. infra § 19.2). Tale dato di fatto fu il presupposto della formazione di zone grigie di tutela date proprio dalle famiglie di fatto che, nell'impossibilità di sciogliere il precedente vincolo, rappresentavano l'unica soluzione per ricostruire una vita familiare quanto più simile possibile a quella legittima e socialmente accettata. Grazie alla riforma citata, sono oggi cause di scioglimento del matrimonio la morte e il divorzio. Un effetto differente, sul vincolo matrimoniale, si ha invece con la separazione.

Per ciò che attiene la morte del coniuge è necessario precisare che la condizione vedovile è assai differente da quella del non coniugato giacché il matrimonio, seppur sciolto, continua a produrre effetti giuridici molto precisi e particolari. Si pensi al diritto della moglie di conservare il cognome del marito, ai diritti successori del coniuge superstite verso il patrimonio del defunto (v. supra § 17.5), al divieto di nuove nozze nel periodo di trecento giorni dal momento dello scioglimento del vincolo, di cui all'art. 89 c.c. (c.d. lutto vedovile). A questa situazione viene solitamente equiparata la dichiarazione di morte presunta, che consente al coniuge superstite di contrarre nuove nozze - le quali rimangono nulle in caso di ritorno o di accertata esistenza del coniuge in questione. In tal caso valgono le regole inerenti al matrimonio putativo, ove sussista la buona fede di uno o di entrambi i coniugi.

Il divorzio è stato, invece, introdotto nel 1970 con la legge 898 - che è stata sottoposta a referendum nel 1974 e riformata nel 1987. Si era dapprincipio avanzato persino un dubbio di costituzionalità nei riguardi del c.d. matrimonio concordatario, al quale lo stato, in virtù del concordato (del 1929, riformato nel 1984) con la Santa Sede riconosce tutt'ora effetti civili. In tal senso la Consulta ha rilevato che pur sussistendo l'obbligo per l'ordinamento giuridico italiano di garantire a questo i medesimi effetti del matrimonio civile, resta

---

secondo cui, quando il testatore dispone un usufrutto o una rendita vitalizia eccedente la quota disponibile del proprio patrimonio, i legittimari assegnatari della nuda proprietà di tale parte possono o eseguire la disposizione o abbandonare la nuda proprietà della porzione disponibile. Non è consentito, dunque, esperire l'azione di riduzione, bensì soltanto una scelta tra le ipotesi previste dal citato articolo.
(99) Cfr. TRIMARCHI P., op. cit., pag. 697.
(100) Cfr. TORRENTE A. e SCHLESINGER P., op. cit., pag. 875.

salva la facoltà per lo Stato di disciplinarli anche in relazione alla loro durata e quindi anche in merito alla loro dissolubilità senza che rilevi la dicotomia matrimonio civile/concordatario[101]. Da segnalare in tal senso la sentenza 169/1971 con la quale il giudice delle leggi ha colto l'occasione per precisare che "gli effetti del matrimonio concordatario sono [...] gli stessi effetti che la legge attribuisce al matrimonio civile, [...] nell'ordinamento statale il vincolo matrimoniale, con le due caratteristiche di dissolubilità od indissolubilità, nasce dalla legge civile ed è da questa regolato". Più specificamente la Corte ha rilevato che il matrimonio concordatario è tutelato dall'art. 7 della Costituzione "nei limiti in cui il regime statuito nel Concordato corrisponda alla volontà delle parti" e "non essendosi apportata alcuna modificazione ai Patti Lateranensi [...] giacché la legge impugnata non sottrae ai tribunali ecclesiastici la giurisdizione sulla nullità dell'atto matrimoniale - l'estensione al matrimonio concordatario del nuovo regime di dissolubilità adottato per quello civile, non richiede l'apposita procedura della revisione costituzionale"[102]. Le basi su cui si fonda il matrimonio civile, informato a valutazioni laiche, sono differenti da quelle su cui si fonda, invece, il matrimonio canonico/concordatario che si rifà a valutazioni più squisitamente confessionali: questa differenza giustifica, perciò, differenti determinazioni normative[103]. Più nello specifico, sulla disciplina italiana del divorzio, c'è da rilevare come non sia ammesso né quello consensuale - in virtù della indisponibilità degli interessi in gioco - nonché quello sanzione, inteso come reazione ad una colpa del coniuge. Il divorzio può trovare, perciò, applicazione soltanto per rimediare al fallimento del vincolo coniugale - che la legge 898 del '70 ricollega alla impossibilità di mantenere o ricostituire la comunione spirituale e materiale tra i coniugi (art. 1). Perché si possa accertare una simile eventualità è necessario che ricorra almeno una delle cause che il successivo art. 3 elenca. Non essendo in questa sede utile soffermarsi su tale elencazione, si deve fare cenno soltanto alla separazione personale dei coniugi, la quale deve protrarsi ininterrottamente per almeno tre anni - purché sia giudiziale oppure omologata, non rilevando ai fini del divorzio la mera separazione di fatto[104]. Lasciando da parte la procedura di separazione, che non interessa l'oggetto della presente trattazione, è molto più utile evidenziare come l'avvento nel nostro ordinamento di una regolamentazione del divorzio, abbia reso possibile la delibazione delle sentenze straniere di divorzio che, sino ad allora erano da ritersi contrarie all'ordine pubblico. In tal senso si comprende come il fenomeno della famiglia di fatto e, più in particolare, quello legato alle unioni di fatto caratterizzate dalla monosessualità della

---

(101) Cfr. ibidem pag. 876.
(102) Cfr. C. Cost. sent. 169-1971.
(103) Cfr. C. Cost. sent. 31-1971.
(104) Cfr. TORRENTE A. e SCHLESINGER P., op. cit., pag. 877.

coppia[105], potrebbero prima o poi trovare pieno riconoscimento nel nostro ordinamento alla stregua di quanto è già avvenuto con il divorzio. Da ultimo, ma non per questo di minore rilevanza ai fini della trattazione, va rilevato che nel caso di separazione dei coniugi, il diritto di abitare nella casa familiare spetta preferibilmente al coniuge cui sono stati affidati i figli e, nell'interesse di questi, l'ordinamento consente che il provvedimento di assegnazione sia suscettibile di trascrizione in modo da diventare opponibile ai terzi[106]. Da segnalare, in controtendenza con quanto appena rilevato, una sentenza del Tribunale di Trieste[107] che ha assegnato la casa familiare ad una bambina di quattro anni. Seppur i genitori - separati - fossero comproprietari dell'immobile, il giudice ha inteso tutelare in modo eclatante l'interesse della bambina, proprio per evitare che subisse le conseguenze dei continui litigi dei propri genitori: in tal modo è stato stabilito che la bambina dovrà continuare ad abitare sempre nella casa a lei assegnata, mentre spetterà ai genitori fare a turno, abitando con lei una settimana ciascuno[108].

---

(105) Cfr. MARANI S., "*Coppia gay: non trascrivibile l'atto di matrimonio contratto all'estero*", in Altalex, 22 marzo 2012, «L'atto di matrimonio contratto, dalla coppia omosessuale, all'estero, non è trascrivibile, stante la non idoneità a produrre qualsiasi effetto giuridico nell'ordinamento italiano. E' quanto ha stabilito la Prima Sezione Civile della Corte di Cassazione, con la sentenza 13 marzo 2012, n. 4184. [...] Secondo il giudice nomofilattico, la giurisprudenza in materia di matrimoni civili dei cittadini italiani celebrati all'estero è ferma nell'enunciare il già menzionato principio secondo cui, in base alle norme del codice civile e del diritto internazionale privato, tali matrimoni hanno immediata validità e rilevanza nel nostro ordinamento, sempre che essi risultino celebrati secondo le forme previste dalla legge straniera e sempre che sussistano i requisiti sostanziali relativi allo stato ed alla capacità delle persone previsti dalla legge italiana. Ma la diversità di sesso dei nubendi è - unitamente alla manifestazione di volontà matrimoniale dagli stessi espressa in presenza dell'ufficiale dello stato civile celebrante -, secondo la costante giurisprudenza di questa Corte, requisito minimo indispensabile per la stessa "esistenza" del matrimonio civile come atto giuridicamente rilevante [...] Il ragionamento della Suprema Corte, però, va oltre al principio appena accennato; rilevano i giudici di legittimità, come da tempo la realtà sociale e giuridica Europea ed extraeuropea mostri il diffuso fenomeno di persone dello stesso sesso stabilmente conviventi e il riconoscimento a tali soggetti, da parte di alcuni Paesi Europei ed extraeuropei, del diritto al matrimonio, ovvero del più limitato diritto alla formalizzazione giuridica di tali stabili convivenze».
(106) Cfr. C. Cost. sent. 454-1989, «Poiché sia in caso di separazione personale dei coniugi e sia in caso di scioglimento del matrimonio l'assegnazione giudiziale dell'abitazione nella casa familiare al coniuge affidatario dei figli è ispirata all'identica *ratio* dell'esclusivo riferimento all'interesse morale e materiale della prole, la cui situazione è assolutamente identica in entrambi i casi, è del tutto privo di ragionevole giustificazione e non persegue, inoltre, i valori degli artt. 29 e 31 Cost. il diverso regime di detta assegnazione che, mentre è opponibile previa trascrizione al terzo acquirente nell'ipotesi di scioglimento del matrimonio, non lo è, invece, in quella della separazione dei coniugi. Pertanto, per violazione degli artt. 3, 29 e 31 Cost , è costituzionalmente illegittimo l'art. 155, quarto comma, del codice civile, nella parte in cui non prevede la trascrizione del provvedimento giudiziale di assegnazione della abitazione nella casa familiare al coniuge affidatario della prole, ai fini della opponibilità ai terzi».
(107) Cfr. Trib. Trieste 29 febbraio 2012.

18. Rapporti personali tra genitori e figli - I rapporti tra genitori e figli sono un terreno affascinante e, al contempo, spinoso se si osservano da un punto di vista sociologico o psicologico. Si tratta, infatti, di un particolare equilibrio di poteri, di affetto, di desideri, di paure e di scoperte. Dal punto di vista giuridico la questione è delicata e il legislatore, che è sempre attento e razionale, non poteva non mettere tali relazioni in grande rilievo proprio al fine di tutelare quei soggetti che, in un grande film di Chris Columbus, Robin Williams ha definito "personcine"[109].

Primo problema che sorge è quello di stabilire se effettivamente sussista tra i soggetti di ogni famiglia, il vincolo di parentela che li qualifica come genitori, figli, fratelli. Nella famiglia legittima si hanno i c.d. figli legittimi: essi sono tali quando sono concepiti durante il matrimonio. Stabilire la maternità e la sussistenza del vincolo matrimoniale è cosa assai semplice. Più incerto è provare il legame tra i figli nati e il padre nonché l'avvenuto concepimento durante il matrimonio. A questo punto entra in gioco la legge con due presunzioni legali: la prima è la presunzione di paternità del marito, la seconda è la presunzione del concepimento durante il matrimonio se il figlio nasce dopo che siano trascorsi centottanta giorni dalla celebrazione del matrimonio[110]. Nel gergo giuridico si assume generalmente come vero, infatti, il brocardo latino *mater semper certam est, pater nunquam*[111] dal quale scaturiscono le presunzioni in questione proprio al fine di superare tale incertezza. L'art. 233 c.c. dispone, infatti, che "il figlio nato prima che siano trascorsi centottanta giorni - ossia sei mesi - dalla celebrazione del matrimonio è reputato legittimo se uno dei coniugi, o il figlio stesso, non ne disconoscono la paternità". La dottrina esitava tra due diverse letture della norma: se ritenere direttamene legittimo oppure legittimato in seguito a riconoscimento il figlio nato in tali condizioni. La volontà della legge è stata però interpretata verso un'assimilazione dei due casi (del nato prima e del nato dopo i centottanta giorni dal matrimonio)[112]. La presunzione di paternità cade solo grazie ad una prova contraria che si ottiene mediante l'azione giudiziale di disconoscimento della paternità ex. art. 235 c.c. il quale elenca le ipotesi di ammissibilità della domanda di disconoscimento di paternità. Nel caso in cui questa domanda venga accolta, la dottrina concorda circa la perdita dello stato di legittimità da

---

(108) Cfr. MARI R., *Genitori assegnati in affidamento alla figlia di quattro anni*, in La Legge Per Tutti - Portale di informazione giuridica per il cittadino, 09 marzo 2012 e VIDÈ S., *Se la casa coniugale in comproprietà venisse assegnata ai figli minori?*, in Leggi di Famiglia - Il blog di informazione legale per separazioni e divorzi, 08 marzo 2012, «L'assegnazione della casa alla minore determina un vincolo giuridico di destinazione dell'immobile che, salvo modifiche, rende il bene di fatto indisponibile anche ai genitori comproprietari».
(109) Cfr. DIXON LESLIE et al., *Mrs. Doubtfire*, 20th Century Fox/Blue Wolf, USA 1993.
(110) Cfr. TRIMARCHI P., op. cit. pag. 706.
(111) Cfr. VASSALLO G., op. cit., pag. 6.
(112) Cfr. PERLINGIERI P., op. cit., tomo I, pag. 577.

parte del figlio con efficacia *erga omnes* e per converso, in caso di rigetto, la paternità diventa incontestabile e resta preclusa qualsivoglia azione volta ad accertare l'effettiva paternità naturale[113].

La prova dello *status* di figlio legittimo è contenuta nell'atto di nascita che, in tal caso, equivale a un c.d. titolo di stato. L'atto di nascita è un documento redatto dall'ufficiale dello stato civile in seguito alla dichiarazione o dell'accertamento della nascita. Perché valga come titolo di stato esso deve contenere anche l'indicazione dei genitori, la quale indicazione è obbligatoria quando i genitori sono uniti legittimamente in matrimonio. Manca tale indicazione, la stato di figlio legittimo può essere provato dimostrando che si è sempre stati trattati e considerati tali, ossia che si sia goduto di un effettivo possesso dello *status* in questione (c.d. possesso di stato) ex art. 236 co. 2 c.c.[114]. Per completezza è bene segnalare, senza esaminarle nel dettaglio, che sono esperibili alcune azioni in merito allo *status* dei figli: azione di reclamo di stato legittimo (art. 249), azione di contestazione di legittimità (artt. 239 e s.) e azione di reclamo della legittimità (art. 248). Il riconoscimento dei figli può, inoltre, assurgere quale presupposto per il risarcimento del danno morale nei confronti dei figli che abbiamo patito a causa, proprio, del mancato loro riconoscimento da parte del genitore[115].

Durante il matrimonio i figli minorenni sono soggetti alla patria potestà di entrambi i coniugi, i quali hanno l'obbligo di assistere, educare e istruire la prole (art. 316 c.c. "il figlio è soggetto alla potestà dei genitori fino all'età maggiore o all'emancipazione. La potestà è esercitata di comune accordo da entrambi i genitori"). Il minore è considerato dotato di capacità giuridica, intesa questa come possibilità di diventare centro di imputazione di diritti e di obblighi, ma non capace d'agire. I negozi conclusi dai minorenni, infatti, appartengono a quella particolare categoria di negozi giuridici c.d. claudicanti, giacché è prevista la loro annullabilità su richiesta della parte debole o di chi ne fa le veci. Sono dunque i genitori a dover agire nel concreto in vece dei figli, per ciò che attiene la loro sfera giuridica. Solo in casi eccezionali il minore può essere autorizzato giudizialmente a compiere autonomamente, con l'assistenza di un tutore, alcuni atti come sposarsi (c.d. minori emancipati) oppure proseguire la gestione di un'azienda già avviata, ottenuta magari per

---

(113) Ibidem pag. 582.
(114) Cfr. TRIMARCHI P., op. cit. pag. 710-711.
(115) Cfr. VASSALLO G., *Il genitore che non riconosce i figli deve risarcire il danno causato*, in Altalex, 13 febbraio 2012, «Il Tribunale ha fatto proprio l'orientamento secondo cui i soggetti tenuti al mantenimento sono assimilabili ai condebitori solidali tra i quali è possibile il regresso. [...] Importante, invece, la presa di posizione con riguardo al riconoscimento di un danno non patrimoniale qualificato come "danno morale", causato dal comportamento dell'uomo che si è rifiutato di riconoscere le figlie e di provvedere a loro. Così facendo avrebbe leso i diritti costituzionalmente garantiti delle proprie figlie ad essere mantenute, educate ed istruite (art. 30 Cost.) e le avrebbe private di una figura di riferimento importante causando grosse ripercussioni sulla loro vita».

successione. Nel caso di scioglimento del matrimonio l'esercizio della potestà resta di comune interesse di entrambi i coniugi, seppur nella prassi essa venga affidata ad uno soltanto dei due. In tal senso l'esercente potestà può prendere le varie decisioni in merito ai figli senza consultare previamente l'altro ex-coniuge[116]. Vige comunque, in sede di decisione giudiziale, una generale *par codicio* tra i genitori.

Da segnalare, sul tema dei rapporti tra genitori e figli, una recente pronuncia (sentenza 4296/2012) con la quale la Suprema Corte di Cassazione ha ritenuto meritevole di tutela ex art. 155-quinquies c.c. la posizione del figlio maggiorenne, interveniente nell'udienza di separazione dei genitori. Questi chiedeva per l'appunto la corresponsione di un assegno mensile per completare i propri studi universitari, giacché non era ancora economicamente indipendente. Tale intervento volontario in giudizio per far valere un diritto relativo all'oggetto della lite, secondo la Corte, "assolve, *latu sensu*, una funzione di ampliamento del contraddittorio, consentendo al giudice di provvedere in merito all'entità e al versamento - anche in forma ripartita - del contributo al mantenimento, sulla base di un'approfondita ed effettiva disamina delle istanze dei soggetti interessati"[117]. In dottrina si era già esaminata la questione della capacità processuale civile dei figli minorenni e si era giunti ad affermare che "alla disponibilità sostanziale di un diritto corrisponde la capacità processuale civile" e quindi l'esistenza di "una capacità d'agire speciale determina anche l'attribuzione della capacità processuale"[118]. Il caso appena esaminato, perciò, rientrerebbe in quell'area dei rapporti di natura patrimoniale, nella quale è possibile che il figlio si rivolga al giudice attraverso richieste o istanze. Sul discorso della capacità giuridica e della capacità d'agire dei figli esiste una cospicua dottrina che si arrovella sulla distinzione tra "minore come oggetto" della potestà dei genitori e "minore come soggetto" di diritto e questo in vista di una prospettiva di inquadramento del minore stesso nel novero delle "persone" così come definite e tutelate nella Costituzione[119]. Non è purtroppo questa la sede per dilungarsi su tali interessanti questioni.

I figli non hanno, però, soltanto dei diritti[120] come si è appena

---

(116) Cfr. TRIMARCHI P., op. cit. pag. 700.
(117) Cfr. BIARELLA L., *Figlio maggiorenne può intervenire nella causa di separazione dei genitori*, in Altalex, 02 aprile 2012.
(118) Cfr. PERLINGIERI P., op. cit., tomo I, pag. 735-736.
(119) Cfr. PERLINGIERI P., op. cit., tomo I, pag. 734.
(120) Cfr. FERRETTI A., *Padre naturale: l'obbligo del mantenimento sorge con la nascita del figlio*, in Altalex, 23 aprile 2012, commento a Cass. civ. 5652-2012, in cui si afferma che «l'obbligo dei genitori di mantenere i figli sussiste sin dalla nascita, non venendo meno lo stesso per l'eventuale periodo anteriore alla pronuncia della dichiarazione giudiziale di paternità né venendo esclusa la responsabilità del genitore in assenza di specifiche richieste provenienti dalla madre o dal figlio, essendo sorto sin dalla nascita il diritto del figlio naturale ad essere mantenuto, istruito ed educato nei confronti di entrambi i genitori».

evidenziato, bensì sono gravati dalla legge di alcuni obblighi, elencati nell'art. 315 c.c. secondo il quale "il figlio deve rispettare i genitori e deve contribuire, in relazione alle proprie sostanze e al proprio reddito, al mantenimento della famiglia finché convive con essa".

19. Profili penali - Sarà utile, a conclusione di questo capitolo, analizzare gli aspetti più rilevanti che caratterizzano il legame familiare sul versante della normativa penale e della sua evoluzione. È necessario sin da principio precisare che, all'interno del codice penale, non è possibile rintracciare alcuna norma di valore generale che contenga una definizione univoca di famiglia[121]: in tal senso, soltanto dagli artt. 307 co. 4 e 540 c.p. è possibile trarre, in combinato disposto, alcune linee interpretative[122]. L'art. 307 c.p. al quarto comma offre un elenco di soggetti qualificabili come "prossimi congiunti", mentre l'art. 540 c.p. equipara la filiazione illegittima a quella legittima - tale disposto ha valore non al fine di qualificare un rapporto di filiazione illegittima, bensì soltanto allo scopo di accertare l'esistenza degli elementi costitutivi del reato, quando il rapporto di parentela sia dalla legge preso in considerazione quale, appunto, elemento costitutivo, circostanza aggravante o attenuante o come causa di non punibilità delle varie fattispecie prese in esame[123]. Il diritto penale fonda il proprio sistema sul concetto di bene giuridico, il quale deve essere individuato in ogni norma, per poterla correttamente applicare, sussumendo in essa i casi concreti. Anche in questo senso non è semplice rintracciare dei confini netti del concetto di famiglia, intesa quale bene giuridico da tutelare. Esistono due differenti correnti interpretative del concetto di famiglia, in relazione al titolo undicesimo del libro secondo del codice penale. Un primo orientamento rintraccia, quale oggetto di tutela, l'interesse dello Stato alla salvaguardia della famiglia - giacché questa andrebbe concepita come un entità a se stante. Un secondo orientamento, invece, si contrappone nettamente a quello poc'anzi citato negando alla famiglia il rango di bene giuridico oggetto di tutela, argomentando a partire dalla riforma del diritto di famiglia, la quale ha dato un taglio individualistico alla tutela dei soggetti facenti parte la famiglia. È così venuta a sgretolarsi la concezione istituzionalistica della famiglia, cara ai giuristi che difendevano l'originaria idea di famiglia - di stampo marcatamente fascista[124

---

(121) Cfr. PATERNITI C. et al., op. cit., pag. 29-30.
(122) Cfr. FANTUZZI F.R., *La famiglia nel diritto penale: un concetto unitario?*, Tesi di Dottorato, Trieste, A.A. 2006-07, pag. 30-31.
(123) Cfr. ALIBRANDI L., *Codice Penale*, CELT, Piacenza 2011, pag. 1485-1486.
(124) Cfr. FANTUZZI F.R., op. cit., pag. 44-46, sarebbe in pratica illogico argomentare circa la possibilità che la famiglia (intesa come struttura unitaria) possa assurgere a bene oggetto di tutela, semplicemente facendo riferimento a quei delitti i quali sono commessi da un familiare verso altri propri familiari - essendo questi ultimi soggetti passivi del delitto e non l'intera famiglia.

).

19.1. I delitti contro la integrità e la sanità della stirpe - Per puro amore di conoscenza, nonché velleità di completezza (pur trattandosi di un argomento - la famiglia - che, per sua natura, richiederebbe anni di studio e di rielaborazione per raggiungere qualcosa che appena si avvicini al concetto di completezza), ritengo utile fare un rapido cenno circa i reati che il codice penale prevedeva al titolo decimo del suo libro secondo il cui oggetto di tutela erano la integrità e sanità della stirpe, ritenendo lo Stato di dover così tutelare non solo i singoli individui, nella specie le madri, bensì anche un generale interesse demografico[125] dell'intera nazione. La materia è stata oggetto di riforma, ad opera della legge 194/1978[126], la quale ha abrogato l'intero titolo e regolamentato, forse in maniera ben più stringente della previgente disciplina, l'intera questione. Alcune fattispecie sono state abbandonate e, dunque, devono essere considerate non più in vigore nel nostro ordinamento, mentre altre (quelle ad esempio di cui agli artt. 552 c.p. - procurata impotenza alla procreazione - e 554 c.p. - contagio di sifilide e di blenorragia - restano perseguibili come lesioni dolose o colpose). Questa tutela travalicava di certo i confini dei meri vincoli familiari, ponendo al centro della disciplina, in qualità di soggetto passivo, la donna e "chiunque" quale soggetto attivo della condotta incriminata. Resta da sottolineare come, non a caso, questo titolo fosse stato ubicato immediatamente prima quello inerente la tutela penale - fisica e morale - della famiglia, quasi a simboleggiare che le idee eugenetiche[127] del tempo fossero quanto mai vicine alle idee di integrità - fisica e morale - nonché di stabilità della famiglia.

19.2. I delitti contro la famiglia - Il titolo undicesimo del secondo libro del codice penale apre la disciplina inerente alla tutela della famiglia - sotto la rubrica "delitti contro la famiglia" si trovano, infatti, le varie fattispecie dei reati contro il matrimonio (capo I), contro la morale familiare (capo II), contro lo stato di famiglia (capo III) e contro l'assistenza familiare (capo IV)[128]

Non è questa la sede per esaminare dettagliatamente l'intera disciplina, ma un'incursione ragionata e ben dosata nel campo penalistico può essere utile se si guarda alle varie fattispecie nell'ottica non soltanto della famiglia legittima,

---

(125) Cfr. ANTOLISEI F. et al., *Manuale di diritto penale. Parte speciale*, Giuffrè, Milano 2008, vol. 1, pag. 98.
(126) Denominata: *"Norme per la tutela sociale della maternità e sull'interruzione volontaria della gravidanza"* - per un'analisi più approfondita della questione cfr. LO MENZO G. et al., *L'aborto. Nuovi criteri medico legali*, Editrice Centro Studi, Catania 1979, pag.5-6.
(127) Cfr. De MASELLIS M. et al., *Violenza in famiglia. Percorsi giurisprudenziali*, Giuffrè, Milano 2011, pag. 75.
(128) Cfr. ALIBRANDI L., op. cit., pag. 1490-1493, 1497-1509.

bensì anche e soprattutto da quella della famiglia di fatto. C'è innanzi tutto da chiedersi, approcciandosi alla lettura degli articoli che via via elencano e sviluppano i vari reati, quale sia il loro ambito di applicazione e, dunque, fino a che punto sia estensibile il concetto di famiglia anche a quelle situazioni, quali la famiglia di fatto, che famiglie, in senso penalistico, non sono.

Bigamia: chi si trova vincolato da un matrimonio avente regolari effetti civili, può incorrere nel reato di bigamia di cui all'art. 556 c.p. nel caso in cui dovesse contrarre, in costanza del precedente matrimonio, nuove nozze aventi anch'esse effetti civili. Il reato si estingue solo per dichiarata nullità del primo matrimonio o per annullamento del secondo. Ciò comporta anche l'eventuale cessazione degli effetti e dell'esecuzione della condanna. L'interesse tutelato, con questa fattispecie, è senza dubbio quello di evitare degli effetti civili aberranti agli occhi dell'ordinamento giuridico: essendo, infatti, il nostro sistema improntato sull'istituto matrimoniale monogamico, sarebbe inaccettabile che possano esistere situazioni in cui due persone possano risultare entrambe e contemporaneamente civilmente legate al medesimo soggetto[129]. La giurisprudenza è, purtroppo, cospicua in questo campo. Essa ha rintracciato alcuni punti fermi del reato, quali quello della sua natura permanente - esso continua ad essere integrato per tutto il tempo della perduranza dei due matrimoni; inoltre esso è un reato che ha due soggetti attivi, a meno che uno non abbia ingannato l'altro che, in tal senso, rimarrebbe solamente coautore materiale del reato. La giurisprudenza ha, inoltre, configurato anche la fattispecie tentata di questo reato. Mezzo centrale della condotta incriminata è di certo l'utilizzo di mezzi ingannevoli, grazie ai quali il reo occulta al coniuge l'esistenza del pregresso matrimonio: in tal senso si va a tutelare quella che è la stabilità del matrimonio, sanzionando e reprimento quei comportamenti volti a minarla[130].

Adulterio e concubinato: queste due fattispecie, ormai tacciate di incostituzionalità dalla Consulta, sono i due risvolti della medesima medaglia. L'art. 559 c.p. sanzionava l'adulterio, reato integrabile dalla moglie e perseguibile a querela del marito; mentre l'art. 560 c.p. prevedeva il caso in cui fosse il marito a tenere una relazione extraconiugale. Reato, anche questo, perseguibile a querela della moglie, ma sanzionato più pesantemente, seppur trattandosi di una condotta abbastanza simile (la moglie rischiava, infatti, la reclusione fino ad un anno, senza che ci fosse menzione per il suo complice; mentre il marito avrebbe rischiato la reclusione fino a due anni, pena alla quale in questo caso, sarebbe soggiaciuta anche la concubina). Non poteva non accadere che, a più riprese tra il 1968 e il 1969, la Corte Costituzionale dichiarasse incostituzionali entrambi gli articoli[131].

---

(129) Cfr. PATERNITI C. et al., op. cit., pag. 43-44.
(130) Cfr. PATERNITI C. et al., op. cit., pag. 45-46.
(131) Cfr. C. Cost. 126-1968 (per ciò che attiene l'incostituzionalità del primo e del secondo

Questi reati sono stati ritenuti degni di nota giacché è semplice rintracciare le disparità di trattamento che comportavano, sul versante penale, tra famiglie legittime e coppie di fatto. Un convivente *more uxorio*, non potrebbe di certo incorrere nel reato di bigamia e, se del caso, non avrebbe potuto integrare le fattispecie di adulterio o concubinato (a meno che non avesse intrattenuto dei rapporti con un soggetto regolarmente sposato, ma si sarebbe trattato di un'ipotesi limite nella quale il soggetto attivo del reato sarebbe stato quello legato in matrimonio).

Ci sono altri reati, invece, che pur ponendo l'attenzione sui vincoli di sangue, assai si discostano dalla mera forma in cui detti vincoli si inquadrano: è il caso, ad esempio, dell'incesto (art. 564 c.p.).

Incesto: questo reato si configura allorché, chiunque, intrattenga rapporti con un discendente o un ascendente oppure ancora con un affine in linea retta o con un fratello e/o sorella in modo tale che da ciò ne derivi pubblico scandalo. Per pubblico scandalo, il legislatore, intende un profondo turbamento e disgusto che deve diffondersi in un numero indeterminato di persone, le quali così reagiscono al cattivo esempio morale ricevuto dalla condotta incestuosa. Si mira dunque a reprimere delle condotte che manifestino all'esterno le situazioni antigiuridiche, lesive dell'immagine della famiglia. Si deve far riferimento, in tal senso, a tutti quei comportamenti (compresi i rapporti completi) che siano chiare manifestazioni di sessualità e che si contrappongano allo schema della c.d. asessualità, valida per i rapporti dei soggetti membri della famiglia i quali non sono coniugi tra loro[132].

Violazione degli obblighi di assistenza familiare: contraendo matrimonio, è risaputo, che sorgano nei confronti dei coniugi non soltanto dei diritti, bensì anche dei doveri come naturale contropartita al riconoscimento dei diritti stessi. Si pensi all'obbligo della coabitazione, alla reciproca fedeltà, all'assistenza morale ed alla collaborazione all'interesse della famiglia, contribuendo ai bisogni di questa, ciascuno secondo le proprie sostanze e capacità (art. 143 c.c. - v. retro § 16). L'art. 570 c.p. si fa carico di individuare e sanzionare le condotte che integrino una violazione di questi obblighi che sussistono in capo ai coniugi. Chiunque, infatti, abbandonando il domicilio, o pur senza abbandonare il tetto coniugale[133], tenga una condotta contraria all'ordine o alla morale della famiglia con la quale si sottragga all'adempimento degli obblighi di assistenza che scaturiscono dalla qualità di coniuge o genitore,

---

comma dell'art. 559c.p.) e C. Cost. 147-1969 (in riferimento alla dichiarata incostituzionalità del terzo e quarto comma dell'art. 559 c.p. nonché dell'art. 560 c.p.).
(132) Cfr. PATERNITI C. et al., op. cit., pag. 47-55.
(133) Cfr. FERRETTI A., *Abbandono del tetto coniugale? Non sempre è reato*, in Altalex, 06 aprile 2012, «Il reato di cui all'art. 570 comma. 1 c.p., nella forma dell'abbandono del domicilio domestico, non può ritenersi configurabile per il solo fatto storico dell'avvenuto allontanamento di uno dei coniugi dalla casa coniugale».

incorre nella reclusione fino ad un anno o in una multa. L'articolo in esame contiene un'aggravante, prevedendo l'applicazione congiunta delle suddette pene a chi: malversi o dilapidi i beni del figlio minorenne, del coniuge o del pupillo; oppure faccia mancare i mezzi di sussistenza ai propri discendenti minorenni, o al coniuge legalmente separato per sua colpa[134].

Maltrattamenti in famiglia: la fattispecie di cui all'art. 572 c.p., sotto la rubrica "Maltrattamenti in famiglia o verso fanciulli", identifica i casi di maltrattamenti nelle ipotesi in cui "chiunque" maltratti una persona della famiglia oppure un minore infraquattordicenne oppure ancora altra persona che sia sottoposta alla propria autorità ovvero a questi affidata per motivi di educazione, istruzione, cura, vigilanza o custodia, nonché per l'esercizio di una professione od un'arte. Il legislatore individua un'aggravante nel fatto che dalla condotta sia derivata alla vittima una lesione grave o gravissima, differenziando la pena nei due casi. La giurisprudenza di merito ha però spesso mitigato le previsioni legali, segnando con molta precisione i confini della materia statuendo ad esempio che "non si configura il delitto di maltrattamenti, pur in presenza di episodi di aggressività, se si esclude l'elemento costitutivo dell'abitualità di tali episodi, elemento necessario per inquadrarli in un regime di vita vessatorio finalizzato a mortificare la personalità del soggetto passivo"[135]. Per ciò che attiene i rapporti familiari, invece, si è stato affermato che nel caso di una "pervicace, sistematica condotta del coniuge tesa a rendere la vita insopportabile al partner con l'umiliante ed ingiustificata vessazione di esasperata avarizia" si configurano gli estremi del reato di maltrattamenti in famiglia[136]. Nei rapporti intimi tra i coniugi sarebbe altresì "configurabile il concorso tra il delitto di maltrattamenti in famiglia e quello di violenza sessuale, in quanto diversi sono i beni giuridici protetti dai due delitti: nel primo caso, l'integrità psicofisica o la personalità del soggetto passivo, nel secondo caso, la libertà di determinazione della persona in materia sessuale"[137].

Stalking: stando all'art. 612-bis c.p., salvo che il fatto non costituisca più

---

(134) Cfr. Cass. civ. 44614-2004, in cui si legge che «la condotta tipica di abbandono del domicilio coniugale è integrata soltanto se l'allontanamento risulti privo di una giusta causa, connotandosi di reale disvalore dal punto di vista etico e sociale. Ciò in quanto - alla luce della normativa regolante i rapporti di famiglia e della stessa evoluzione del costume sociale e relazionale - la qualità di coniuge non è più uno stato permanente, ma una condizione modificabile per la volontà, anche di uno solo, di rompere o sospendere il vincolo matrimoniale. Volontà la cui autonoma manifestazione, pur se non perfezionata nelle specifiche forme previste per la separazione o lo scioglimento del vincolo coniugale, può essere idonea ad interrompere senza colpa e senza effetti penalmente rilevanti taluni obblighi, tra i quali quello della coabitazione».
(135) Cfr. FERRETTI A., *Non sussistono maltrattamenti senza abitualità*, in Altalex, 09 marzo 2012.
(136) Cfr. SALEMI E., *Maltrattamenti in famiglia: sistematiche vessazioni con manifestazioni di avarizia*, in Altalex, 28 giugno 2000.
(137) Cfr. SALEMI E., *Maltrattamenti in famiglia e violenza sessuale: configurabile il concorso fra reati*, in Altalex, 30 luglio 2005.

grave reato, è punibile chiunque con condotte reiterate minacci o molesti taluno in modo da cagionare a questi un perdurante e grave stato ansia o paura. È perseguibile anche chi, alla stessa maniera, abbia ingenerato nella propria vittima un fondato timore per l'incolumità propria o di un prossimo congiunto. Si tratta di una norma simbolo, scaturita dalla reazione dell'ordinamento nei confronti di una serie di condotte le quali non erano adeguatamente sanzionate. È vero che le condotte in esame ben potrebbero essere ricondotte nel novero della violenza privata e della minaccia: ma con la l. 38/2009 si è voluto dare un segnale forte contro il fenomeno, ponendo l'attenzione sull'abitualità e la reiterazione delle condotte (elemento che non si rintraccia nelle previsioni del reato di violenza privata o di minaccia)[138].

La norma prevede due aggravanti, delle quali una ha a che vedere con la qualità del reo. Essa si applica quando questi sia il coniuge legalmente separato o divorziato nonché una persona legata alla vittima da una relazione affettiva[139]. Alla luce di questa disciplina si inserisce una recente decisione della Suprema Corte, nella quale è stato precisato che la fattispecie di "atti persecutori" non trova applicazione quando il fatto è commesso all'interno di un contesto familiare, dovendosi invece fare applicazione, in tali ipotesi, della fattispecie di maltrattamenti in famiglia[140].

19.3. La legge 154 del 2001 sulla violenza familiare - Questa legge si staglia sul panorama penale italiano quale punto forte della tutela, offerta dall'ordinamento, contro tutte le condotte antigiuridiche volte a minare l'integrità fisica o morale del coniuge o di altri conviventi, facenti parte del nucleo familiare. In dottrina di afferma infatti che la famiglia ancora oggi "rappresenta, almeno svuotandola da ogni valenza pubblicistica, il luogo fondamentale in cui convergono le diverse individualità ed ivi trovano lo spazio per esprimere la propria personalità in comunione reciproca. Tale ultima caratteristica della famiglia ne fa il luogo ideale in cui si concentrano sia elementi positivi, quali, ad esempio, i vincoli affettivi sia elementi negativi quali, ad esempio, la violenza fisica e morale, la prevaricazione che trovano la loro fonte in disequilibri psichici di chi li compie e, all'interno del contesto familiare, emergono dei luoghi reconditi della personalità e si amplificano"[141]. Questa legge è innovativa in quanto prevede due tipologie di misure: penali e civili. Dal punto di vista penale non ci si trova di fronte ad uno strumento di criminalizzazione: non sono state, infatti, create nuove fattispecie da perseguire, bensì sono stati approntati dei particolari strumenti processuali che

---

(138) Cfr. PATERNITI C. et al., op. cit., pag. 114.
(139) Cfr. PATERNITI C. et al., op. cit., pag. 121.
(140) Cfr. VALSECCHI A., *Non configurabile il delitto di 'stalking' nel contesto familiare*, in Diritto Penale Contemporaneo, 2012.

(141) Cfr. GIACALONE A., *I maltrattamenti del coniuge*, in Altalex, 30 luglio 2005.

hanno marcate finalità cautelari. In casi di necessità od urgenza, infatti, l'art. 1 prevede, al co. 2, che si possano fissare delle misure patrimoniali provvisorie in corso delle indagini preliminari. Il giudice potrebbe, inoltre, intimare all'imputato di allontanarsi dalla casa familiare e di non farvi ritorno senza autorizzazione; di non avvicinarsi a determinati luoghi, i quali siano frequentati dalla famiglia; di pagare un assegno periodico nei confronti delle persone che, a causa del provvedimento, rimangano prive di mezzi di sussistenza. In quest'ultima ipotesi potrebbe addirittura essere imposto, per rafforzare la garanzia, uno specifico obbligo in capo al datore di lavoro dell'imputato, perché sia questi a corrispondere l'assegno ai soggetti designati[142].

Le misure civili, rubricate "ordini di protezione contro gli abusi familiari", si prevedono degli ordini di protezione che possono essere richiesti dal soggetto che è vittima della condotta di un componente del proprio nucleo familiare, la quale lo espone ad un grave pregiudizio alla vita, alla salute psichica ed alla propria libertà e qualora il fatto non costituisca reato perseguibile d'ufficio. In tal caso il giudice potrebbe ordinare, oltre l'allontanamento dalla casa familiare, il divieto di frequentare luoghi determinati e il pagamento di un assegno, anche la cessazione immediata delle violenze, nonché l'intervento dei servizi sociali territoriali e, con questi, di centri di mediazione familiare o di altre associazioni che abbiano il fine dell'accoglienza di donne, minori e altri soggetti vittime di abusi

Per ciò che attiene la legittimazione attiva ad agire dev'essere il soggetto che sia stato vittima degli abusi e che, questi abusi, siano stati posti in essere da un membro del suo stesso nucleo familiare. Per ciò che attiene, però, i minori non sembra si possa parlare di una loro diretta legittimazione attiva, né esiste la possibilità che sia nominato un commissario ad acta poiché ciò cozzerebbe col carattere di necessità e urgenza che è presupposto dell'applicazione di questa particolare disciplina. Stesse incertezze si sono avute nei confronti del minore violento, che sia dunque legittimato passivo[143].

L'esame di questa normativa sarebbe ben più ampio ma, per quel che in questa sede interessa al lettore, è sufficiente rilevare come proprio essa faccia esplicito riferimento non soltanto al coniuge e ai figli minori, bensì anche a tutti gli altri soggetti conviventi con il reo. Quindi essa rappresenta un prezioso strumento di tutela e di implicito riconoscimento per quelle situazioni, quali la famiglia di fatto, rimangono spesso prive di una tutela primaria, essendo rimessa nelle mani dei giudici la loro tutela effettiva.

---

(142) Cfr. CONFORTI R., *Misure contro la violenza nelle relazioni familiari: la legge 154/2001*, in Overlex, 02 marzo 2008.
(143) Ibidem.

CAPITOLO 3
LA FAMIGLIA DI FATTO

SOMMARIO: 20. Cenni sull'istituto in generale. - 21. Profili costituzionali. - 22. Analogia e statuto minimo - 23. La famiglia di fatto nella legislazione ordinaria vigente - 24. Progetti di legge: P.A.C.S. e DI.CO. - 25. Coppie omosessuali. - 25.1. Cenni sulla tutela antidiscriminatoria - 26. Natura dei rapporti personali tra conviventi. - 26.1. Ricongiungimento familiare. - 26.2. La c.d. rilevanza esterna della famiglia di fatto. - 27. La filiazione naturale e l'adozione. - 27.1. Rapporti tra genitori e figli naturali. - 28. Rapporti patrimoniali tra conviventi. - 28.1. Regime tributario. - 28.2. L'impresa familiare. - 28.3. La presunzione di gratuità del lavoro del convivente. - 28.4. Diritto successorio. - 29. La cessazione della convivenza. - 29.1. L'assegno familiare. - 30. Profili di diritto processuale. - 31. Profili penali.

20. Cenni sull'istituto in generale - A questo punto il discorso è maturo perché si possa disquisire coscientemente circa il tema centrale di quest'opera, ossia la famiglia di fatto. Tutte le notazioni sommarie che sono state svolte in precedenza hanno avuto, infatti, il compito di preparare il terreno alle considerazioni ed ai ragionamenti specifici che si passerà di qui a poco a sviluppare.

Non a caso nel titolo di questa tesi si pone una domanda quasi retorica: "uguaglianza o differenza"?

"Uguaglianza" e "differenza" sono concetti antitetici, sì, ma che partono entrambi da una base comune: ossia quella del confronto. Per rintracciare, infatti, somiglianze e differenze in una qualsiasi cosa è necessario compiere un particolare atto di osservazione tra almeno due oggetti - intesi quali oggetti di studio - che vengono generalmente definiti termini di paragone (seppur lo schema sembri abbastanza logico c'è da precisare che, nella logica, i termini del sillogismo devono essere tre[144] e non due). Si è esaminata per sommi capi la famiglia legittima, naturale e storica: tocca adesso alla famiglia di fatto, la quale sembra una grande innovazione dei nostri tempi ma, probabilmente, è sempre esistita accanto alla famiglia c.d. tradizionale, magari in modo silenzioso e con forme più sottili o particolari (ad es.: concubinato[145], oppure *common law marriage* in america - risalente alla c.d. "età della frontiera"[146]).

Quella che è cambiata è, forse, soltanto l'ottica di osservazione di un fenomeno vecchio quanto l'uomo? Questa trattazione non ha l'obiettivo di

---

(144) Cfr. CORSETTI C., *Elementi di Logica Sillogistica*, Aracne Ed., Roma 2000, pag. 12-13.
(145) Cfr. CIVELLO M. L., <u>La Famiglia di Fatto</u>, Roma A.A. 2003-04, pag. 5, «La realtà della famiglia di fatto [...] nasce come fenomeno sociale ancor prima che giuridico ed è presente nel tessuto sociale da tempi remoti. Tale istituto [...] è stato da sempre conosciuto nella storia della nostra società con formule diverse, tra le quali "convivenza *more uxorio*" e "concubinato". I diversi termini utilizzati per descrivere il medesimo fenomeno sono portatori di significati ideologici profondamente diversi e ne testimoniano l'evoluzione dal punto di vista del trattamento sociale ancor prima che giuridico e dei valori sottesi, in aderenza non solo all'atteggiamento dei giuristi ma soprattutto ai mutamenti del costume».
(146) Cfr. ROPPO V. e Benedetti A. M., op. cit. voce <u>Famiglia</u>, cap. III, par. 1.1, pag. 1.

scoprirlo ma, quanto meno, di fare luce su tale idea.

Il compito del giurista, dunque, è proprio quello di chiarire il senso delle norme e rintracciare, in esse, le letture che più incarnano gli ideali di giustizia i quali informano i vari ordinamenti statali. I ragionamenti giuridici sono, spesso, articolati e, pensando velocemente a quello che qualcuno ha definito il "solito latinetto dei giuristi"[147], si finisce presto o tardi per rintracciare due parole latine, alquanto usate ed abusate, che in italiano sono diventare un avverbio: *more uxorio*. Secondo il vocabolario Treccani si tratterebbe di una formula del linguaggio giuridico utilizzata molto spesso insieme al verbo "convivere", con riferimento a due persone che, pur non essendo coniugate, convivono di fatto come marito e moglie[148]. La famiglia di fatto è, perciò, quella porzione sociale costituita da persone che, pur non essendo legate da vincoli matrimoniali - siano essi canonici, civili, od equipollenti - convivono *more uxorio* insieme agli eventuali figli nati dalla loro unione[149]. Con l'accezione "famiglia di fatto" s'intende designare delle relazioni familiari non radicate in un matrimonio avente effetti civili[150]. In un'ottica di tipo sociologico si possono rintracciare molteplici situazioni di famiglie di fatto che traggono origine da svariati fattori: storici, ideologici, economici o pratici (si pensi al *common law marriage* americano, ai matrimoni religiosi non aventi effetti civili, a casi di profonda povertà oppure a situazioni in cui sia preferibile non sposarsi per non perdere taluni benefici economici o giuridici). Sul piano strettamente giuridico è evidente come sia necessario stabilire se e in che misura, dette situazioni siano o possano essere soggette a regole legali e, soprattutto, a quali regole si debba fare capo[151].

Da ciò emerge come sia possibile ricondurre alla nozione di famiglia delle situazioni profondamente differenti tra loro le quali possiedono margini diversificati di rilevanza a seconda delle caratteristiche via via prese in considerazione dalla legge per la creazione delle varie discipline. In tal modo il legislatore ha creato diversi modelli legali di famiglia: quella fondata sul matrimonio, quella anagrafica, tributaria, sino a quella fondata sulla stabile convivenza[152].

Per ciò che attiene, invece, il fenomeno da un punto di vista squisitamente

---

(147) Cfr. JAEGER P. G. et al., op. cit. pag. 87.
(148) Cfr. TRECCANI G., voce <u>More Uxorio</u>, Vocabolario Treccani della Piccola Treccani, Milano 1995.
(149) Cfr. TORRENTE A. e SCHLESINGER P., op. cit. pag. 847-848.
(150) Cfr. GAGLIARDI F., <u>Matrimonio civile</u>, in Digesto Ipertestuale - UTET, Torino 2003, «Finché, infatti, nel matrimonio si mette in primo piano non tanto la forma solenne della celebrazione, ma piuttosto la volontà di prendersi come marito e moglie, e questa può essere provata anche per presunzioni, la convivenza *more uxoria* può valere come circostanza rilevante da cui desumere la volontà di contrarre matrimonio».
(151) Cfr. ROPPO V. e BENEDETTI A. M., op. cit. voce <u>Famiglia</u>, cap. III, par. 1.1, pag. 1.
(152) Cfr. MONDELLO M., <u>La famiglia fondata sul matrimonio e le famiglie</u>, in TCRS, Quaderno 2010, Catania 2010, pag. 1.

statistico, si rileva che nel 2003 le c.d. nuove famiglie, tra le quali vi sono anche le coppie di fatto di celibi e nubili, sono state oltre 5 milioni, a conferma della varietà sempre più accentuata dei modelli familiari[153].

21. Profili costituzionali - Non è semplice inquadrare la famiglia di fatto in termini costituzionali e, più in generale, legali. Questo perché la Costituzione riconosce e tutela esplicitamente la famiglia legittima e fa soltanto un accenno alla tutela dovuta ai figli naturali. Esistono, all'interno della dottrina costituzionalistica, due correnti di pensiero che sarà interessante esaminare. La prima è alquanto chiusa, poiché ritiene famiglia legittima e famiglia di fatto come due termini che si escludono vicendevolmente. In tal senso la famiglia di fatto sarebbe da considerare come un istituto da porre ai margini o, addirittura, fuori dal diritto (alla stregua delle condotte antigiuridiche). Offrire tutela alla famiglia di fatto sarebbe, secondo questa prima impostazione, un'intollerabile presupposto per la degradazione della tutela costituzionale riservata alla famiglia legittima, non dovendo in tal senso la legge nemmeno considerare come vere "famiglie" quelle di fatto.

La dottrina più evoluta, inserita in un secondo filone, interpreta l'art. 29 Cost. in maniera meno rigida: è vero, infatti, che l'ordinamento abbia inteso riservare alla famiglia legittima una posizione privilegiata, escludendo che il legislatore potesse equipararla ad altre fattispecie abolendo tutte le differenze che, invece, è bene che sussistano. Al contempo, la stessa norma, non preclude affatto la possibilità di riconoscere dei margini di tutela persino alla famiglia di fatto, rintracciando in altre norme costituzionali la base su cui fondare un simile assunto (ad es. art. 2). La famiglia di fatto sarebbe, in tal senso, da considerare simile alle formazioni sociali cui fa riferimento l'art. 2 Cost. e, giacché proprio la legge primaria accorda a questi aggregati (tutti astrattamente riconducibili al concetto di famiglia) margini diversificati di rilevanza giuridica[154], è necessario quanto meno rintracciare e garantire anche a questa particolare realtà di fatto un *minimum* di tutela[155].

In questo senso, però, bisogna notare come tale corollario non abbia sempre trovato applicazione nella normativa secondaria. Un'apertura, verso

---

(153) Cfr. BUDANO G. et al., <u>La misurazione delle tipologie familiari nelle indagini di popolazione</u>, ISTAT, Roma 2010, pag. 10-11 e AAVV, <u>Le strutture familiari. Media 2002/03</u>, in ISTAT - Struttura e dinamica sociale: Famiglia e Società, 27 ottobre 2004, «Crescono le nuove tipologie familiari: libere unioni o convivenze more uxorio, cioè unioni non sancite da un matrimonio, e famiglie "ricostituite", cioè formatesi dopo lo scioglimento di una precedente unione coniugale di almeno uno dei 2 partner. Nel 2002-2003 le libere unioni sono 564 mila; di queste il 46,7 per cento è costituito da coppie in cui almeno un componente ha già vissuto una esperienza matrimoniale conclusasi con una separazione o un divorzio; il 47,2 per cento è formato da coppie di celibi e nubili. Le coppie ricostituite ammontano a 697 mila (4,8 per cento delle coppie) di cui 397 mila coniugate e 300 mila non coniugate».
(154) Cfr. MONDELLO M., op. cit., par. 1, pag. 1.
(155) Cfr. ROPPO V. e BENEDETTI A. M., op. cit. voce <u>Famiglia</u>, cap. III, par. 1.2, pag. 2.

detto *minimum* di tutela, è stata data senza alcun dubbio dalla dichiarata incostituzionalità dei delitti di adulterio e concubinato di cui agli artt. 559 e 560 c. p. per integrare i quali reati era determinante la qualità di convivente[156], oltre che gli altri presupposti di cui si è parlato in precedenza (v. retro § 19).

22. Analogia e statuto minimo - Si è già ampiamente discusso circa la possibilità di inquadrare la famiglia tra quelle formazioni sociali cui l'art. 2 della Costituzione riserva una particolare tutela, giacché in esse si esalta ed esprime la personalità degli individui (v. retro § 13). Elemento fondamentale perché ciò avvenga è senza dubbio il valore della solidarietà - sociale -, in più parti esaltato dalla Carta Costituzionale. Questa apertura operata dalle previsioni fondamentali dell'ordinamento giuridico permette di porre la famiglia di fatto in mezzo a tutte quelle formazioni sociali cui l'art. 2 Cost. fa, appunto, riferimento. In un certo senso la famiglia legittima finisce per perdere, alla luce di questa norma, la sua aurea di inviolabilità, giacché anche la famiglia di fatto sarebbe in tal modo tutelata alla medesima maniera. Secondo questa impostazione, dunque, sarebbe semplice argomentare circa la possibilità di costruire una sorta di statuto minimo della famiglia di fatto, la quale non sarebbe una formazione secondaria - in quanto svolgerebbe le medesime funzioni, ritenute meritevoli di tutela costituzionale, svolte anche dalla famiglia legittima. Ragionando in questi termini non si può non rintracciare nell'art. 2 della Costituzione un qualcosa di molto simile ad un *embrione* - per dirla con Saverio Asprea[157] - di uno statuto minimo della famiglia di fatto, cui l'art. 29 della Carta Fondamentale offre sostegno, giacché anch'esso non va ad escludere dalla propria tutela le formazioni alternative alla famiglia legittima (v. retro § 21). Per statuto minimo si intende un basilare sistema di tutela cui sottoporre la famiglia di fatto: ciò si rende necessario a causa della recalcitranza dell'ordinamento giuridico nel dotare detto istituto di una disciplina specifica, data dall'influenza dei fattori storici e culturali che hanno caratterizzato la nascita della nostra Repubblica[158].

In assenza di esplicite discipline legali, si è tentato di ricostruire in via analogica e interpretativa una disciplina che potesse offrire tutela ai conviventi proprio a partire delle previsioni legali vigenti per la famiglia legittima.

---

(156) Cfr. TRECCANI G., voce *Convivenza*, La Piccola Treccani cit., tomo III, pag. 371.
(157) Cfr. ASPREA S., *La famiglia di fatto*, Giuffrè, Milano 2009, pag. 20-21.
(158) Cfr. FALLETTI E., *Famiglie di fatto e convivenze*, CEDAM, Padova 2009, pag. 23-27, essendo, quello della famiglia, un terreno in cui si sono da sempre confrontate due classi di valori ed ideali di rango Costituzionale: quello della famiglia legittima - vista come perno della società - e quello della famiglia di fatto - concepita come punto di convergenza delle esigenze del singolo, in vista della sua propria realizzazione personale. Lo scontro interno della Commissione per la Costituzione (c.d. Commissione dei 75) portò al sacrificio della regolamentazione della famiglia di fatto, come contropartita al non inserimento nella Carta Costituzionale del principio dell'indissolubilità del matrimonio - istituto la cui regolamentazione fu lasciata al legislatore ordinario.

Purtroppo a ciò si è strenuamente opposta la giurisprudenza, rigettando sempre tutte quelle soluzioni di stampo giusfamiliare che avevano tentato di prendere le mosse dalle disposizioni del codice civile[159]. Si è in tal senso ovviato facendo ricorso a quella che è la c.d. teoria dell'obbligazione naturale prevista dal codice[160]. Facendo una brevissima deviazione nel diritto delle obbligazioni, è utile ricordare come essa si distingua dall'obbligazione giuridica proprio per il fatto che non si tratti di un tipo di obbligo cui fa capo il requisito della coercibilità. Si è in presenza di obbligazioni naturali ogniqualvolta ci si trovi di fronte a qualsiasi dovere morale o sociale per il quale un soggetto sia tenuto ad una prestazione di carattere patrimoniale nei confronti di un altro soggetto - senza che ciò comporti il sorgere di un vero e proprio obbligo giuridico. Non si tratta, però, di una donazione e non è altresì ammessa la possibilità per il debitore di ripetere quanto elargito - potendo il creditore ritenere quanto ricevuto (c.d. *soluti retentio*)[161]. Un'obbligazione naturale, dunque, è tale quando scaturisce da particolari situazioni, in base alle quali, un soggetto sia generalmente ritenuto vincolato a una prestazione nei confronti di un altro soggetto determinato. Perché questi possa, inoltre, ritenere quanto ricevuto è necessario che si sia trattato di un adempimento spontaneo - differente dalla donazione - eseguito da una persona giuridicamente capace.

Alla luce di questa definizione, si comprende come la reciproca assistenza nell'unione di fatto, posta in essere in quanto attuazione di quei doveri morali e patrimoniali di solidarietà posti a fondamento di ogni comunità di tipo familiare, non è oggetto di una obbligazione civile ma di una obbligazione naturale[162]. In tal senso, l'obbligazione naturale, è assurta a termine di commisurazione del benessere economico dei conviventi: come si vedrà più avanti in tema, ad esempio, di assegno familiare, la giurisprudenza nomofilattica ha già da decenni recepito la convivenza *more uxorio*, e le prestazioni reciproche che da essa discendono, come fonte di valutazione dell'ammontare nonché della spettanza dell'assegno stesso di mantenimento tra ex coniugi (v. infra § 29.1)[163].

23. La famiglia di fatto nella legislazione ordinaria vigente - Seppur la situazione che trae origine dalla convivenza abbia una ormai assodata rilevanza interna (rapporti personali e patrimoniali tra conviventi, genitori e figli) ed esterna (con i terzi), nella legislazione vigente mancano dei punti fermi legali in

---

(159) Cfr. TOMMASINI R., *La famiglia di fatto*, in AULETTA T., op. cit., pag. 411-412.
(160) Cfr. BONAZZI A., *Obbligazione naturale*, in Digesto Ipertestuale - UTET, Torino 2003, par. 6, «Atipica è, invece, l'ipotesi delle prestazioni patrimoniali rese da un partner a beneficio dell'altro nel quadro della convivenza more uxorio».
(161) Cfr. TORRENTE A. et al., op. cit., pag. 390-391.
(162) Cfr. TOMMASINI R., op. cit., pag. 411-412.
(163) Cfr. PALERMO G., *Convivenza more uxorio e famiglia naturale*, in Giur. It., 1999, pag. 1608.

tema di famiglia di fatto. In questo senso si è già fatto cenno circa le ricostruzioni interpretative che hanno tentato di colmare tale lacuna e si può prendere atto di alcune spinte dottrinali circa la necessità di una presa di posizione chiara ed inequivoca al riguardo[164]. È possibile rilevare come tra soggetti conviventi non esistano diritti e doveri reciproci quali quelli della coabitazione, fedeltà, assistenza morale e materiale, collaborazione, contribuzione - così come delineati dagli artt. 143 ss. c.c. per i coniugi. La coppia che non legalizza la propria unione esercita una libertà[165] che ha come conseguenza quella di sottrarla dal gravoso complesso di impegni, nonché dai diritti che, invece, fanno capo alle unioni solennizzate dal matrimonio[166]. Per ciò che attiene al diritto vigente, si è già fatto cenno all'art. 2 Cost., il cui ambito di operatività può essere esteso senza problemi alla famiglia di fatto; si è parlato dell'art. 30 Cost., che ha operato una importante equiparazione tra figli legittimi e figli naturali, parificando in tal modo le posizioni dei genitori - siano essi uniti in matrimonio o meno. Altra norma di rilievo per ciò che attiene alla famiglia di fatto è l'art. 2034 c.c. in tema di obbligazione naturale. Per ciò che riguarda, invece, i rapporti tra genitori e figli si badi alla normativa inderogabile contenuta nel c.c. - ad esempio art. 317 bis e 324 - riguardante i rapporti tra genitori e figli nati fuori dal matrimonio. Se i genitori riconoscono i figli, entrambi esercitano su di essi la potestà così come accade nella famiglia legittima, e l'equiparazione in tal senso si estende anche in tema di usufrutto sui beni dei figli medesimi. Oltre che in queste norme codificate si sta gradualmente facendo strada, anche nella disciplina contenuta nelle leggi speciali, una primordiale regolamentazione della fattispecie in esame: si pensi all'art. 4 della legge 54/2006 (in tema di assegnazione della casa familiare al genitore affidatario, anche quando si tratti di separazione di una coppia non

---

(164) Cfr. TOMMASINI R., op. cit., pag. 402 - parte della dottrina auspica, infatti, l'adozione di una disciplina *ad hoc* (GANDOLFI G.), altra parte della dottrina ritiene applicabili analogicamente, alla famiglia di fatto, le norme previste dalla disciplina della famiglia legittima (FURGIUELE G., PROSPERI F.), mentre altri ancora guardano con fiducia alla possibilità di utilizzare istituti già esistenti nell'ordinamento per mezzo dell'autonomia privata (GAZZONI F.). Cfr. MAZZUCATO F., Rapporto di fatto, in Digesto Ipertestuale - UTET, Torino 2003, par. 4, «Ancorché siano allo studio diversi disegni di legge volti a regolare le libere unioni civili, ad oggi il legislatore non ha dettato alcune norme per disciplinare un fenomeno sempre più frequente quali le unioni di fatto. È toccato così a dottrina e giurisprudenza stabilire di volta in volta le regole da adottare. Si veda, a questo proposito, la sentenza C. Cost. 237-1986, che ha aperto la strada al riconoscimento della famiglia di fatto». Cfr. C. Cost. 237-1986, «L'art. 29 Cost. riguarda la famiglia fondata sul matrimonio, cosicché rimane estraneo al contenuto delle garanzie ivi offerte, ogni altro aggregato pur socialmente apprezzabile, divergente tuttavia dal modello che si radica nel rapporto coniugale».
(165) Cfr. C. Cost. 166 1998, «La convivenza *more uxorio* rappresenta l'espressione di una scelta di libertà dalle regole che il legislatore ha sancito in dipendenza dal matrimonio, sicché l'estensione automatica di queste regole alla famiglia di fatto potrebbe costituire una violazione dei principi di libera determinazione delle parti».
(166) Cfr. TOMMASINI R., op. cit., pag. 411-412.

sposata), oppure all'art. 199 c.p.p. che riconosce la facoltà di astensione anche al convivente o all'art. 572 c.p. dove la convivenza è equiparata alla famiglia legittima agli effetti del reato di maltrattamenti in famiglia. Si faccia ancora mente locale sulla legge 154/2001 cui si è ampiamente fatto cenno in precedenza (v. retro § 19.3). In tema di ordinamento penitenziario è da segnalare la legge 354/1975 che prevede la possibilità per il detenuto di ottenere un permesso di uscita per visitare il familiare o il convivente quando questi sia in pericolo di vita. Altre norme che si preoccupano di offrire tutela alla famiglia di fatto sono, ancora, la legge 405/1975, che permette anche alle coppie di usufruire dei consultori familiari, o la legge 195/1978 che include nella procedura di interruzione della gravidanza anche il padre del concepito - senza fare riferimento alla sua eventuale unione in matrimonio con la madre. Altra norma di rilievo, nella legislazione vigente, è quella che prevede l'accesso delle coppie conviventi alla fecondazione assistita - art. 5 legge 40/2004[167]. È vero che, trattandosi di legislazione speciale, il quadro normativo risulti disarticolato e confuso, ma ciò deve far riflettere il giurista che si approcci alla disciplina circa la possibilità di attingere ai vari strumenti normativi esistenti, per sviluppare l'idea in precedenza esaminata circa la possibile creazione di uno statuto che garantisca un margine minimo di tutela a quelle situazioni di fatto che si atteggiano quali famiglie.

24. Progetti di legge: PA.C.S. e DI.CO. - Si è già avuto modo di fare cenno circa le correnti presenti in dottrina, le quali auspicano una celere adozione di puntuali e specifiche discipline per fare chiarezza circa la situazione sostanziale e la tutela giuridica della famiglia di fatto, la quale va intesa quale fenomeno di grande interesse sociale. In Italia si è tentato diverse volte di solcare questa strada e sono state presentate alcune proposte di legge che hanno fatto scalpore. Tra i progetti legislativi di maggior rilievo si segnalano la proposta n°3308 Atti Camera sulle unioni registrate[168], la proposta n°3296 Atti Camera sul Patto Civile di Solidarietà[169]. Con la prima proposta di legge si era cercato di mettere a disposizione di tutti i cittadini pari opportunità per ciò che riguardasse le varie forme di convivenze e unioni affettive. Si era tentata una distinzione tripartita tra **unione registrata** - solo per le persone dello stesso sesso, mirata a ricalcare lo status di coniugi; **unione civile** - anche per persone dello stesso sesso, mirata a creare tra questi lo status di familiari; **convivenza di fatto** - per tutte le persone maggiorenni anche omosex.

Sulla scia dei PA.C.S. adottati dalla Francia (v. infra § 38), il governo Prodi II aveva tentato di introdurre una regolamentazione della materia, per offrire

---

(167) Cfr. TOMMASINI R., op. cit., pag. 408-411.
(168) Cfr. Atti Camera XIV Legislatura.
(169) Cfr. Atti Camera XIV Legislatura.

tutela e riconoscimento giuridico a tutte le unioni, non rese effettive per mezzo del matrimonio. Questo è quanto si è appunto cercato di fare con la seconda proposta, che voleva offrire - senza imporre alcunché - alle coppie di fatto degli strumenti legali per regolare i propri interessi[170]. Per chiudere il cerchio circa i tentativi di regolamentazione, si consideri da ultimo il disegno di legge 08 febbraio 2007 recante norme sui diritti e sui doveri delle persone stabilmente conviventi - DI.CO. - secondo il quale "due persone maggiorenni e capaci, anche dello stesso sesso, unite da reciproci vincoli affettivi, che convivono stabilmente e si prestano assistenza e solidarietà materiale e morale, non legate da vincoli di matrimonio, parentela in linea retta entro il secondo grado, affinità in linea retta entro il secondo grado, adozione, affiliazione, tutela, curatela o amministrazione di sostegno, sono titolari dei diritti, dei doveri e delle facoltà stabiliti dalla presente legge"[171]. I diritti di cui si parla nel primo articolo del d.d.l. in esame erano una sorta di conseguenza automatica alla provata convivenza sulle risultanze anagrafiche (così come previsto dal successivo co. 2 del primo articolo). Anche questo progetto non ha però visto la luce, forse per le forti critiche ad esso mosse da più parti - religiose e laiche - circa la sua incompletezza rispetto alle precedenti proposte sui PA.C.S.[172]. Anche oggi ci si può imbattere in svariate istanze parlamentari circa i diritti delle coppie conviventi, o la regolamentazione delle unioni solidali, ma niente di certo è ancora in vista. Sarà dunque necessario lavorare sugli strumenti legislativi esistenti.

25. Coppie omosessuali - Il fenomeno dell'omosessualità è più risalente, nel tempo, di quanto molti credano. In cifre, secondo l'ISTAT, circa un milione di persone si è dichiarato omosessuale o bisessuale, più tra gli uomini giovani, dell'Italia centrale. Altri due milioni circa hanno dichiarato di aver sperimentato nella propria vita l'innamoramento o i rapporti sessuali o l'attrazione sessuale per persone dello stesso sesso[173].

Questi dati sono rilevanti, se si pensa che forse, il motivo per il quale il legislatore italiano è restio a prendere una posizione nei riguardi delle coppie di fatto è, con grande probabilità, da rintracciare nella cultura e nella tradizione religiosa italiana. Motivazioni di ordine politico stanno alla base del silenzio legislativo. La Costituzione ha proclamato la famiglia quale formazione sociale primaria - nonché naturale[174]. Se si pensa che il diritto a contrarre matrimonio

---

(170) Cfr. PETITTI C., *I diritti nelle famiglie di fatto: attualità e futuro*, in Familia, 2003, pag. 1021.
(171) Cfr. D.D.L. 08 febbraio 2007, *Diritti e doveri delle persone stabilmente conviventi - Di.Co*, art. 1 co. 1.
(172) Cfr. VILLA G., *È più facile divorziare che uscire dal Dico*, in Il Giornale, 13 febbraio 2007 e Casadio G., *PA.C.S. è scontro sul testo della legge*, in La Repubblica, 03 febbraio 2007.
(173) Cfr. ROMANO M. C., *La popolazione omosessuale nella società italiana*, in ISTAT - Dipartimento per le statistiche sociali ed ambientali, anno 2011.
(174) Cfr. MELANI A. Y., *Nella costituzione c'è posto per tutti... a proposito di famiglia*, in Forum di Quaderni Costituzionali, 03 marzo 2008, «Storicamente sarà anche vero che i Costituenti

sia un diritto inviolabile, si potrebbe ragionare nel senso di interpretare il termine famiglia in un'accezione molto ampia: al plurale. In tal senso si indicherebbero le famiglie, intese quali differenti tendenze sociali che, di fatto, esistono e si sviluppano quotidianamente in parallelo alla famiglia legittima, seppur in zone grigie di tutela e riconoscimento[175]. I tentativi legislativi poc'anzi esaminati si erano fatti carico del problema delle coppie dello stesso sesso, ma in un Paese come l'Italia, il sostrato culturale non è ancora pronto per tollerare delle unioni, differenti dai matrimoni, che collochino le situazioni di fatto sotto la piena egida della legalità, con tutte le tutele e le garanzie che, dalla legalità, discendono. Se si cerca di documentarsi in merito, alcune parti della società - quelle religiose e conservatrici - vedono la legalizzazione delle unioni di fatto come un modo per veicolare la possibilità di contrarre matrimoni gay - che andrebbero a contrapporsi al matrimonio legittimo, naturale.

In tal senso, il punto di rottura, tra le due correnti di pensiero (conservatrici e progressiste), ritengo sia dato dal fatto che non si scindano correttamente le differenti dimensioni in gioco. Tali dimensioni, infatti, sono malamente confuse da politici, mass media e forse anche dagli stessi interessati nonché dai loro oppositori.

Per spiegare quanto si sta qui prospettando, ritengo necessario ripresentare un veloce cenno in merito alle "relazioni umane": si può con assoluta certezza dire che esse siano imprevedibili ed incontrollabili e, anche se (in astratto) non lo fossero, ritengo che non sarebbe comunque lecito tentare di limitarle o, peggio, proibirle. In questo senso è quasi tautologica la conclusione che la libertà, di cui si sostanzia il libero arbitrio di ciascuno, comprenda anche la possibilità di amare chiunque si voglia, senza censure in merito. È necessario, a questo punto, operare la prima distinzione cui si accennava: di relazioni umane ne esistono molteplici (amore, amicizia, lavoro, parentela e simili). Ciascun tipo di relazione avrà una sua specifica dimensione, nonché una sua denominazione e un suo specifico ambito di estrinsecazione. L'amore che si prova tra fratelli è di certo differente da quello che si prova tra coniugi o tra fidanzati, così com'è differente dai sentimenti che si provano tra amici o tra individui dello stesso sesso. In tal senso è ovvio che ci si trovi davanti a delle valide relazioni umane interpersonali, degne di tutela e di rispetto, che però vanno per loro stessa natura inquadrate in modi differenti. Si parlerà non a caso di "fratellanza", "parentela", "amicizia", "amore", "attrazione" eccetera.

---

minimamente pensavano a che le persone potessero unirsi in altre forme diverse dal matrimonio, ma la forza della Carta consiste nel saper accogliere, nel suo essere inclusiva e non esclusiva, nell'impossibilità di prevedere tutto ma di aprire all'intervento volto a riconoscere giuridicamente situazioni costituzionalmente meritevoli di tutela, vale a dire che si confanno alla ratio delle sue norme».

(175) Cfr. CORSINI P., *Il matrimonio tra persone dello stesso genere: l'eloquenza del silenzio normativo*, in BIN R. et al., *La «società naturale» e i suoi "nemici"*, Giappichelli, Torino 2010, pag. 75.

In questo senso e, alla luce di quanto osservato, è possibile spiegare come mai il concetto di "matrimonio gay" sia da un lato una conquista moderna e dall'altro una limitazione alle sue stesse possibilità. Ciò perché è una forzatura, il pretendere a tutti costi di ricondurre l'unione omosessuale sotto l'egida di un istituto tradizionale, qual è il matrimonio, che ha dei requisiti e dei presupposti non leggermente differenti da quelli che invece si pongono a fondamento dell'unione gay. Proprio il concetto di "matrimonio" gioca un ruolo decisivo in tal senso, in quanto, nel Diritto Naturale esso è un istituto che, per essere valido (ossia per essere considerato esistente), deve essere contratto da due individui di sesso differente che, non solo si amino, bensì abbiano anche reciprocamente assunto ciascuno l'Essere Personale dell'altro e abbiano l'intenzione e la possibilità di procreare autonomamente. Se non ci sono questi presupposti (eterosessualità, amore, assunzione dell'Io Personale e finalità della procreazione), non c'è nemmeno matrimonio. Parlare dunque di "matrimonio gay" suona come una forzatura, quasi bigotta, poiché motivata semplicemente da una tradizione linguistica che non è sorretta dalla piena coscienza in merito ai presupposti di un "matrimonio" (v. retro § 3). Ciò non significa che sia (o che debba essere) vietata l'unione omosessuale, ma semplicemente che questa non possa essere configurata come "matrimonio", inteso nel senso dell'istituto di Diritto Naturale che tutti conosciamo, poiché essa difetta appunto di più d'uno dei presupposti per quest'ultimo necessari. In questo senso nulla impedisce, però, di creare *ex novo* dei differenti istituti giuridici e sociali ai quali affidare la tutela e il riconoscimento di questo particolare tipo di relazioni umane: è dunque possibile parlare (come giustamente si è fatto) di "unioni di fatto" o di "coppia di fatto" o, più semplicemente di "unione". Perché ostinarsi a chiamare "matrimonio" qualcosa che da esso, invece, differisce?

Già da questo primo passo, di natura terminologica e concettuale, si porrebbero le basi per la convivenza di questi differenti istituti e delle diverse realtà che li sorreggono: il matrimonio naturale (canonico, civile o religioso in genere che sia) rimarrebbe sempre il medesimo con la sua struttura e con il suo valore intrinseco e, l'unione fattuale rappresenterebbe la nuova frontiera, per così dire, del coronamento dei sentimenti personali di ciascuno - a prescindere dal suo orientamento sessuale. Si garantirebbero in tal modo a tutti i diritti necessari per vivere secondo la dignità di esseri umani e si troverebbe - forse - la pace al riguardo. L'importante, come sempre, è ragionare e non creare confusione nel merito delle varie problematiche (nella specie: bioetiche)[176]. Traendo spunto da quanto appena osservato, devo essere critico con chi afferma che "alla luce della configurazione del matrimonio come diritto inviolabile dell'individuo, non si può non notare come il mancato riconoscimento giuridico, in detta forma, delle unioni

---

(176) Cfr. ANTOCI B., op. cit., pag.126-128.

omosessuali, sia idoneo a costituire una grave violazione dell'art. 2 Cost., poiché non è possibile invocare, quale garanzia del rispetto di contrarre matrimonio nei confronti degli omosessuali, il semplice riconoscimento di sposare soggetti di sesso opposto"[177] o ancora secondo cui "il divieto di contrarre matrimonio per le coppie omosessuali dovrebbe essere dichiarato costituzionalmente illegittimo"[178]. Anche in questo senso si dibatte, ancora una volta, su una questione squisitamente terminologica che presuppone una gratuita commistione di istituti i quali, per loro stessa natura, non possono essere equiparati - da un punto di vista strutturale. Quello che qui si propone e che ritengo preferibile è il raggiungimento di un'equiparazione sul piano non strutturale e terminologico, bensì su quello degli effetti giuridici. Gli istituti sarebbero strutturalmente differenti, in modo da essere in grado di ricalcare e rispettare la natura delle situazioni ad essi sottostanti, ma gli effetti giuridici sarebbero simili, in modo da evitare discriminazioni di situazioni non dissimili nella sostanza fattuale. La creazione di istituti giuridici *ad hoc*, in tal senso, non dovrebbe essere ostacolata da prese di posizione che tengono conto soltanto di determinate impostazioni teoriche[179], le quali mal si concilierebbero con i principi di libertà cui la nostra Costituzione si richiama.

Per ciò che attiene, invece, alla tutela che l'ordinamento riserva a questi peculiari tipi di relazioni interpersonali si può fare cenno, in questa sede, ad una recente pronuncia del Tribunale di Milano[180], che ha riconosciuto il diritto al risarcimento del danno da fatto illecito, concretatosi in un evento mortale, anche al convivente *more uxorio* di ugual sesso[181]. La Cassazione ha invece affermato che, seppur le coppie gay non abbiano, stando alla legislazione vigente, diritto a contrarre matrimonio o a vedersi registrato un matrimonio celebrato all'estero, godono comunque del più generico diritto alla

---

(177) Cfr. CORSINI P., op cit., pag. 76.
(178) Cfr. COSSIRI A., *Famiglie omosessuali, famiglie clandestine. La lacuna dell'ordinamento che produce discriminazione*, in BIN R. et al., op. cit., pag. 79.
(179) Cfr. BAGNASCO A., *Discorso per l'incontro con gli animatori della comunicazione della diocesi*, Genova 30 marzo 2007, «È difficile dire dei no, porre dei paletti in ordine al bene quando viene a cadere un criterio oggettivo per giudicare il bene e il male, il vero e il falso. Se l'unico criterio diventa quello dell'opinione generale perché dire no, oggi a forme di convivenza stabile alternative alla famiglia, ma domani alla legalizzazione dell'incesto o della pedofilia tra persone consenzienti?» riportato in editoriale, *Bagnasco: nuova bufera sui Di.co.*, Corriere della Sera, 01 aprile 2007.
(180) Cfr. Trib. Milano 9965-2011.
(181) Cfr. FERRETTI A., *Anche al convivente gay spetta il risarcimento in caso di sinistro mortale*, in Altalex, 18 ottobre 2011 e Greco A., *Coppie gay sempre più tutelate*, in La Legge Per Tutti - Portale di informazione giuridica per il cittadino, 03 novembre 2011, in un processo per omicidio colposo è stato accordato il risarcimento dei danni alla madre ed al compagno di un uomo, morto in un sinistro stradale. In tal senso, i giudici hanno evidenziato come «non sia necessaria ai fini dell'indennizzo, la sussistenza di una famiglia tradizionale basata sul matrimonio, così come formalmente riconosciuta dall'ordinamento. È sufficiente invece dimostrare che tra la coppia, sia essa eterosessuale o gay, vi sia una relazione caratterizzata da "tendenziale stabilità" e reciproca "assistenza morale e materiale"».

vita familiare, dovendosi a queste assicurare gli stessi diritti che la legge prevede per le coppie etero e superando così la concezione secondo cui l'eterosessualità sia requisito indispensabile per l'esistenza delle nozze[182] - afferma, infatti, la Corte che "se nel nostro ordinamento è compresa una norma che ha privato di rilevanza giuridica la diversità di sesso dei nubendi, ne segue che la giurisprudenza di questa Corte - secondo la quale la diversità di sesso dei nubendi è, unitamente alla manifestazione di volontà matrimoniale dagli stessi espressa in presenza dell'ufficiale dello stato civile celebrante, requisito minimo indispensabile per la stessa esistenza del matrimonio civile, come atto giuridicamente rilevante - non si dimostra più adeguata alla attuale realtà giuridica, essendo stata radicalmente superata la concezione secondo cui la diversità di sesso dei nubendi è presupposto indispensabile, per così dire naturalistico, della stessa esistenza del matrimonio"[183]. Per chiudere il cerchio sull'argomento, si segnala una presa di posizione significativa del Tribunale di Reggio Emilia con cui si è autorizzato il ricongiungimento familiare di una coppia gay, la quale non ha, coerentemente, chiesto l'approvazione del proprio matrimonio spagnolo, bensì il diritto per i coniugi, sebbene non riconosciuti, ad avere una vita familiare in Italia[184].

25.1. Cenni sulla tutela antidiscriminatoria - Il problema della tutela di genere si ripercuote nelle varie branche del diritto. Nella scienza giuslavoristica, ad esempio, è centrale il tema della parità di trattamento e di opportunità per tutte le categorie di lavoratori. In un panorama garantista come quello Italiano, sotto gli influssi dell'armonizzazione Europea, grande rilievo ha assunto la tutela di quei lavoratori che potrebbero trovarsi esposti al rischio di discriminazioni volte a rimarcare loro particolari tendenze o convinzioni: le tendenze sessuali rientrano a pieno titolo tra le possibili caratteristiche personali, bisognose di specifica tutela.

La tutela antidiscriminatoria mira ad inglobare il maggior numero possibile di fattispecie dalle quali possa sorgere una disparità di trattamento, le quali sono per loro natura originate da una variegata gamma di ragioni[185]. Di grande rilievo è, per ciò che attiene lo specifico della trattazione, il d.lgs. 216/2003 adottato in attuazione della direttiva 2000/78/CE sulla parità di trattamento in materia di occupazione e di condizioni di lavoro. Dall'esame del testo in questione emerge un'importante distinzione tra la c.d. discriminazione

---

(182) Cfr. MARTELLI U., *Le coppie omosessuali hanno il diritto alla vita familiare. Lo afferma la Cassazione*, in Articolo Tre, 15 marzo 2012, nonché Editoriale, *Gay hanno diritto a vita familiare come tutte le coppie*, in Altalex, 15 marzo 2012.
(183) Cfr. Cass. Civ. 4184-2012.
(184) Cfr. Editoriale, *Reggio Emilia: coppia gay, sì a ricongiungimento familiare*, in Justice TV, 05 marzo 2012.
(185) Cfr. ROCCELLA M., *Manuale di diritto del lavoro. Mercato del lavoro e rapporti di lavoro*, Giappichelli, Torino 2005, pag. 249.

diretta - che sussiste "quando, per religione, per convinzioni personali, per handicap, per età o per orientamento sessuale, una persona è trattata meno favorevolmente di quanto sia, sia stata o sarebbe trattata un'altra in una situazione analoga"[186] - e la c.d. discriminazione indiretta - che si ha "quando una disposizione, un criterio, una prassi, un atto, un patto o un comportamento apparentemente neutri possono mettere le persone che professano una determinata religione o ideologia di altra natura, le persone portatrici di handicap, le persone di una particolare età o di un orientamento sessuale in una situazione di particolare svantaggio rispetto ad altre persone"[187]. In tal senso, entrambi questi criteri, permettono di porre sotto l'egida della legge tutte le molestie che siano riconducibili ad uno dei motivi indicati[188]. Il terzo comma dell'art. 2 della legge in esame contiene, all'uopo, una precisa definizione di molestie, le quali sarebbero da rintracciare in tutti "quei comportamenti indesiderati, posti in essere per uno dei motivi di cui all'articolo 1, aventi lo scopo o l'effetto di violare la dignità di una persona e di creare un clima intimidatorio, ostile, degradante, umiliante od offensivo"[189]. Le molestie sono, dunque, equiparate alle discriminazioni che, alla luce della legislazione vigente, possono anche essere "doppie" poiché fondate su più di un motivo.

Anche i componenti di una coppia di fatto potrebbero, dunque, richiedere tutela giurisdizionale ex art. 44 del testo unico sull'immigrazione[190] in virtù delle disposizioni contenute nei decreti attuativi delle disposizioni comunitarie (tra i quali vi è anche il citato d.lgs. 216/2003).

26. Natura dei rapporti personali tra conviventi - La natura giuridica della famiglia di fatto è profondamente legata, come si è visto e come accade per qualsiasi altra situazione o istituto giuridico, alle previsioni costituzionali. In quest'ottica si comprende bene come sia stata determinante la Corte Costituzionale, la quale ha tracciato e continua tutt'ora a segnare il percorso verso quella chiarezza di cui ogni zona grigia del diritto e della società ha bisogno[191]. In dottrina e in giurisprudenza si concorda sul fatto che, seppur il

---

(186) Cfr. D.Lgs. 216/2003 art. 2 let. A.
(187) Ibidem lett. B.
(188) Cfr. ROCCELLA M., op. cit., pag. 250.
(189) Cfr. D.Lgs. 216/2003 art. 2 co. 3.
(190) Cfr. D.Lgs. 286/1998 art. 44 co. 1, «Quando il comportamento di un privato o della pubblica amministrazione produce una discriminazione per motivi razziali, etnici, nazionali o religiosi, il giudice può, su istanza di parte, ordinare la cessazione del comportamento pregiudizievole e adottare ogni altro provvedimento idoneo, secondo le circostanze, a rimuovere gli effetti della discriminazione».
(191) Cfr. ROSSI S., *La famiglia di fatto nella giurisprudenza della Corte Costituzionale*, in Forum di Quaderni Costituzionali, «Si è venuta a determinare una situazione analoga a quella che si verifica nei Paesi di *common law*: mancando una legislazione organica, la regola delle situazioni concrete è data dalla giurisprudenza che attraverso le sue pronunce realizza un'autentica

matrimonio possieda una superiore dignità⁽¹⁹²⁾, la convivenza trovi tutela in quanto facente parte a pieno titolo delle formazioni sociali di cui all'art. 2 Cost. - anche se non si può pensare di identificare o sovrapporre i due fenomeni (v. retro § 25)⁽¹⁹³⁾, potendo la convivenza vantare tutela soltanto quando mostri un certo grado di "stabilità", premurandosi la più accorta dottrina di evitare di parlare, in tal senso, di "famiglia di fatto", essendo la famiglia il prodotto dell'unione matrimoniale e di null'altro⁽¹⁹⁴⁾. Come si è accennato (v. retro § 23), non sposarsi equivale ad esercitare una scelta di libertà nei confronti di quegli schemi precostituiti dal legislatore per la famiglia legittima, originata dal matrimonio. Da ciò discende che tra i conviventi *more uxorio* non sussistono obblighi o diritti, così come invece accade per i coniugi. La natura dei rapporti che intercorrono tra conviventi è dunque da ricondurre ad una dimensione morale e solidale: l'assistenza che i membri di una coppia di fatto si prestano non trova la sua fonte in obbligo giuridico, bensì in quelle particolari obbligazioni disciplinate dall'art. 2034 c.c. (c.d. obbligazioni naturali). Più volte la Cassazione ha avuto modo di ribadire, infatti, che "sussistendo tra i conviventi *more uxorio*, una famiglia di fatto, tutte le prestazioni reciprocamente eseguite nell'ambito di tale rapporto avevano natura di obbligazioni naturali,

---

opera di innovazione. Il giudice ha così assunto il ruolo di "mediatore tra il principio di libertà e quello di responsabilità dei conviventi", venendo a regolare - in luogo del legislatore - i rapporti familiari di fatto». Cfr. PEGORARO L., *Linguaggio e certezza della legge nella giurisprudenza della Corte Costituzionale*, Giuffrè, Milano 1988, pag. 3, «Nel corso della sua attività, la Consulta ha avuto occasione di occuparsi a più riprese della certezza del diritto [...] le decisioni che accennano espressamente alla certezza [...] pongono persino l'interrogativo che da sempre tormenta la dottrina giuridica: quale "certezza del diritto" merita protezione?». Cfr. CARIOLA A., *Il diritto costituzionale e la sua applicazione. Una selezione di materiali giurisprudenziali*, Giappichelli, Torino 1998, pag. 2, «Il diritto costituzionale [...] è una tecnica di decisione tra interessi diversi, tecnica la quale, anche se privilegia il metodo del bilanciamento tra valori tutti meritevoli di tutela, e forse proprio per questo, rinviene nel giudice costituzionale il suo interprete».
(192) Cfr. C. Cost. 310-1989, «L'art. 29 Cost., pur non negando dignità a forme naturali del rapporto di coppia diverse dalla struttura giuridica del matrimonio, riconosce alla famiglia legittima una dignità superiore in ragione dei caratteri di stabilità e certezza e della reciprocità e corrispettività di diritti e doveri che nascono solo dal matrimonio». A mio modesto avviso, quest'orientamento risulta ormai datato se non addirittura politicamente scorretto: dallo studio di questo istituto è emerso, infatti, che difficilmente si possa argomentare circa una differenza in termini di "dignità" tra la famiglia di fatto e la famiglia legittima.
(193) Cfr. PALERMO G., op. cit., secondo cui la convivenza *more uxorio*, fino a molto tempo dopo l'avvento della Costituzione, è stata concepita come un «mero rapporto interindividuale, derivante dai comportamenti reciprocamente posti in essere dagli interessati: comportamenti rilevanti, in carenza in carenza di forma, come presupposto di semplici obbligazioni naturali fra le parti, ed apprezzabili *ab externo* unicamente e soltanto nelle loro indirette implicazioni di carattere economico» comportamenti da considerare quasi ai limiti del *ius civile* - si è già accennato, infatti, circa la presenza in dottrina di correnti di pensiero del tutto radicate nella convinzione della antigiuridicità della convivenza extra matrimoniale (v. retro § 21).
(194) Cfr. ROPPO E., voce *Famiglia*, cap. III, postilla di aggiornamento a "Famiglia di Fatto", in Enciclopedia Giuridica, 1999, par. 3.1, pag. 2.

con conseguente irripetibilità di quanto dato e prestato reciprocamente"[195]. Non è ammessa perciò la ripetizione di quanto si è elargito nei confronti del convivente - avendo la dottrina precisato che si ha adempimento di obbligazione naturale soltanto quando la prestazione risulti essere adeguata alle circostanze e proporzionata al patrimonio e alla condizioni sociali di chi l'ha eseguita[196]. Come corollario di questa impostazione teorica discende che "nell'ambito dei rapporti di convivenza *more uxorio* la presunzione di gratuità delle prestazioni rese da una parte in favore dell'altra viene meno allorché risulti che la prestazione stessa esula dai doveri di carattere morale e civile di mutua assistenza e collaborazione, in relazione alle qualità e condizioni sociali delle parti e si configuri come mera operazione economica patrimoniale che abbia determinato un inspiegabile e illogico arricchimento del convivente con proprio ingiusto danno"[197]. In tal senso si capisce come la Corte sia aperta ad ammettere, in casi particolari, la possibilità di ripetere quanto versato[198], finendo per tutelare indirettamente anche i terzi, i quali potrebbero avere interesse a dimostrare che, una determinata prestazione, sia stata illogica e sproporzionata e dunque non possieda i caratteri per essere considerata adempimento di un'obbligazione naturale[199].

26.1. Ricongiungimento familiare - La convivenza *more uxorio* ha effetti rilevanti anche in termini di ricongiungimento familiare[200], istituto

---

(195) Cfr. Cass. civ. 3713-2003.
(196) Cfr. Cass. civ. 3713-2003, «Le prestazioni patrimoniali di uno dei conviventi *more uxorio* non possono inquadrarsi nello schema dell'obbligazione naturale se hanno come effetto esclusivo l'arricchimento del partner e non sussiste un rapporto di proporzionalità tra le somme sborsate e i doveri morali e sociali assunti reciprocamente dai conviventi».
(197) Cfr. Cass. Civ. 3713-2003.
(198) Cfr. DIGREGORIO P., *Convivenza more uxorio e accessione: nuovi spunti di riflessione*, in Giur. It., 2004, pag. 532, «La Cassazione ha dichiarato che, per aversi obbligazione naturale, è indispensabile che le prestazioni reciproche abbiano il carattere della proporzionalità. Solo così può essere giustificata l'irripetibilità di quanto spontaneamente prestato. Anche la soluzione alternativa della presunzione di gratuità viene bocciata dalla Cassazione perché tale presunzione è da ritenere che venga meno quando risulti che la prestazione esuli dai doveri di carattere morale e civile di mutua assistenza e collaborazione e si configuri come mera operazione economico-patrimoniale, che abbia determinato un inspiegabile ed illogico arricchimento del convivente *more uxorio*». Cfr. Cass. civ. 3713-2003, «Un'attribuzione patrimoniale a favore del convivente *more uxorio* configura l'adempimento di un'obbligazione naturale a condizione che la prestazione risulti adeguata alle circostanze e proporzionata all'entità del patrimonio e alle condizioni sociali del *solvens*» quindi «Le prestazioni patrimoniali di uno dei conviventi *more uxorio* non possono inquadrarsi nello schema dell'obbligazione naturale se hanno come effetto esclusivo l'arricchimento del partner e non sussiste un rapporto di proporzionalità tra le somme sborsate e i doveri morali e sociali assunti reciprocamente dai conviventi».
(199) Cfr. BONILINI G., *Le donazioni*, Giuffrè, Milano 2009, pag. 288-289 e AAVV, *Gratuità e onerosità tra inefficacia e revocabilità nel fallimento*, 19 febbraio 2004, pag. 3, «L'adempimento di obbligazione naturale resta efficace nei confronti del fallimento, purché le stesse risultino proporzionate rispetto al patrimonio netto del fallito».

volto a garantire l'unità delle famiglie di colori i quali, per lavoro o altre esigenze, sono costretti a migrare e stabilirsi in Stati stranieri. Data la forte attinenza con il diritto sovranazionale, cui la nostra stessa disciplina interna s'ispira, l'argomento sarà sviluppato nel capitolo dedicato al diritto internazionale pattizio (v. infra § 34).

26.2. La c.d. rilevanza esterna della famiglia di fatto - La convivenza more uxorio non ha rilevanza soltanto interna tra conviventi e tra questi e i loro figli, bensì ha man mano assunto una crescente rilevanza esterna, nei confronti dei terzi che con essa possono trovarsi in contatto. In tal senso la questione appare, all'interprete, abbastanza frammentata poiché è frammentato il quadro giuridico dal quale si possono ricavare elementi utili al fine di definire i confini della rilevanza in questione. Prendendo spunto dalle questioni che si stanno esaminando in quest'opera, è possibile fare una carrellata di situazioni nelle quali, per uno o per altro verso, la convivenza more uxorio ha assunto rilevanza esterna. Si consideri la possibilità per il convivente di succedere nel contratto di locazione stipulato dal partner, si pensi anche alla possibilità per il convivente superstite di vedersi risarcire il danno in caso di morte del proprio partner causata da colpa stradale di un terzo, si pensi alla responsabilità solidale del convivente per le obbligazioni tributarie. Ancora da segnalarsi la possibilità, per i conviventi, di diventare affidatari di un minore, oppure di vedersi estendere delle tutele di diritto penale - quali alcune cause di non punibilità previste per i parenti o coniugi. Esistono molti altri esempi, ma questi sono già significativi per rendere l'idea dell'ampiezza del fenomeno e dei suoi effetti nel campo giuridico[200].

27. La filiazione naturale e l'adozione - Come si è visto dall'esame del diritto di famiglia poc'anzi operato, quando i figli nascono da genitori regolarmente uniti in matrimonio si definiscono legittimi e soggiacciono alle regole previste dal capo I del titolo VII del libro I del codice civile, ossia dall'art. 231 sino all'art. 249. Tale filiazione può essere provata mediante l'atto di nascita registrato presso lo stato civile (art. 236 c.c.) anche se sussistono alcune presunzioni legali di cui si dirà nel prosieguo della trattazione. Per ciò che attiene, invece, alla famiglia di fatto, in tema di filiazione, è necessario fare

---

(200) Cfr. AAVV, *Ricongiungimento familiare*, in Polizia di Stato - Sito istituzionale, 20 gennaio 2011, «Gli stranieri residenti in Italia che hanno un permesso di soggiorno per lavoro, per asilo, per studio, motivi religiosi o familiari, oppure sono già in possesso di carta di soggiorno, possono mantenere o riacquistare l'unità familiare». Cfr. BERGAMINI E., *Miti e realtà nella disciplina dell'UE in tema di famiglia omosex*, in BIN R. et al., op. cit., pag. 32, difficoltà, in tal senso, si manifestano sul versante della convivenza omosessuale, infatti «Non sembra ammissibile estendere, il diritto al ricongiungimento familiare al partner, dello stesso sesso, nel concetto di familiare come recentemente confermato dalla Corte di Cassazione».

(201) Cfr. MARTIRADONNA I., *Famiglia di fatto*, in Digesto Ipertestuale - UTET, Torino 2003, par. 12.

riferimento al capo successivo, ossia il secondo, che si occupa di quelli che sono definiti figli naturali (artt. 250-290 c.c.). Prima di esaminare le disposizioni legali dettate dal legislatore al riguardo, è utile stabilire cosa debba intendersi per figlio naturale: la risposta è abbastanza semplice e intuitiva, giacché quando si parla di filiazione naturale si intende riferirsi a quei figli nati da genitori non uniti in matrimonio tra loro. Da questo dato di fatto, possono venirsi a creare due differenti situazioni: una è quella in cui almeno uno dei due genitori sia sposato, ma abbia generato al di fuori del matrimonio con persona differente dal proprio coniuge; mentre la seconda riguarda proprio il caso dell'oggetto della presente trattazione, ossia quando i genitori siano membri di una coppia di fatto, quindi conviventi *more uxorio* (e quindi non legati in matrimonio né tra loro, né con terzi). La differenza tra la disciplina inerente ai figli legittimi e quella dedicata ai figli naturali si coglie già da un primo dato di fatto: per i figli legittimi, infatti, il legislatore pone due presunzioni - una di maternità e una di paternità (all'art. 231 c.c. è stabilito che il marito è il padre del figlio concepito durante il matrimonio). Nel caso dei figli naturali non esiste nessuna presunzione del genere ma è necessaria una manifestazione di volontà di almeno uno dei due genitori, perché il figlio acquisisca lo status di figlio naturale[202].

È per questa ragione che la legge stabilisce che il figlio naturale possa essere riconosciuto dal padre e dalla madre, ex art. 254 c.c., anche se uniti in matrimonio con altre persone al momento del concepimento. L'art. 254 c.c. disciplina, poi, le modalità del riconoscimento, il quale può essere fatto, anche in questo caso, mediante l'atto di nascita, oppure mediante apposita dichiarazione resa davanti ad un ufficiale dello stato civile, o ancora resa in atto pubblico o in un testamento - senza che, in tale ultimo caso, importi la forma nella quale esso sia redatto, dovendosi quindi ammettere la possibilità di operare il riconoscimento di un figlio naturale persino mediante testamento olografo. Una volta esperito, il riconoscimento del figlio naturale diventa irrevocabile e, se è stato reso mediante testamento, la sua efficacia si dispiega dal giorno della morte del testatore - anche se il testamento sia stato revocato (art. 256 c.c.). Il riconoscimento è, perciò, un atto unilaterale che oltre ad essere, come si è appena detto, irrevocabile è anche insuscettibile di essere sottoposto a condizioni o ad altre clausole volte a limitarne gli effetti: si tratta, dunque, di un atto irrevocabile e incondizionato.

Si noti come, il nostro ordinamento, sia giunto a un simile livello di tutela e, per certi versi, di equiparazione soltanto dopo un lungo percorso evolutivo che ha epurato il sistema da tutte quelle previsioni discriminanti - le quali finivano, appunto, per penalizzare quelle relazioni familiari non legalizzate dallo "scambio di un anello"[203], ma che sono da sempre state bisognose di

---

(202) Cfr. VASSALLO G., *Figli naturali e famiglia di fatto*, cit., pag. 5.
(203) Cfr. JOVANOTTI, *Serenata rap*, Soleluna/Mercury, 1994.

tutela e di attenzione⁽²⁰⁴⁾. Questa evoluzione si riscontra, ad esempio, già dalla caducazione di tutte quelle previsioni che restringevano la possibilità di riconoscere il figlio, riservandola soltanto a particolari situazioni tipizzate dalla legge: in tal modo si creavano delle categorie di figli che restavano escluse da detta possibilità, divenendo di conseguenza "non riconoscibili". Da ciò si è giunti alla possibilità non soltanto di riconoscere i figli naturali, bensì di offrire la prova di tale filiazione con ogni mezzo⁽²⁰⁵⁾, potendosi quindi riconoscere anche i figli c.d. adulterini⁽²⁰⁶⁾. Tutta questa disciplina s'ispira, ciò è evidente, alla tutela dell'interesse del minore - e si basa, dunque, sulla presunzione che il riconoscimento sia, generalmente, da considerare come tale. Può accadere, però, che in presenza di seri e specifici motivi il Tribunale non conceda la possibilità di effettuare il riconoscimento: questo, è ovvio, accade soltanto quando da tale atto potrebbe derivare grande disagio psicologico al minore. È chiaro che, perché sia esclusa la possibilità di riconoscere un figlio, debba aleggiare su questi il rischio di un trauma talmente grave da pregiudicarne lo sviluppo psicofisico⁽²⁰⁷⁾. Solo se sussistono questi presupposti, è possibile sacrificare e limitare un diritto, riconosciuto e garantito dalla stessa

---

(204) Cfr. ROPPO V. e Benedetti A. M., op. cit. voce *Famiglia*, cap. III, par. 2.1, pag. 2.
(205) Cfr. Cass. civ. 6400-1980, secondo cui «ai fini dell'accertamento del rapporto biologico di paternità o maternità naturale, sono ammissibili anche quelle indagini tecnico scientifiche (sulla base genetica dei caratteri rilevabili con indagini ematologiche e immunogenetiche) che svolte in un certo numero, in combinazione tra loro e dando a ciascuna il relativo valore ponderale, consentono di pervenire a risultati di elevato grado di probabilità anche "in positivo"; infatti tali probabilità probative (derivanti cioè da riscontri tecnico-obiettivi valutati nel loro insieme secondo metodi offerti dalla scienza e che allo stato attuale possono ravvisarsi soprattutto nell'applicazione del teorema di Bayes), da sole insufficienti a fornire la certezza, in quanto presentano ancora margini di errore, sono utilizzabili per corroborare gli elementi extra-scientifici previamente acquisiti attraverso prove testimoniali o documentali, nel procedimento selettivo (specie tra fratelli, ipotesi più grave, tra gemelli) del soggetto responsabile (probabilità a priori) per la conseguente formazione del convincimento definitivo (probabilità a posteriori) del giudice, con la sintesi finale dei dati raccolti».
(206) Cfr. ROPPO V. e BENEDETTI A. M., op. cit. voce *Famiglia*, cap. III, par. 2.1, pag. 2.
(207) Cfr. Cass. civ. 4-2008, «Il riconoscimento del figlio naturale minore infrasedicenne già riconosciuto da un genitore costituisce - come ripetutamente sottolineato da questa Corte - oggetto di un diritto soggettivo dell'altro genitore, costituzionalmente garantito dall'art. 30 Cost., entro i limiti stabiliti dalla legge (art. 250 c.c.), cui rinvia la Costituzione, che non si pone in termini di contrapposizione con l'interesse del minore, ma come misura ed elemento di definizione dello stesso, che è segnato dal complesso dei diritti che al minore derivano dal riconoscimento e, in particolare, dal diritto all'identità personale nella sua integrale e precisa dimensione psicofisica. Pertanto il mancato riscontro di un interesse effettivo e concreto del minore non costituisce ostacolo all'esercizio del diritto del genitore ad ottenere il riconoscimento, nel caso di opposizione del genitore che per primo ha proceduto al riconoscimento, in quanto detto interesse va valutato in termini di attitudine a sacrificare la genitorialità, riscontrabile soltanto qualora si accerti l'esistenza di motivi gravi ed irreversibili che inducano a ravvisare la forte probabilità di una compromissione dello sviluppo del minore, che giustifichi il sacrificio totale del diritto alla genitorialità», riportata da IEZZONI H. J., *Cassazione n. 4 del 3 gennaio 2008: riconoscimento del figlio naturale*, in ABC Diritto - Leges ab omnibus intelligi debent.

Costituzione[208], qual è quello alla genitorialità. Questa evoluzione della disciplina ha gradualmente condotto a un'estensione della rilevanza giuridica della filiazione naturale, portandola oltre i confini del solo rapporto tra genitore e figlio. È pur vero che anche il codice riformato continui a riservare rilevanza ai soli rapporti interni e verticali che si instaurano tra ascendenti e discendenti in virtù del riconoscimento, ma altrettanto vero è che in molti punti tale principio sia mitigato da significative eccezioni, le quali finiscono per codificare quello che può essere definito come un rapporto di discendenza naturale. In questo senso è possibile rintracciare un non indifferente sistema di parentela naturale avente effettiva rilevanza giuridica: la famiglia di fatto, dunque, sarebbe ben lungi dall'essere al di fuori del diritto[209], come si è argomentato in un passato sempre più remoto ormai. Dopo questa premessa è interessante, perciò, analizzare l'evoluzione della disciplina inerente alla filiazione naturale, dal punto di vista della Corte Costituzionale, la quale è stata parte integrante (come s'è detto), di tal evoluzione: essa stessa ha mutato i propri radicali orientamenti del passato volgendo lo sguardo verso quel mitizzato sistema di discendenza naturale che è ormai più che una mera idea. In tema, infatti, di eredità e successioni si è giunti ad ammettere la possibilità della successione legittima tra fratelli naturali (v. infra § 28.4).

L'esame della disciplina applicabile alla filiazione naturale non si è ancora esaurito, anzi si rimanda al paragrafo successivo per l'analisi dei rapporti che, il riconoscimento, instaura tra genitori e figli naturali (v. infra § 27.1). Una breve notazione è, invece, necessaria a questo punto per ciò che riguarda l'adozione. Nel codice civile è disposto, in apertura della disciplina, che "i figli nati fuori dal matrimonio non possono essere adottati dai loro genitori" (art. 293 c.c.) così com'è disposto che "l'adottato che sia figlio naturale non riconosciuto dai propri genitori assume solo il cognome dell'adottante" (art. 299 c.c.), e si precisa altresì che in caso di riconoscimento successivo, non si acquisisce il cognome del genitore che l'ha riconosciuto - salvo che non sia revocata l'adozione.

L'adozione è disciplinata, nel dettaglio, dalla legge 184/1983 - intitolata "Diritto del minore a una famiglia". In essa è stabilito che "l'adozione è consentita a coniugi uniti in matrimonio da almeno tre anni" (art. 6 l. 184/1983). Ai fini della decorrenza dei tre anni previsti dalla norma in esame, non assume rilevanza la precedente convivenza *more uxorio* dei coniugi[210]. La

---

(208) Cfr. VASSALLO G., op. cit., pag. 6.
(209) Cfr. ROPPO V. e BENEDETTI A. M., op. cit. voce *Famiglia*, cap. III, par. 2.1, pag. 2-3.
(210) Cfr. C. Cost. 281-1994, in cui non si è ritenuto incostituzionale l'art. 6 l. 183/1983 per il solo fatto che essa «non prevedendo la fungibilità a detto triennio di un eguale o superiore periodo di convivenza pre-matrimoniale *more uxorio*, discrimini irragionevolmente gli adottanti sposati da meno di tre anni, ma precedentemente conviventi, proprio perché essi potrebbero addirittura offrire maggiori garanzie, in attuazione della "ratio" normativa che intende privilegiare potenziali genitori, forti di un rapporto di coppia già sperimentato come stabile»

Corte Costituzionale ha fermamente riaffermato la validità della legislazione italiana, rimettendo la questione al legislatore, poiché solo a questi compete la possibilità di accordare rilevanza giuridica a situazioni di fatto quali la convivenza: in tal senso si deve fare cenno circa alcune pregresse proposte di legge (d.d.l. 282/1979 e d.d.l. 306/1979) che erano volte a permettere la proposizione dell'istanza di adozione di minori abbandonati anche alle coppie di conviventi non coniugati - ponendo come condizione della richiesta una durata minima ed ininterrotta della convivenza rispettivamente di due e tre anni. Entrambe le proposte di legge non hanno, però, trovato il favore del Senato[211]. Anche il Tribunale per i minorenni di Catania ha avuto modo, diversi anni or sono, di rilevare l'irrilevanza della convivenza ai fini delle procedure adottive di minori. Il giudice di merito ha, infatti, affermato che "non ha diritto d'essere ascoltato dal tribunale minorile, ai sensi dell'art. 12 legge n. 184/1983, né può opporsi alla dichiarazione dello stato di adottabilità, il convivente *more uxorio* della madre di uno o più minori destinatari di un procedimento d'adozione, qualora egli si sia astenuto dal riconoscerli e non sia in alcun modo loro parente rimanendo del tutto irrilevanti la di lui lunga coabitazione con i minori e la conseguente sussistenza di consolidati rapporti psicoaffettivi tra i minori medesimi ed il compagno della loro mamma"[212]. Irrilevanza non soltanto dell'effettiva coabitazione con partner e figli, ma anche della durata di tale convivenza. Sono stati ritenuti irrilevanti dal collegio, come si legge dalla sentenza, persino i vincoli psicoaffettivi tra i membri della famiglia di fatto.

Per ciò che attiene l'adozione, come s'è visto, non ha rilevanza la pregressa convivenza *more uxorio* dei richiedenti, essendo stabilito dall'art. 2 della legge sull'adozione che il minore debba essere affidato ad una famiglia, preferibilmente con altri figli minori, o ad una persona singola. Si nota quindi lo sfavore del legislatore circa la possibilità che, ad adottare, sia una coppia di fatto. Per ciò che attiene, invece, l'affido, la situazione è differente da quella disegnata per l'adozione, giacché è possibile che siano affidatari anche dei soggetti non uniti in matrimonio, ossia conviventi *more uxorio*[213].

27.1. Rapporti tra genitori e figli naturali - Avendo a questo punto chiarito gli effetti che l'atto del riconoscimento dispiega sullo *status* del figlio naturale, è possibile analizzare nel dettaglio i risvolti che caratterizzano

---

restando ferma, dunque, l'imprescindibilità del presupposto matrimoniale ai fini dell'adozione - giacché spetta solo al legislatore la valutazione del valore della convivenza ai fini dell'adozione di minori, essendo la disciplina in vigore in linea con la Costituzione e con il dir. Internazionale.
(211) Cfr. ROPPO V. e BENEDETTI A. M., op. cit. voce *Famiglia*, cap. III, par. 2.3, pag. 3.
(212) Cfr. Trib. Minori di Catania, 16 maggio 1987.
(213) Cfr. MORETTI M., *Affidamento Familiare*, in Digesto Ipertestuale - UTET, Torino 2003, par. 12.

l'acquisto di detto *status*.

Senza dubbio, la conseguenza giuridicamente più rilevante è quella per la quale sorge, in capo al genitore che riconosce il figlio, il diritto/dovere di esercitare su questi la patria potestà. È subito da rilevare che, il riconoscimento, non presuppone un automatico inserimento del figlio in una famiglia - sia questa legittima o di fatto - potendo il figlio trovarsi in svariate altre situazioni concrete. Anche se la famiglia di fatto differisce per molti aspetti, anche abbastanza indicativi, dalla famiglia legittima, in tema di potestà genitoriale il legislatore ha voluto ricostruire una disciplina similare per mezzo dell'art. 317-bis c.c. secondo il quale "al genitore che ha riconosciuto il figlio naturale spetta la potestà su di lui". Niente di strano sino a questo punto. È dal secondo comma di questo articolo che, invece, ci si imbatte in una vera presa di posizione del legislatore verso la dimensione concreta della famiglia di fatto: si dispone, infatti, che se il figlio sia stato riconosciuto da entrambi i genitori, l'esercizio della potestà su di questi spetta congiuntamente ad entrambi, nel caso in cui essi convivano. Questo secondo comma è di enorme importanza per la dimensione della famiglia di fatto, giacché esso assume rilevanza in due differenti direzioni: la prima verso del figlio naturale, nei confronti del quale la convivenza determina la soggezione ad una potestà genitoriale per nulla dissimile da quella che si esercita all'interno della famiglia legittima. Questo, ovviamente, grazie all'esplicito richiamo della disciplina di cui all'art. 316 c.c. che regola l'esercizio della potestà genitoriale in generale. La seconda direzione in cui l'art. 317-bis c.c. dispiega il proprio effetto è nei rapporti tra i genitori naturali i quali, pur non essendo uniti in matrimonio, godono di una regolamentazione giuridica precisa grazie all'esplicito richiamo operato verso l'art. 316 c.c. Ciò ha non indifferenti conseguenze sul piano giuridico poiché, oltre ad applicarsi le regole processuali previste per i coniugi (v. infra § 30), ai conviventi sono imposti gli oneri per il mantenimento, istruzione ed educazione della prole di cui agli artt. 147 e 148 c.c.[214].

La filiazione naturale, conseguente al riconoscimento del figlio da parte di uno o di entrambi i genitori, assume rilevanza anche sotto altri profili: in tema di cessazione della convivenza e di assegno familiare (v. infra § 29.1), da un punto di vista successorio (v. infra § 28.4), nonché in merito ai rapporti di parentela. Sotto quest'ultimo profilo sarà utile rilevare come l'art. 258 c.c. disponga che il riconoscimento abbia degli effetti interni - ossia soltanto tra genitore e figlio - lasciando salvi soltanto i casi specifici previsti dalla legge. La lettura della norma conduce, dunque, a escludere che il riconoscimento possa sortire effetti circa l'instaurazione di rapporti di parentela con i membri della famiglia del genitore naturale - restando rilevante la parentela solo in quei casi fatti salvi dalla legge quali quelli scaturenti, ad esempio, da inadempimenti al matrimonio per vincoli di consanguineità o alla prestazione degli alimenti. La

---

(214) Cfr. ROPPO V. e BENEDETTI A. M., op. cit. voce *Famiglia*, cap. III, par. 2.2, pag. 3.

parentela naturale rileverebbe anche per l'art. 148 c.c. - ai cui oneri sono soggetti anche gli ascendenti naturali dei genitori. Eccezioni a parte, è da rilevare come un'attenta lettura dell'art. 74 c.c. ponga alla base del concetto di parentela il dato biologico della discendenza dal "medesimo stipite" - lasciando in sordina l'eventuale vincolo derivante dal coniugio. In quest'ottica s'inserisce una lettura più attuale della norma in esame, secondo la quale la limitazione degli effetti del riconoscimento al solo genitore che lo compie, sarebbe da intendere come limitazione nei soli confronti dell'altro genitore, il quale non ha riconosciuto il figlio. Questa lettura, però, non è stata accolta a pieno dalla Consulta, che dal canto suo s'è limitata soltanto a operare timide aperture verso quel concetto di parentela naturale che, *de iure condito*, non è ancora cristallizzato nell'ordinamento[215].

Ancora, sul tema dei rapporti di filiazione naturale, si noti l'art. 270 c.c. il quale disciplina l'azione volta all'ottenimento della dichiarazione di paternità/maternità, la quale è imprescrittibile per il figlio - e può essere promossa (entro due anni dalla morte del legittimato principale) o continuata dai suoi discendenti legittimi, legittimati o naturali riconosciuti. Questa facoltà dei discendenti - anche naturali - del figlio va a rafforzare la naturale tendenza ad estendere l'egida dell'art. 270 c.c. anche ai figli naturali[216].

28. Rapporti patrimoniali tra conviventi - Come si è avuto modo di comprendere lungo il corso di questa trattazione, la legge accorda ai differenti tipi di "formazione sociale" margini diversificati di rilevanza. Si sono così creati diversi modelli legali di famiglia: quella fondata sul matrimonio, quella anagrafica, tributaria, sino a quella fondata sulla stabile convivenza. L'affettività che lega i componenti della famiglia è da considerarsi l'elemento idoneo a rendere il consorzio sociale una famiglia, per la sua attitudine alla potenziale stabilità della convivenza stessa, che deriva dall'elaborazione di un progetto di vita tendenzialmente durevole[217]. Il campo dei rapporti patrimoniali tra i conviventi è stato da sempre regolato attraverso gli strumenti di diritto comune, grazie specificamente alla disciplina delle obbligazioni. Esistono delle previsioni di leggi speciali che regolano alcune fattispecie patrimoniali, solo a titolo esemplificativo e non esaustivo eccone alcuni esempi: il d.l. 1726/1918 che riconosce il diritto alla pensione di guerra oltre che alla vedova, anche alla promessa sposa ed alla convivente *more uxorio*; l'art. 6 della l. 356/1958 che attribuisce il diritto di ricevere assistenza ai figli naturali non riconosciuti dal padre caduto in guerra, quando questo e la madre abbiano convissuto *more uxorio*, nel periodo del concepimento, oppure ancora l'art. 30

---

(215) Cfr. VASSALLO G., *Figli naturali e famiglia di fatto*, cit., pag. 14-15.
(216) Cfr. LUCCIOLI G., *L'azione per la dichiarazione giudiziale di paternità*, in Giustizia Catania, pag. 12.
(217) Cfr. MONDELLO M., op. cit., pag. 1.

della l. 354/1975, che prevede la possibilità di assegnare un permesso al condannato, in caso d'imminente pericolo di vita di un familiare, includendo accanto a questo anche il convivente[218].

Lasciando da parte questi, che sono soltanto alcuni esempi di normazione patrimoniale speciale, il diritto comune ha, sulla convivenza, effetti differenti. Già in tema di regime dei beni si noti come nella convivenza non esista alcun principio che sia anche lontanamente paragonabile alla comunione legale tra coniugi. L'acquisto di un convivente, dunque, rimane di questi e di questi soltanto, potendosi eventualmente esercitare soltanto l'azione di ingiustificato arricchimento (ex art. 2041 c.c.) da parte dell'altro convivente, al quale si richiede che sia in grado di produrre la prova di aver dato un contributo all'acquisto - anche solo di lavoro domestico e di assistenza morale o materiale[219].

Si è già visto come la giurisprudenza abbia accordato una sempre crescente tutela al fenomeno della convivenza, e invero i membri di una famiglia di fatto possono beneficiare del risarcimento per un danno ingiusto di natura parentale, conseguente alla morte del congiunto. Questa fattispecie, per l'appunto, "deve essere collocata all'interno dell'art. 2059 c.c. e non potrà essere limitata alla sola 'societas' stabilizzata con vincolo matrimoniale, dovendo essere estesa anche quando a richiedere il risarcimento siano i 'nuovi parenti' di situazioni di vita in comune (PA.C.S.)"[220].

Quanto appena esaminato si ricollega alla tendenza di rintracciare nelle obbligazioni naturali il referente per le prestazioni rese all'interno della coppia di fatto. I problemi patrimoniali più rilevanti sono, alla luce di ciò, quelli che riguardano senza dubbio, la tutela del convivente che si trovi in difficoltà economica alla fine della convivenza, soprattutto quando questa si sia protratta a lungo nel tempo. In dottrina si è suggerito di applicare almeno le norme in tema d'impresa familiare - sulla scorta del fatto che, prima della riforma del '75, si equiparava il lavoro del coniuge a quello del convivente, per l'applicazione del principio di gratuità della stessa. La giurisprudenza si è però rifiutata di continuare su questa linea, dopo l'introduzione dell'art. 230-bis c.c.[221].

A questi problemi resta di certo una soluzione, mutuata dal diritto comune, di stampo contrattuale. Anche all'interno della disciplina della famiglia legittima si nota, infatti, una certa rilevanza dell'autonomia privata: indispensabilmente, ciò è ammissibile anche all'interno della famiglia di fatto. In tal senso lo Stato sta perdendo la sua supremazia, in quanto non è più l'unico centro di produzione giuridica. Quando si parla di autonomia privata,

---

(218) Cfr. MONDELLO M., op. cit., pag. 4.
(219) Cfr. TOMMASINI R., op. cit., pag. 414.
(220) Cfr. Cass. Civ. 15760-2006.
(221) Cfr. ROPPO V. e BENEDETTI A. M., op. cit. voce *Famiglia*, cap. III, par. 3.3, pag. 4.

infatti, si fa riferimento all'art. 1322 c.c.: in mancanza di espressa pattuizione, non essendo esercitata l'autonomia privata, trovano residuale applicazione le norme inerenti all'obbligazione naturale. Se non sorgono problemi circa la possibilità di stipulare autonomi e diversi contratti per regolare i vari aspetti delle relazioni di fatto, molto più delicato e interessante è l'eventuale adozione di modelli unici volti a regolare l'intero rapporto di convivenza - alla stregua dei contratti già in uso negli stati stranieri che hanno parteggiato con chiarezza in merito. Gli accordi di convivenza sarebbero, quindi, dei contratti atipici che si giustificano proprio nell'esistenza della convivenza - la quale rappresenta, in senso tecnico, la "causa del contratto". Quando si parla, infatti, di causa del contratto, si deve far riferimento all'art. 1343 c.c. che identifica l'illiceità della causa dei contratti nelle situazioni di contrarietà a norme imperative, all'ordine pubblico o al buon costume. Riguardo alla liceità della causa è stato superato ogni dubbio. Altre questioni sono rimaste contrastate, quali la forma e il contenuto del contatto. È minoritaria la corrente di pensiero che ammette la possibilità di desumere il contenuto dell'accordo dai c.d. *facta concludentia*. Più fortuna ha avuto, invece, l'idea della necessaria, esplicita, manifestazione di volontà delle parti: non significando questo che sia necessaria chissà quale ritualità, essendo bensì necessaria la sola esistenza di un atto scritto *ad probationem tantum*. Per quello che attiene i contenuti dell'accordo, si esclude la possibilità di dedurre comportamenti personali in contratto, poiché non idonei a costituire "prestazione" e automaticamente nulli in quanto aventi l'effetto di limitare la libertà personale dei contraenti: in tal senso gli obblighi di coabitazione, fedeltà, collaborazione, assistenza morale e simili, non potendo formare oggetto del contratto - per i motivi appena illustrati - restano rimessi all'arbitrio e alla volontà dei singoli. È facile notare come, i contratti di convivenza, possano avere ad oggetto, sostanzialmente, i soli rapporti di carattere patrimoniale tra conviventi. In tal senso si finisce per trovare, in essi, dei contenuti ricalcati sul regime proprio della famiglia legittima. In ultima battuta c'è da considerare che ci si trovi in presenza di una particolare tipologia di nuovi contratti - pur se non ancora aventi valenza generale[222].

28.1. Regime tributario - Per quanto attiene ai rapporti tributari che investono la famiglia di fatto, si rimanda a quanto in precedenza esposto sul tema del regime tributario della famiglia legittima e di cumulo dei redditi (v. retro § 17.4) - essendo, tale modalità di tassazione, stata dichiara incostituzionale nel 1976 in quanto avente effetti discriminanti tra coniugi e, indirettamente, anche tra famiglia legittima e famiglia di fatto[223].

---

[222] Cfr. TOMMASINI R., op. cit., pag. 116 422.
[223] Cfr. C. Cost. 179-1976, «L'art. 2, comma primo, del D.P.R. n. 597 del 1973, nel disporre che unico soggetto passivo dell'imposta personale sui redditi sia tra i due coniugi non separati solo il marito, determina un trattamento giuridico diverso tra i coniugi con conseguente violazione degli artt. 3 e 29 della Costituzione: la detta disparità di trattamento, infatti, non si

28.2. L'impresa familiare

28.2. L'impresa familiare - Si è già avuto modo di esaminare l'istituto dell'impresa familiare, quando si è trattato della famiglia legittima (v. retro § 17.3). Bisogna adesso valutare se e in quali termini sia possibile estendere le previsioni dell'art. 230-bis c.c. anche alle convivenze di fatto. La giurisprudenza ha da sempre negato una simile possibilità, essendo il convivente *more uxorio* privo della qualificazione per poter validamente partecipare a un'impresa familiare[224]. Lo speciale regime di detta tipologia d'impresa, infatti, si applica alle ipotesi tassativamente previste dalla norma e cioè al coniuge, ai parenti entro il terzo grado e agli affini entro il secondo. Non si estende, quindi, al convivente *more uxorio*[225]. Questa impostazione non è stata accolta a fondo dalla Cassazione ammettendosi, infatti, la possibilità che si configuri un'impresa familiare anche in seno ad una convivenza *more uxorio*, essendo l'art. 230-bis c.c. applicabile anche in presenza di una famiglia di fatto, che costituisce una formazione sociale atipica a rilevanza costituzionale[226]. Questa impostazione del giudice nomofilattico è in controtendenza rispetto alla storica giurisprudenza minore, la quale ha sempre affermato che "alla situazione di convivenza *more uxorio* (cosiddetta famiglia di fatto) non è applicabile l'istituto dell'impresa familiare stante il carattere di norma eccezionale dell'art. 230-bis c.c.. La puntuale e rigorosa indicazione al terzo comma della citata disposizione dei 'familiari' preclude ogni sforzo di interpretazione estensiva a soggetti diversi, mentre la 'ratio' della stessa norma porta ad escludere una sua interpretazione analogica in favore del convivente *more uxorio*"[227]. Sul punto, però, la Cassazione è ritornata nel 2009[228], durante una causa di lavoro nella quale, per tutelare anche la posizione del convivente dell'imprenditore, è arrivata a ritenere presuntivamente prestata a titolo oneroso, qualsivoglia prestazione lavorativa della quale non sia stata dimostrata la prevalenza della finalità di solidarietà su quella lucrativa. L'onerosità della prestazione, dunque, rappresenterebbe la regola; mentre l'opera eseguita *affectionis vel benevolentiae causa* sarebbe l'eccezione, della quale va

---

presenta adeguatamente e razionalmente giustificata e, con particolare riferimento all'art. 29 della Costituzione, non può dirsi che essa tenda a realizzare un limite alla eguaglianza morale e giuridica tra i coniugi in funzione della garanzia dell'unità familiare», nonché C. Cost. ordinanza 57-1988, «Non irragionevolmente il legislatore - a seguito della dichiarazione di incostituzionalità del cumulo dei redditi - al fine di regolare le passate imposizioni, ha ripartito tra i coniugi i versamenti operati in sede di imposizione congiunta in proporzione all'ammontare - al lordo delle ritenute d'acconto - delle imposte liquidate nei confronti di ciascuno di essi. Infatti, la precedente tassazione congiunta restava influenzata dal coacervo dei redditi, sicché nella disciplina intertemporale successiva, occorreva, tener conto del lordo di imposta, così risalendo "in apice" all'incidenza dell'ammontare di ciascun reddito».
(224) Cfr. Trib. Milano, 05 ottobre 1988.
(225) Cfr. Trib. Firenze, 18 giugno 1986.
(226) Cfr. Cass. Civ. 5632-2006.
(227) Cfr. Trib. Padova, Sez. I, 04 aprile 2003.
(228) Cfr. Cass. civ. 1833-2009.

data puntuale prova[229].

28.3. La presunzione di gratuità del lavoro del convivente - Come si è appena rilevato, la Cassazione si è fatta paladina della storica idea secondo cui resta escluso che possa sussistere un rapporto di lavoro familiare, in virtù della presunzione di gratuità dello stesso - operante *affectionis vel benevolentiae* causa. Detta presunzione è sempre stata estesa anche ai conviventi, giacché parti di un rapporto basato sull'*affectio fere coniugalis*. Il modello sinallagmatico lavoristico è, dunque, ritenuto inapplicabile a un simile assetto d'interessi e rapporti lavorativo-patrimoniali. Questa impostazione teorica è stata rovesciata dall'art. 230-bis c.c. - esaminato in precedenza (v. retro § 17.3 - 28.2) - che ha introdotto l'istituto della c.d. impresa familiare - le cui disposizioni hanno sì diversificato la posizione del coniuge da quella del convivente, proprio sulla base dell'esistenza o meno del coniugio; ma hanno reso possibile l'applicazione, alla famiglia di fatto, del principio di proporzionalità della retribuzione alla qualità e quantità del lavoro svolto, di cui all'art. 36 cost.[230]. All'applicazione di questo principio si ammette la prova contraria. Resta, in tal caso, non configurabile l'impresa familiare prevista dall'art. 230-bis c.c. fra l'imprenditore e il convivente *more uxorio*[231], poiché le prestazioni lavorative fra conviventi sono prestazioni di cortesia, gratuite e sfornite di valore contrattuale, fatta salva la prova di un contratto di lavoro subordinato o di un rapporto d'impresa familiare[232]. Dalla stessa norma si deduce, come s'è visto, che ogni prestazione lavorativa svolta a favore di altri si presume a titolo oneroso; compete quindi alla parte che se n'è avvantaggiata di dimostrare il contrario[233].

28.4. Diritto successorio - Si è visto come i rapporti di convivenza *more uxorio* siano informati dall'assenza di vincolatività, in senso giuridico, delle relazioni che in essi si sviluppano, essendo le prestazioni di reciproca assistenza radicate in quella che rappresenta la sfera morale dei conviventi medesimi. Proprio per questa ragione, i conviventi, rispondono a obblighi differenti da quelli giuridici che incombono, invece, sui coniugi: ogni loro prestazione materiale o patrimoniale è da inquadrare nel novero delle obbligazioni naturali. Da ciò discende che, per quanto attiene ai rapporti successori, l'eventuale partner superstite non ha alcun diritto di insinuarsi nella successione, giacché non rientra nelle categorie di successibili *ab intestato* individuate dalla legge. Ciò è vero, sempre che il convivente stesso non sia stato nominato espressamente erede testamentario[234]. Secondo la Consulta,

---

(229) Cfr. BELLINI G., *Ogni attività lavorativa è presunta a titolo oneroso*, in Altalex, 21 maggio 2009.
(230) Cfr. TOMMASINI R., op. cit., pag. 414.415.
(231) Cfr. Trib. Milano, 10 gennaio 1985.
(232) Cfr. Cass. Civ. 5632-2006.
(233) Cfr. Trib. Firenze, 18 giugno 1986.

non essendo il diritto di successione un diritto inviolabile dell'uomo, non è incompatibile con la Costituzione la situazione per la quale, tale diritto, non sia reciprocamente e automaticamente riconosciuto a entrambi i conviventi: questo perché "la situazione del convivente *more uxorio* è nettamente diversa da quella del coniuge. Conseguentemente, l'art. 3 Cost. non può essere invocato, nella sua portata eguagliatrice, al fine di auspicare, conformemente o quanto stabilito per il coniuge, l'inclusione del convivente *more uxorio* tra i successibili *ab intestato*". I principi del diritto successorio non si considerano, dunque, violati dal mancato riconoscimento di rilevanza alla convivenza ai fini della chiamata *ab intestato* all'eredità. In tal senso è da rilevare come sia, invece, differente la situazione del convivente superstite nel caso in cui l'assistenza materiale nei suoi confronti venga meno quando sia stato un terzo a cagionare la morte del suo partner. La Cassazione Penale, in tal senso, aveva dapprima respinto l'idea dell'ammissibilità di qualsivoglia pretesa risarcitoria nei confronti del convivente *more uxorio*[235], mutando successivamente orientamento e ammettendo la possibilità che venisse riconosciuto, in capo al convivente superstite, il diritto di chiedere il risarcimento dei danni

---

(234) Cfr. C. Cost. 310-1989, «Non è fondata, in riferimento agli artt. 2 e 3 Cost., la questione di legittimità costituzionale degli artt. 565 e 582 c.c., nella parte in cui non includono fra i successibili ab intestato, parificandolo al coniuge, il convivente *more uxorio*. Ad avviso del giudice remittente la mancata equiparazione del convivente al coniuge ai fini della successione legittima si porrebbe in contrasto con il principio di eguaglianza, o quanto meno con l'art. 2 Cost., non potendosi negare alla convivenza *more uxorio* natura di formazione sociale meritevole di riconoscimento e tutela. Ma sotto il profilo della eguaglianza deve ribadirsi che la situazione del convivente *more uxorio* è nettamente diversa da quella del coniuge (cfr. sentt. nn. 45 del 1980; 404 del 1988). Invero l'art. 29 Cost. non nega dignità a forme naturali del rapporto di coppia diverse dalla struttura giuridica del matrimonio, ma riconosce alla famiglia legittima una dignità superiore in ragione dei caratteri di stabilità e certezza e della reciprocità e corrispettività dei diritti e dei doveri che nascono soltanto dal matrimonio. Il riconoscimento della convivenza *more uxorio* come titolo di vocazione legittima all'eredità contrasterebbe con i principi del diritto successorio il quale esige che le categorie di successibili siano individuate in base a rapporti giuridici certi e incontestati, comportando nei rapporti fra i due *partners* conseguenze incompatibili con la stessa natura della convivenza che è un rapporto di fatto per definizione rifuggente da qualificazioni giuridiche di diritti ed obblighi reciproci, sicché le norme non meritano censura neppure sotto il profilo del principio di razionalità. Non giova richiamare l'art. 2 Cost. perché, anche ad ammettere che tale norma si applichi alle convivenze di fatto, ciò non implica che ai conviventi debba essere assicurato il reciproco diritto di successione *mortis causa*, non rientrando tale diritto nel novero di quelli inviolabili. In ordine alla determinazione delle categorie dei successibili la discrezionalità lasciata al legislatore ordinario dall'art. 42 comma 4 Cost. incontra soltanto il vincolo scaturente dall'art. 30 comma 3 Cost. della equiparazione dei figli naturali e quelli legittimi nei confronti dei genitori».
(235) Cfr. Cass. Pen. Sez. IV 12 giugno 1987, «La titolarità del diritto soggettivo al risarcimento dei danni conseguenti alla morte di una persona è dall'ordinamento riconosciuta soltanto a coloro che sono legati al defunto da un vincolo previsto e tutelato espressamente dalla legge; la convivenza, sia pure protratta nel tempo *more uxorio*, non è direttamente tutelata e, in caso di morte per altrui fatto illecito del convivente il superstite non è legittimato a costituirsi parte civile».

patrimoniali e morali[236]. Di recente si è persino giunti a riconoscere l'operatività della tutela aquiliana persino ai conviventi omosex: al riguardo si segnala un'ordinanza del Tribunale di Milano datata 13 novembre 2009, in cui si argomenta non a favore del riconoscimento diretto della rilevanza giuridica della convivenza omosessuale, in sé considerata, quanto del diritto alla continuazione della convivenza stessa[237].

Il diritto successorio ha assunto rilevanza anche sotto altri aspetti della parentela di fatto - non a caso mi permetto di parlare, appunto, di "parentela" (v. retro § 27) - la quale ha subito profonde mutazioni nel corso dei decenni, anche e soprattutto per merito della Consulta. Di grande rilevanza sono, senza dubbio, due pronunce del giudice delle leggi circa i confini attribuibili alla disciplina inerente alla successione legittima. Si noti, infatti, come con la sentenza 76/1977, la Corte si fosse arroccata su un'interpretazione marcatamente restrittiva degli artt. 30 cost., 570 e 586 c.c. - escludendo, di fatto, la possibilità di successione legittima tra fratelli naturali sulla base dell'assunto secondo il quale "la norma di cui all'art. 30 della Costituzione si riferisce sempre ed unicamente ai rapporti tra genitori e figli e non a quelli dei figli tra di loro"[238].

Di recente, la Corte Costituzionale[239] ha ribadito l'esistenza di una

---

(236) Cfr. Cass. civ. 2988-1994, la Corte ha però individuato dei precisi limiti di ammissibilità e di operatività di tale diritto, non soltanto ponendo a carico del convivente superstite l'onere di provare l'esistenza del danno, bensì anche sottolineando che «la morte del convivente non comporta ipso iure la risarcibilità del danno patrimoniale, se non nei limiti in cui venga meno il suo contributo al soddisfacimento dei bisogni del convivente superstite o dei figli». La Corte, specificando il profilo squisitamente processuale della propria argomentazione, continua dicendo che «spetta al convivente che afferma di aver subito un danno patrimoniale in dipendenza della morte dell'altro, dare la prova del contributo patrimoniale e personale apportatogli in vita, con carattere di stabilità, dal convivente che è venuto a mancare».

(237) Cfr. ROSSI S., *The single man. Risarcimento del danno da morte del convivente di una coppia omosessuale*, in Persona e Danno, 03 giugno 2011.

(238) Cfr. C. Cost. 76-1977, nella quale si afferma più precisamente che «il vincolo di parentela naturale, che acquista valore giuridico solo se riconosciuto o dichiarato, opera in modo ristretto in quanto lega soltanto fra di loro figlio naturale e genitore naturale e non ha valore estensivo oltre il rapporto che unisce vicendevolmente ascendenti e discendenti, al quale unicamente si riferisce il precetto di cui all'art. 30 della Costituzione». Sulla scorta di questo ragionamento, la Corte, ha ritenuto in primis che l'art. 570 c.c., al fine della configurazione del diritto alla legittima, richiedesse un vincolo di parentela legittima e non meramente naturale; ed inoltre ha anche interpretato l'art. 586 c.c. in maniera ermetica, escludendo la possibilità - per il fratello naturale - di succedere al *de cuis*, in quanto non ricompreso nel novero dei soggetti c.d. successibili. Cfr. anche C. Cost. 532-2000, secondo cui «non è fondata, con riferimento agli art. 3, 29 comma 1 e 30 comma 3 cost., la q.l.c. dell'art. 565 c.c., nella parte in cui, in mancanza di altri chiamati all'eredità all'infuori dello Stato, non prevede la successione legittima del c.d. parenti naturali di grado corrispondente al quarto e fino al sesto, in quanto l'individuazione degli aventi diritto alla successione in assenza di testamento è espressione di scelte di politica legislativa sindacabili da questa Corte solo per violazioni del dettato costituzionale che, nella specie, non si riscontrano».

(239) Cfr. C. Cost. 335-2009.

clausola generale di compatibilità dei diritti del figlio naturale con quelli dei figli legittimi, poiché il legislatore ha equiparato entrambi i soggetti per ciò che attiene le previsioni dell'art. 537 c.c. - nella sentenza si conferma l'attribuzione a fratelli e sorelle naturali di un titolo reciproco di successione, che è possibile far valere in caso di mancanza di successibili con precedenza sullo Stato[240].

Una notazione finale può essere dedicata al caso della successione del partner superstite nel contratto di locazione dell'abitazione comune. In dottrina c'è anche chi ipotizza che, tale facoltà, spetti al convivente non soltanto nei casi di decesso dell'altro partner, bensì anche nei casi in cui la convivenza stessa sia cessata per motivi differenti dalla morte di uno dei due membri della famiglia di fatto[241]. Ciò, forse, in considerazione del fatto che, in precedenza, la Consulta non era stata di questo stesso parere[242].

Per ciò che attiene, invece, la questione della pensione di reversibilità, bisogna rilevare come l'art. 9 co. 3 della legge 898/1970 statuisce che, nel caso di coniuge superstite avente i requisiti per la pensione di reversibilità, una quota della stessa e degli altri assegni a questi spettanti è attribuita dal tribunale «tenendo conto della durata del rapporto» al coniuge rispetto al quale è stata pronunciata la sentenza di scioglimento o di cessazione degli effetti civili del matrimonio e che sia titolare dell'assegno di divorzio. Sule tema la Cassazione è, tempo fa, intervenuta a Sezioni Unite[243] schierandosi su una linea interpretativa che esclude la rilevanza dell'eventuale periodo di convivenza *more uxorio* prematrimoniale, ai fini del calcolo della durata del rapporto

---

(240) Cfr. VASSALLO G., *Figli naturali e famiglia di fatto*, cit., pag. 15-16.
(241) Cfr. MILIZIA G., *Anche il convivente more uxorio può succedere nella locazione*, in Diritto&Diritti - Diritto.it, 10 maggio 2007.
(242) Cfr. C. Cost. 45-1980, «La situazione del convivente *more uxorio* è del tutto diversa da quella degli altri soggetti contemplati dalle norme impugnate, essendo tal convivenza soltanto un mero rapporto di fatto, priva del carattere della stabilità, suscettibile di venir meno in qualsiasi momento e improduttiva di quei diritti e doveri reciproci nascenti dal matrimonio e propri della famiglia legittima. Ciò comporta che una ingiustificata disparità di trattamento non è ravvisabile né nei confronti del figlio naturale dei conviventi, fondandosi il di lui diritto alla proroga sulla tutela giuridica dei figli nati fuori del matrimonio, giusta l'art. 30, terzo comma, Cost., né nei confronti degli altri soggetti, indicati dalle norme accanto al coniuge ed ai figli, trattandosi di soggetti legati al conduttore da rapporti giuridici di parentela o di affinità».
(243) Cfr. Cass. S.S.U.U. 159-1998, «Nel caso di concorso fra coniuge divorziato e coniuge superstite, aventi entrambi i requisiti per la pensione di reversibilità, ai fini della determinazione della quota da attribuirsi al "coniuge divorziato" non possono essere utilizzati criteri diversi da quello della "durata del rapporto" matrimoniale, ossia dal semplice dato numerico rappresentato dalla proporzione fra le estensioni temporali dei rapporti matrimoniali degli stessi coniugi con l'ex coniuge deceduto; tale durata del rapporto matrimoniale non può essere intesa che come coincidente con la durata legale del medesimo e pertanto non possono assumere rilevanza, in pregiudizio del "coniuge divorziato", la eventuale cessazione della convivenza matrimoniale ancora prima della pronuncia di divorzio, o (in favore - questa volta - del "coniuge superstite") l'eventuale periodo di convivenza "more uxorio" con l'ex coniuge deceduto, che abbia preceduto la stipulazione del nuovo matrimonio».

matrimoniale stesso (quando vi sia una situazione di conflitto tra ex coniuge divorziato e coniuge superstite)[244]. A questa sentenza, molto sfavorevole in termini di rilevanza da attribuire alla famiglia di fatto, ne è seguita un'altra, che va segnalata per i suoi spunti di apertura nei confronti della famiglia di fatto, la quale è distinta dal semplice rapporto occasionale per il suo «carattere di stabilità che non solo può conferire un sufficiente grado di certezza alla vicenda fattuale [...] per quanto riguarda i rapporti patrimoniali tra i coniugi separati, e segnatamente con riferimento alla persistenza delle condizioni per l'attribuzione dell'assegno di separazione»[245]. L'orientamento in esame, circa la rilevanza della convivenza *more uxorio* ai fini della pensione di reversibilità, si è in seguito mitigato quando la Cassazione[246] ha ritenuto che, il predetto criterio temporale, non fosse il parametro esclusivo cui commisurare la sussistenza del diritto alla reversibilità, ben potendosi apportare le dovute correzioni in tal senso avendo cura delle peculiarità del caso concreto, attraverso la valorizzazione di altri elementi, quali le condizioni economiche delle parti o la durata del rapporto *more uxorio*. Tutto ciò in vista della possibilità di rimediare alle situazioni ingiuste che, l'applicazione del solo criterio aritmetico, potesse causare[247].

29. La cessazione della convivenza - Il problema della semplice convivenza di fatto è, senza dubbio, quello della sua tendenziale instabilità nel tempo. Due persone scelgono di convivere proprio perché non hanno intenzione di vincolarsi in un rapporto che, per sua natura, è pensato per durare - ossia il matrimonio. Questa dovrebbe essere la ragione più logica che spinge gli individui a scegliere di stare insieme senza "impegno". È anche vero che, le contingenze storiche, hanno posto la società odierna di fronte ad un problema di stampo ben diverso: molte coppie, soprattutto giovani, affermano di essere costrette a scegliere la convivenza per ragioni economiche, nonché

---

(244) Cfr. MATTEO G., <u>Ripartizione della pensione di reversibilità tra coniuge superstite e coniuge divorziato: le opzioni esegetiche delle Sezioni unite della Corte di cassazione</u>, in Giur. It., 1999, secondo cui la sentenza Cass. 159-1998 è in controtendenza con il costume odierno, del quale anche la Giurisprudenza più evoluta sembra farsi carico, sembrando essa "orientata ad abbandonare l'atteggiamento repressivo o dispregiativo nei confronti della famiglia di fatto che ha sostituito la convivenza more uxorio".
(245) Cfr. Cass. 2154-1998.
(246) Cfr. Cass. civ. 282-2001.
(247) Cfr. BELLISARIO E., <u>Ancora sul contrasto circa i criteri di ripartizione della pensione di reversibilità tra coniuge divorziato e coniuge superstite</u>, in Giur. It., 2001, «La solidità e l'affidabilità della convivenza *more uxorio*, poi sfociata nel matrimonio, è comprovata anche dalla nascita di figli: in tali situazioni appare evidente che l'applicazione, se pur non esclusiva, di un criterio puramente matematico darebbe luogo ad ingiustificate disparità di trattamento in contrasto con quelle esigenze solidaristiche che il trattamento di reversibilità intende perseguire anche nei confronti del coniuge superstite. La scelta di attribuire rilevanza all'eventuale convivenza prematrimoniale appare, invece, funzionale alla tutela delle istanze solidaristiche all'interno del nucleo familiare».

per le incertezze date dalla precarietà che caratterizza l'odierno mercato del lavoro. Personalmente ritengo che questo problema sia tale soltanto in apparenza, giacché l'unica differenza tra convivenza e matrimonio, in termini economici, è data dalla sola celebrazione dello stesso - con i piccoli adempimenti che ne conseguono. L'unica cosa precaria che, dal canto mio, è possibile rintracciare nella scelta di convivenza è l'amore. Un amore precario, dunque, nonché privo di reale fiducia verso il partner e verso il futuro. Si tratta, questo è evidente, di un'opinione personale. Il problema è molto diversificato - esistono, infatti, eccezioni e non è possibile generalizzare in merito. Ciò, anche perché una coppia di fatto potrebbe magari sorgere a fini patrimoniali e, ad esempio, di agevolazione successoria tra nonni e nipoti, fratelli e sorelle. In tali casi poca rilevanza avrebbe l'amore - questo, almeno, sarebbe potuto accadere se fossero state adottate le leggi sui PACS.

Tornando, però, al problema economico, c'è da rilevare di come non si tratti di un problema reale, poiché poco differisce la sostanza tra le varie forme giuridiche dell'unione: matrimonio o convivenza, il risultato è molto simile (economicamente parlando). In un paese in cui il cristianesimo è generalmente diffuso, quale l'Italia, è ricorrente sentire blaterare la gente circa l'impossibilità di sposarsi davanti al ministro del culto poiché non ci si possa sobbarcare la spesa che ciò comporti. L'ipocrisia di un simile argomento è, semplicemente, aberrante. Mi spiego: la celebrazione del matrimonio religioso è gratuita, ed è lasciata alla coscienza del fedele la possibilità di offrire (o meno) qualcosa al sacerdote e alla chiesa per il servizio reso. Stessa cosa succede con i matrimoni davanti ai ministri di culti differenti da quello cattolico. Simile è anche ciò che accade per il matrimonio civile: a parte qualche piccola spesa per gli adempimenti burocratici, non sono necessari enormi capitali perché si sia uniti in matrimonio dall'ufficiale dello stato civile. Tutto quello che concerne, invece, addobbi floreali, abbigliamento, mezzi di trasporto, banchetti e quant'altro è, di certo, la parte più dispendiosa del progetto matrimoniale ma, al contempo, è anche la parte non obbligatoria. Ben si potrebbe sposarsi senza alcuno sfarzo - così, in modo semplice ed essenziale, come quando si va a convivere. Criticare chi si sposa in chiesa (in moschea, in comune o simili), commiserandosi per non poter fare altrettanto, non è logico, giacché il ragionamento mal cela l'invidia e la voglia, avendone i mezzi materiali, di fare come tutti: ossia di avere lusso e sfarzo. In quest'ottica, senza dubbio, è meglio una dignitosa coppia di fatto, piuttosto che un matrimonio teatrale.

Lasciando da parte le motivazioni che spingono due soggetti a convivere, si possono ipotizzare le altre motivazioni, diametrali alle prime, che li spingono a separarsi - facendo cessare la convivenza. All'esame della presente trattazione importano relativamente poco, purtroppo, le ragioni per cui le cose accadono. Più importante è, in questa sede, analizzare le conseguenze - materiali e giuridiche - che scaturiscono dalla fine di un rapporto *sui generis*, qual è quello di convivenza *more uxorio*.

Se si tratta, infatti, di una libera scelta, insuscettibile di limitare in alcun modo la libertà personale dei singoli, è inevitabile che, tutto quanto i singoli fanno l'uno dei confronti dell'altro, lo facciano per pura bontà e volontà - e non perché è così loro imposto dalla legge. Mettere in comune le vite, l'affetto, le sostanze, il tempo e quant'altro, equivale, nella famiglia di fatto, ad adempiere delle obbligazioni che si avvertono tali poiché doverose da un punto di vista morale, prima ancora che sociale o giuridico.

Tale concetto è ormai chiaro, a questo punto del discorso.

In questo senso c'è subito da precisare che, le obbligazioni naturali adempiute dai conviventi (ai sensi e per gli effetti dell'art. 2034 c.c.), comportano la conseguenza giuridicamente vincolante che, nel caso d'interruzione del rapporto, non è ammessa la ripetizione d'indebito[248]. Non è possibile, dunque, chiedere all'ex convivente la restituzione di quanto si è speso per alimentare e sostenare il rapporto di convivenza. Rapporto che ha effetti anche sui pregressi vincoli affettivi e giuridici del partner, avendo la giurisprudenza evidenziato che, quando il coniuge separato conviva *more uxorio* con altra persona e sia da questa mantenuto durevolmente ed adeguatamente, configurandosi tra essi un'obbligazione naturale di assistersi reciprocamente e di contribuire ai bisogni comuni, cessa temporaneamente l'eventuale obbligo alimentare dell'altro coniuge[249]. L'adempimento di quella che è stata definita obbligazione naturale, dunque, fa sì che cessi persino l'obbligo al mantenimento per l'ex coniuge di un soggetto che abbia preso a convivere stabilmente con altra persona. Questo sin qui esaminato è l'orientamento dottrinale e giurisprudenziale inerente alle prestazioni materiali e patrimoniali tra conviventi. I rapporti personali tra questi soggetti, però, sono molto più variegati e complessi: non soltanto il tempo, l'affetto e il denaro entrano in gioco in una situazione particolare qual è quella della fine della convivenza. I partner, infatti, coabitano e, oltre l'abitazione, possono avere in comune anche altri beni immobili. Non essendo i conviventi soggetti ai regimi patrimoniali cui, invece, sono assoggettati i coniugi, il bene immobile - ad esempio la casa d'abitazione - rimane al convivente che ne è proprietario secondo le norme sul diritto di proprietà. Ciò è logico, ma in casi particolari la norma subisce pesanti eccezioni. Una situazione molto particolare è, senza dubbio, l'esistenza di figli nella coppia. La filiazione naturale assume enorme rilievo in situazioni di crisi come quella in esame. Non sempre, in questi casi, il proprietario può godere del proprio bene.

Per quanto riguarda la famiglia legittima, l'art. 155-quater c.c. dispone che il godimento della casa familiare sia attribuito avendo prioritariamente riguardo per l'interesse dei figli. Dell'assegnazione il giudice tiene conto anche ai fini della regolazione dei rapporti economici tra i genitori, considerando

---

(248) Cfr. TOMMASINI R., op. cit., pag. 412.
(249) Cfr. Cass. civ. 556-1977.

l'eventuale titolo di proprietà. Il diritto al godimento della casa familiare viene meno nel caso che l'assegnatario non abiti o cessi di abitare stabilmente nella casa familiare o conviva *more uxorio* o contragga nuovo matrimonio. La convivenza di fatto, dunque, nei casi di fallimento di un matrimonio diventa un presupposto per la perdita del diritto all'assegnazione della casa familiare - e non soltanto dell'assegno di mantenimento.

Per quel che, invece, attiene nello specifico la cessazione della convivenza, si veda la legge 54/2006 in cui, all'art. 4, si cristallizza un orientamento della Consulta[250] secondo cui al genitore affidatario può essere assegnata la casa familiare anche quando si tratti di separazione di una coppia di fatto[251]. Più recentemente anche la Cassazione ha avuto modo di affermare che, in tema di famiglia di fatto e nell'ipotesi di cessazione della convivenza *more uxorio*, l'attribuzione giudiziale del diritto di (continuare a) abitare nella casa familiare al convivente cui sono affidati i figli minorenni, o che conviva con figli maggiorenni non ancora economicamente autosufficienti, è da ritenersi possibile per effetto della sopra citata sentenza 166/1998 della Corte Costituzionale. Tale sentenza fa leva sul principio di responsabilità genitoriale, immanente nell'ordinamento e ricavabile dall'interpretazione sistematica degli artt. 261 c.c. (che parifica doveri e diritti del genitore nei confronti dei figli legittimi e di quelli naturali riconosciuti), 147 e 148 c.c. (comprendenti il dovere di apprestare un'idonea abitazione per la prole, secondo le proprie sostanze e capacità), in correlazione all'art. 30 della Costituzione. Il giudice attribuisce discrezionalmente al coniuge (o al convivente), qualora ne sussistano i presupposti di legge, un diritto tale da comprimere temporaneamente, fino al raggiungimento della maggiore età o dell'indipendenza economica dei figli, il diritto di proprietà o di godimento di colui il quale sia titolare o contitolare dell'immobile, in vista dell'esclusivo interesse della prole alla conservazione, per quanto possibile, dell'habitat domestico anche dopo la separazione dei genitori. Ne consegue che è legittimo, se congruamente motivato, il provvedimento del giudice di merito che, in relazione ad un'ipotesi di cessazione della convivenza *more uxorio*,

---

(250) Cfr. C. Cost. 166-1998, «La mancanza di una disciplina corrispondente all'art. 155 comma 4 c.c. - sul preferenziale affidamento della casa familiare, in caso di separazione o scioglimento del matrimonio, al coniuge affidatario dei figli minori o non economicamente autosufficienti - per l'ipotesi in cui un analogo affidamento al genitore naturale avvenga quando cessi un rapporto di convivenza di fatto, non contrasta, di per sé, con gli art. 3 e 30 Cost.; si può trarre, infatti, da un'interpretazione sistematica delle norme sulla filiazione (art. 261, 147, 148 e 317 bis c.c.) la "regula juris" da applicare in concreto, senza ricorrere all'analogia o a una declaratoria d'incostituzionalità e facendo valere il principio di responsabilità genitoriale, indipendentemente dalla qualificazione dello "status" dei figli, per il soddisfacimento dei bisogni di mantenimento della prole, primo fra tali bisogni quello della conservazione e del godimento dell'ambiente domestico, quale centro di affetti, interessi e consuetudini di vita, necessario all'armonica formazione della personalità del figlio».

(251) Cfr. TOMMASINI R., op. cit., pag. 409.

escluda - ritenendola incongrua rispetto al fine di garantire ai figli la continuità e la stabilità dell'habitat domestico - l'eventualità di ridurre l'abitazione a una metà di quella sino allora goduta[252]. Questo è quello che ha statuito la Cassazione, in maniera chiara e diretta: il diritto di proprietà di un coniuge e anche di un convivente sulla casa familiare, può trovare enormi limitazioni se, l'abitazione contesa, è uno strumento indispensabile per tutelare gli interessi dei figli - siano essi minorenni, nonché maggiorenni ma non ancora autonomi e indipendenti. La Corte ha, come s'è visto, acutamente rimarcato il concetto di habitat domestico, da intendere questo non soltanto come luogo materiale, bensì e soprattutto quale momento principe dell'estrinsecazione della personalità dei figli, nel loro percorso di maturazione e crescita. Da segnalare, sul punto, una recente pronuncia del Tribunale di Novara in cui si afferma che, in virtù della circostanza secondo la quale la decadenza dal diritto al godimento della casa familiare sia subordinata a un giudizio di conformità con l'interesse del minore, è da ritenere irrilevante la convivenza dell'assegnatario con un nuovo compagno quando il minore residente mantenga il proprio interesse a continuare ad abitarvi[253].

Altro spinoso problema, oltre a quello dell'abitazione, è senza dubbio quello inerente all'affidamento dei figli eventualmente nati durante la convivenza. Da ciò discende anche tutto il discorso circa l'assegnazione della casa familiare è influenzato dall'affidamento dei figli e dalla tutela dei loro interessi. In tal senso non esistono sostanziali differenze tra figli legittimi e naturali, poiché in caso di separazione dei genitori non sposati la potestà su di loro spetta automaticamente, per legge, al genitore con il quale i figli convivono mentre l'altro ha il diritto/dovere di visita e averli con sé secondo accordi (che se non si raggiungono è necessario il provvedimento del Tribunale per i Minorenni) con l'altro genitore. Oltre ai diritti di visita, sul genitore non affidatario grava anche il dovere di pagare un contributo di mantenimento per i figli minorenni o non economicamente autonomi a mani del genitore affidatario[254].

29.1. L'assegno familiare - Leggendo l'art. 155 c.c. si ricava una

---

(252) Cfr. Cass. civ. 10102-2004.
(253) Cfr. CARMELLINO G., *Tribunale Novara, 10 giugno 2012 - Pres. Quatraro - Est. Filice. Separazione – Provvedimenti in caso di inadempienze o violazione – Decadenza dal diritto di godimento della casa familiare – Giudizio di conformità dell'interesse del minore – Convivenza more uxorio*, in Il Caso - Foglio di giurisprudenza, 18 aprile 2012. (Si badi che l'articolo in questione presenta un refuso nel contesto del titolo, giacché la data di deposito della sentenza in esame è 10 giugno 2011 - non è stata, però, apportata alcuna correzione in tal senso per evitare di alterare il riferimento al documento originale che è reperibile sul portale web citato con il titolo riportato in bibliografia).
(254) Cfr. PIRRONE M., *Convivenza o Matrimonio? Una scelta consapevole*, a cura del Comune di Bolzano - Assessorato alle Politiche Sociali e alle Pari Opportunità, Bolzano, Novembre 2004, pag. 27, 29.

particolare norma in tema di tutela della prole. Al comma quarto, infatti, è previsto che ciascuno dei genitori debba provvedere al mantenimento dei figli proporzionalmente al proprio reddito. Sul profilo processuale, la disposizione continua stabilendo che il giudice, ove necessario, possa prevedere la corresponsione di un assegno periodico al fine di realizzare nel concreto il principio di proporzionalità che la norma sancisce. Perché ciò possa effettivamente trovare applicazione nella realtà empirica, la situazione concreta soggiace all'accertamento operato dal giudice, il quale basa la propria valutazione su alcuni parametri che la disposizione elenca dettagliatamente, quali le attuali esigenze del figlio, il tenore di vita goduto dal figlio in costanza di convivenza con entrambi i genitori, i tempi di permanenza presso ciascun genitore, le risorse economiche di entrambi i genitori, la valenza economica dei compiti domestici e di cura assunti da ciascun genitore. Quest'articolo si ricollega, inoltre, con l'art. 143 c.c. nel quale è imposto ai coniugi "di avere riguardo alle condizioni di vita dell'ex partner, quanto meno come persona umana"[255].

Per ciò che attiene, invece, alla famiglia di fatto, nulla è stabilito giacché, come si è visto in precedenza, non sussistono degli obblighi di mantenimento o assistenza, rientrando ogni prestazione tra conviventi nel novero delle c.d. obbligazioni naturali. Mancando, quindi, il presupposto legale perché si possa configurare un diritto al mantenimento[256], la convivenza *more uxorio* assume rilevanza giuridica, ai fini dell'applicazione dell'art. 155 c.c., soltanto quando s'inserisce in pregresse situazioni di fallimento coniugale: ossia non ha rilevanza tra gli ex componenti della stessa, ma soltanto quando uno dei due sia stato legato in un precedente matrimonio con altra persona.

La giurisprudenza, in questo campo è, a dir poco, copiosa.

È necessario, però, distinguere tra due differenti posizioni: quella dell'obbligato al mantenimento, nonché quella dell'avente diritto allo stesso. Gli effetti della convivenza *more uxorio*, in seguito instaurata, si atteggiano in maniera differente per ciascuno dei due soggetti[257]. Ciò sarà evidente esaminando, di seguito, l'evoluzione della giurisprudenza sul tema.

Già nel 1987 la Cassazione si è trovata a dover stabilire se e in che misura, la famiglia di fatto, potesse avere rilevanza sulle altre situazioni giuridicamente rilevanti - quali il diritto all'assegno di mantenimento. Si legge nella sentenza

---

(255) Cfr. BUFFONE G., *Tribunale Lamezia Terme, 01 dicembre 2011 - Pres. Ianni - Est. Danise. Separazione – Assegno in favore del coniuge debole – Nuova convivenza more uxorio – Diritto del coniuge onerato ad una riduzione/eliminazione dell'assegno – Sussiste*, in Il Caso - Foglio di giurisprudenza, 16 gennaio 2012, «Nel caso in cui il coniuge avente diritto all'assegno instauri una nuova relazione di fatto, qualificabile come convivenza *more uxorio*, il coniuge onerato ha diritto alla soppressione o riduzione dell'assegno di mantenimento».

(256) Cfr. AAVV, *Convivenza more uxorio o famiglia di fatto*, in Separazione-divorzio.com, «Non esiste alcun obbligo di versamento relativamente all'assegno di mantenimento poiché manca il presupposto di legge e cioè una convivenza fondata sul matrimonio».

(257) Cfr. PALMIERI G., *Mantenimento e convivenza more uxorio*, in La Stampa, 26 giugno 2011.

che, comparando una situazione di diritto qual è quella che fa capo all'ex coniuge, con una situazione di mero fatto qual è quella del coniuge che si sia costituita una nuova famiglia c.d. di fatto, la situazione di diritto prevale su quella di fatto, quando l'assegno dovuto all'ex coniuge sia stato mantenuto ad un livello pari al minimo assistenziale. In questo caso la situazione di fatto avrebbe potuto avere rilevanza, in termini di riduzione dell'ammontare dell'assegno dovuto, solo se detto ammontare fosse stato determinato in misura eccedente quel minimo assistenziale su cui l'argomentazione della Corte fa leva. La situazione di fatto avrebbe, quindi, potuto costituire un elemento di valutazione di natura economica da tenere presente in sede di determinazione della parte dell'assegno eccedente il detto minimo[258].

La Corte ha in seguito affermato che è possibile attribuire rilevanza alla convivenza instaurata dal coniuge separato, purché non si tratti di occasionali rapporti, ma di situazione dotata di sufficiente grado di stabilità e certezza, al fine della revoca del provvedimento con cui è stato disposto a suo favore l'assegno. Precisa la Corte che, se si ricollegano alla convivenza *more uxorio* conseguenze giuridiche, diventa indispensabile distinguere tra rapporto occasionale e famiglia di fatto. Tale distinzione deve fondarsi sul carattere di stabilità che conferisce un alto grado di certezza al rapporto di fatto sussistente tra le persone, tale da rendere detta convivenza davvero rilevante sotto il profilo giuridico, e questo anche con riferimento alla persistenza delle condizioni per l'attribuzione dell'assegno di separazione[259].

La Cassazione, nella sua successiva giurisprudenza (restando in linea con le pronunce del passato, che sono state esaminate in precedenza), ha evidenziato come la convivenza *more uxorio* - quando sia caratterizzata dai connotati della stabilità, tale da renderla una vera e propria famiglia di fatto - possa assumere rilevanza ai fini della valutazione e l'apprezzamento delle risorse economiche a disposizione di un soggetto che, divorziato e successivamente convivente, richieda all'ex coniuge la corresponsione di un assegno di mantenimento. In tal senso, rileva la Corte che tale istituto non può non risentire di una situazione, qual è la nuova famiglia di fatto, che va radicalmente a modificare lo stile e il tenore di vita dell'ex coniuge richiedente il mantenimento. Secondo la Cassazione, escludendo lo stato di bisogno che giustificherebbe l'accoglimento della richiesta, l'eventuale convivenza reciderebbe, finché duri, ogni connessione con la pregressa convivenza matrimoniale e, perciò, esclude giocoforza qualsivoglia presupposto per la riconoscibilità dell'assegno divorzile fondato sulla conservazione di tale matrimoniale convivenza - ormai distrutta e sostituita da quella di fatto[260].

---

(258) Cfr. Cass. civ. 879-1987.
(259) Cfr. Cass. civ. 3503-1998.

(260) Cfr. Cass. civ. 11975-2003.

I toni precisi e sicuri dell'orientamento appena citato, sembrano mitigarsi - e quasi invertirsi - in una pronuncia di poco successiva in cui la Cassazione ha dato peso non più alla mera situazione di fatto, bensì all'esistenza di un nuovo matrimonio, in assenza del quale, il diritto all'assegno di divorzio di per sé permane nella misura stabilita dalla sentenza di divorzio medesima, anche se il suo titolare abbia instaurato una convivenza *more uxorio* con altra persona. La Corte, però, ritorna in linea con la sua precedente giurisprudenza affermando che, il diritto al mantenimento trova una limitazione non soltanto in un'eventuale riforma della sentenza di divorzio (ex art. 9 l. 898/1970), bensì anche e soprattutto nel caso in cui, la nuova situazione di fatto, abbia comportato un reale miglioramento della situazione patrimoniale dell'avente diritto. In tal senso, l'ex coniuge onerato dell'obbligo di mantenimento, può provare con ogni mezzo che, dalla convivenza *more uxorio*, il titolare dell'assegno abbia tratto benefici economici idonei a giustificare la revisione dell'assegno stesso secondo quanto disposto dalla legge sullo scioglimento del matrimonio.

La Corte argomenta partendo da una presunzione: la convivenza *more uxorio*, di per se, non prevede né garanzie di stabilità giuridica, né obblighi di mantenimento. Per questo, essa non è presupposto sufficiente a far sì che venga meno il diritto dell'ex coniuge a percepire il mantenimento stabilito in sede di scioglimento del matrimonio. È altresì vero che, dalla convivenza, possono derivare dei vantaggi di natura economica all'ex coniuge titolare del diritto al mantenimento (ad es. un risparmio di spese per l'abitazione e simili). In tal senso la Corte ammette che si possa, se non eliminare, almeno riadeguare la misura dell'assegno alle nuove condizioni di vita dell'avente diritto. Ciò, si badi bene, soltanto in quei casi nei quali si riesca a fornire la prova di un effettivo miglioramento di dette condizioni, derivante proprio dalla consolidata situazione di fatto. La relativa prova, pertanto, non può essere limitata a quella della mera instaurazione e del permanere di una convivenza *more uxorio* dell'avente diritto con altra persona, essendo detta convivenza di per sé neutra - afferma la Corte - ai fini del miglioramento delle condizioni economiche del titolare, potendo essere instaurata con persona priva di redditi e patrimonio, e dovendo l'incidenza economica di detta convivenza essere valutata avendo riguardo al complesso delle circostanze che la caratterizzano. I benefici che possono derivare all'ex coniuge da una convivenza di fatto, avendo natura intrinsecamente precaria, debbono ritenersi incidenti in maniera limitata su quella parte dell'assegno di divorzio che, in relazione alle condizioni economiche dell'avente diritto, sono destinati ad assicurargli quelle condizioni minime di autonomia economica giuridicamente garantita, finché questi non contragga un nuovo matrimonio[261].

Per ciò che attiene alla rilevanza della convivenza sull'assegno di

---

(261) Cfr. Cass. civ. 12557-2004.

mantenimento, bisogna rilevare come non sia stata ritenuta[262] sufficiente neppure la nascita di un figlio a provare che, la convivenza *more uxorio* che il beneficiario dell'assegno aveva instaurato con un terzo, avesse caratteri di stabilità e continuità tali da far presumere che questi traesse dalla convivenza in questione dei vantaggi economici talmente rilevanti da giustificare la revisione dell'assegno medesimo[263]. In tal senso, la Cassazione, ha confermato il suo precedente orientamento anche nel 2010[264], giacché "neppure la nascita di un figlio da altro partner e la convivenza con lo stesso [...] escludono, se la fase di divorzio è ancora aperta, il diritto dell'ex moglie a ottenere l'assegno di mantenimento"[265]. In tal senso, avendo riguardo anche ai precedenti giurisprudenziali[266], si ha conferma che il diritto a ricevere l'assegno di mantenimento non cessi per il solo fatto che, l'avente diritto, abbia instaurato una nuova convivenza - la quale, per definizione e fino a prova contraria[267], ha natura precaria e non offre garanzie alcune in termini di stabilità economica.

30. Profili di diritto processuale - Per processo s'intende il procedere, in senso giuridico, volto alla tutela dei diritti[268]. Il processo è "per definizione antirivoluzionario, è un momento eterno dello spirito"[269]. La famiglia di fatto non poteva non sortire effetti persino in questo campo[270]. La giurisprudenza

---

(262) Cfr. Cass. civ. 2709-2009.
(263) Cfr. PALMIERI G., Mantenimento e convivenza more uxorio, cit.
(264) Cfr. Cass. civ. 1096-2010, «Un nuovo rapporto di convivenza *more uxorio* ha caratteristiche di precarietà e quindi i relativi benefici economici che ne possono derivare sono idonei solo a determinare una riduzione dell'assegno».
(265) Cfr. RINALDI M., Revisione dell'assegno di mantenimento e convivenza more uxorio, in Altalex, 15 febbraio 2010.
(266) Cfr. Cass. civ. 1179-2006, nella quale si legge che «In assenza di un nuovo matrimonio, il diritto all'assegno di divorzio, in linea di principio, di per sé permane anche se il richiedente abbia instaurato una convivenza *more uxorio* con altra persona, salvo che sia data la prova, da parte dell'ex coniuge, che tale convivenza ha determinato un mutamento "in melius" delle condizioni economiche dell'avente diritto», poi anche Cass. civ. 14921-2007, «Il diritto all'assegno divorzile, in linea di principio, non può essere automaticamente negato in presenza di una convivenza *more uxorio*, rappresentando quest'ultima solo un elemento valutabile al fine di accertare se la parte che richiede l'assegno disponga o meno di mezzi adeguati rispetto al tenore di vita goduto in costanza di matrimonio. La convivenza *more uxorio*, infatti, pur ove acquisti carattere di stabilità, non dà luogo ad un obbligo di mantenimento reciproco fra i conviventi», e Cass. civ. 24858-2008.
(267) Cfr. FINOCCHIARO M., «Convivenza extraconiugale» e «convivenza more uxorio». Differenze (ai fini del diritto all'assegno di divorzio), in Giust. Civ., 2002, pag. 1001, «La convivenza *more uxorio* ove abbia carattere di stabilità e dia luogo, nei confronti del coniuge richiedente l'assegno di divorzio, a prestazioni di assistenza economica di tipo familiare da parte del convivente, può spiegare rilievo, a seconda dei casi, sia sul diritto sia sulla misura dell'assegno di divorzio».
(268) Cfr. MANDRIOLI C., Diritto processuale civile, Giappichelli, Milano 2007, pag. 8.
(269) Cfr. SATTA S., Il mistero del processo, Adelphi Edizioni, Milano 1994, pag. 15-16.
(270) Cfr. RIVERDITI M. et al., Famiglia (delitti contro), in Digesto Ipertestuale - UTET, Torino 2003, par. 3, «La stessa Corte costituzionale, chiamata a pronunciarsi in merito al diverso

ha interamente disegnato, insieme alla dottrina, i confini della disciplina applicabile a questo istituto ibrido, che non ha ancora trovato una propria autonoma sistemazione all'interno del sistema giuridico[271] italiano.

Competenza - La tutela processuale in fatto di potestà genitoriale, per ciò che riguarda la presente trattazione, è stata sempre volta a salvaguardare due differenti situazioni giuridicamente rilevanti: la tutela dei minori e gli interessi patrimoniali dei genitori. Prima che intervenisse la citata l. 54/2006, le questioni inerenti ai minori erano di competenza del Tribunale per i Minorenni; restando, invece, riservate al tribunale ordinario tutte le altre questioni di regolazione dei rapporti economici tra i coniugi[272], ciò evincendosi dal combinato disposto tra artt. 317-bis e 38 disp. att. c.c[273].

Il sistema previgente era particolare, dunque, non solo perché di stampo pretorio, ma anche e soprattutto poiché disegnava una competenza ripartita in ragione del contenuto del provvedimento domandato all'autorità giudiziaria adita: ex art. 38 disp. att. il tribunale per i minorenni era competente, infatti, in materia di provvedimenti di affidamento dei figli naturali - giacché è espressamente richiamato l'art.317-bis, mentre il tribunale ordinario rimaneva competente per tutti i provvedimenti per i quali non è disposta una competenza funzionale (tra i quali rientrano anche quelli concernenti il mantenimento dei figli naturali)[274].

---

trattamento riservato al convivente *more uxorio* rispetto al coniuge, ha più volte voluto richiamare il Parlamento ad una maggiore attenzione nei confronti di quelle sempre più frequenti situazioni di fatto che "seppur non potranno avere la dignità di matrimonio, non possono essere costituzionalmente irrilevanti" [...] Un'eventuale parificazione del convivente al coniuge può derivare solo dalla revisione di numerose previsioni sostanziali e processuali».

(271) Cfr. LOSANO M. G., *Sistema e struttura nel diritto*, Giuffrè, Milano 2002.
(272) Cfr. VASSALLO G., *Figli naturali e famiglia di fatto*, cit., pag. 13, 27.
(273) Cfr. Editoriale, *Finalmente la parola della Suprema Corte di Cassazione: l'art. 317 bis c.c. rimane il referente normativo della potestà e dell'affidamento*, in Praticanti Diritto, 12 aprile 2007, «La legge n. 54/2006 sull'esercizio della potestà in caso di crisi della coppia genitoriale e sull'affidamento condiviso, applicabile anche ai procedimenti concernenti i figli di genitori non coniugati, ha riplasmato l'art. 317 bis c.c., il quale innovato nel suo contenuto precettivo, continua a rappresentare lo statuto normativo della potestà del genitore naturale e dell'affidamento del figlio nella crisi dell'unione di fatto, sicché la competenza ad adottare i provvedimenti nell'interesse del figlio naturale spetta al Tribunale per i minorenni, in forza dell'art. 38, primo comma, disp. att. c.c., in parte qua, non abrogato, neppure tacitamente dalla Novella». In senso contrario cfr. C. Cost. 135-1980 confermata anche in C. Cost. 451-1997, «Il tribunale per i minorenni, per la sua particolare composizione e per la specificità delle competenze, è un giudice al quale sono devolute le questioni concernenti direttamente il minore; [...] la lite tra i genitori - secondo quanto già rilevato nella sent. n. 23 del 1996 è una lite tra soggetti maggiorenni, sia pure con effetti sugli interessi del minore, e per di più di contenuto economico, sicché il tribunale ordinario è stato ritenuto più adatto, in quanto dotato di esperienza specifica». Si veda anche C. Cost. 23-1996, «L'attribuzione al Tribunale ordinario delle controversie concernenti l'adeguamento dell'assegno trova la sua intrinseca e ragionevole giustificazione nel fatto che la lite è un procedimento contenzioso tra i genitori».
(274) Cfr. RAVERA C., *Affido condiviso: sulla competenza del tribunale per i minorenni*, in Altalex, 13 aprile 2007.

Con l'avvento della citata riforma, è stato novellato l'art. 155 c.c. - al cui secondo comma si prevede che quando il giudice provvede sull'affidamento, determina anche la misura in cui ciascuno dei due genitori deve contribuire alla cura dei figli. È sorto, in tal senso, il problema di coordinare la nuova norma con il precedente sistema pretorio, tentando di ricostruire un'interpretazione che permettesse di giustificare la possibilità, per un tribunale particolarmente specializzato qual è quello per i minori, di decidere anche su questioni economiche (così come previsto dall'art. 155 c.c.), spettanti di giusta regola al tribunale ordinario: fondamentale, al riguardo, è stata una pronuncia della Cassazione[275] con la quale si è chiarito un po' il complesso dell'intera disciplina processuale in tema di affidamento. Si è esclusa una sovrapposizione del citato articolo 155 c.c. con il 317-bis c.c., restando differenti i presupposti dell'intervento del giudice in entrambi i casi e continuando l'art. 317-bis ad atteggiarsi quale referente normativo per le questioni inerenti alla potestà genitoriale, anche con riferimento a quelle situazioni di convivenza tra genitori naturali, i quali finiscano per separarsi. Secondo la Cassazione la riforma avrebbe comportato l'attrazione - verso il medesimo giudice specializzato che decide circa la potestà - anche della competenza a decidere sulla misura e sulle concrete modalità di estrinsecazione di detta potestà[276].

In seguito è di nuovo intervenuta la Consulta[277] accogliendo in pieno le argomentazioni giurisprudenziali della Cassazione. Il quadro definitivo che si evince ormai quale assodato diritto vigente è che le questioni inerenti ai minorenni sono sempre di spettanza del tribunale per i Minorenni - anche

---

(275) Cfr. Cass. civ. ordinanza 8362-2007.
(276) Cfr. RAVERA C., op. cit., «La concentrazione innanzi ad un unico giudice della competenza a conoscere delle questioni affidamento e di quelle patrimoniali realizza i principi costituzionali di eguaglianza fra minori nati da genitori coniugati e minori nati da genitori conviventi more uxorio». Cfr. MASSERELLI B., *Affido condiviso: potestà genitoriale e competenza del tribunale dei minorenni*, in Altalex, 25 luglio 2006, «Il fatto che il giudice, chiamato a decidere sull'affidamento condiviso, debba contestualmente fissare anche "la misura e modo con cui ciascuno dei genitori deve contribuire al mantenimento, alla cura, all'istruzione e all'educazione dei figli" e che l'art. 155, co 2, c.c., applicabile alle unioni di fatto in crisi, preveda l'adozione di "ogni altro provvedimento relativo alla prole", fa ritenere che anche le determinazioni di ordine economico dovranno essere adottate dal giudice minorile nell'ambito dei rapporti di sua competenza» questo è quanto aveva già statuito, in precedenza, il Tribunale di Monza con la sentenza 29 giugno 2006.
(277) Cfr. C. Cost. 82-2010, in cui si prende atto dell'esistenza di un problema di individuazione del giudice competente a conoscere delle controversie di divorzio e separazione, ove esse riguardino la prole naturale, in presenza dell'art. 317-bis cod. civ., concernente i provvedimenti in tema di esercizio della potestà sui figli naturali riconosciuti. La Corte si è richiamata alla pronuncia della Cassazione, esaminata in precedenza, ritenendo risolto il contrasto dalla giurisprudenza nomofilattica divenuta ormai diritto vivente, secondo cui «le controversie aventi ad oggetto il mantenimento dei figli naturali riconosciuti appartengono alla competenza del tribunale minorile qualora siano proposte contestualmente a quelle attinenti alla potestà sugli stessi e al loro affidamento, mentre, ove la domanda riguardi esclusivamente le questioni economiche, essa va proposta innanzi al tribunale ordinario».

quando siano proposte con richieste di tipo patrimoniale (in virtù del combinato disposto dell'art. 155, 317-bis c.c. e 38 disp. att.) mentre rimangono di competenza del tribunale ordinario tutte le questioni patrimoniali che esulino dall'egida dell'art. 317-bis c.c. (richiesta di mantenimento o altra questione di regolazione economico-patrimoniale) - ciò in ossequio a quanto previsto dal citato art. 38 disp. att.[278].

È da segnalare, sul tema, un'altra pronuncia della Cassazione in cui si afferma che i provvedimenti inerenti alla potestà dei genitori naturali, non sono impugnabili con ricorso per cassazione (a norma dell'art. 111 della Costituzione). Questo perché tali provvedimenti hanno a oggetto delle posizioni di diritto soggettivo, sulle quali, però, non si è ancora statuito in via definitiva, stante la possibilità di revoca e modifica sia per motivi sopravvenuti, sia per motivi preesistenti[279].

Di seguito si riportano altre questioni processuali particolari, in cui il rapporto di convivenza assume una qualche rilevanza.

Assegno familiare - Si è già visto in precedenza che, il codice civile, preveda alcune norme di stampo processuale, precisamente quando stabilisce che sia il giudice a stabilire, ove necessario, la corresponsione di un assegno periodico al fine di realizzare il principio di proporzionalità tra i genitori. L'assegno è automaticamente adeguato agli indici ISTAT in difetto di altro parametro indicato dalle parti o dal giudice (art. 155 co. 4 c.c.).

In tal senso si era obiettato che la competenza del giudice ordinario, in presenza di figli minorenni, costituisse violazione del principio del giudice naturale; obiezione respinta dalla Consulta che ha argomentato che "l'attribuzione al tribunale ordinario anziché a quello per i minorenni della competenza a decidere le questioni di maggior interesse per i figli, non viola il principio del giudice naturale precostituito per legge, in quanto le funzioni eventualmente riservate dalla norma impugnata al tribunale ordinario non sono di natura eccezionale, ma fanno parte di una competenza generale prevista nell'ambito della stessa giurisdizione alla quale appartengono i tribunali per i minorenni e il riparto di competenza tra detti tribunali non può non ricadere, anche riguardo agli interessi da tutelare, nell'ambito della discrezionalità legislativa"[280].

Potestà dei genitori - Per ciò che, invece, attiene all'esercizio della potestà genitoriale, l'art. 317-bis c.c. equipara la condizione del figlio naturale a quella dei figli legittimi e, di conseguenza, anche i rapporti tra i genitori conviventi sono trattati alla stregua di quelli intercorrenti tra coniugi (v. retro § 27.1). L'espresso richiamo della disciplina di cui all'art. 316 c.c., operato dall'articolo in esame, pone dunque i genitori conviventi sullo stesso piano dei

---

(278) Cfr. VASSALLO G., *Figli naturali e famiglia di fatto*, cit., pag. 28.
(279) Cfr. Cass. civ. 13286-2004.
(280) Cfr. C. Cost. 135-1980.

coniugi anche per quanto riguarda l'eventuale azione processuale, prevista dai commi 3, 4 e 5 dell'art. 316 c.c., in cui si dispone che "in caso di contrasto su questioni di particolare importanza" ciascuno dei genitori possa ricorrere al giudice - suggerendo a questi i provvedimenti che ritiene maggiormente idonei per il figlio. È inoltre previsto un particolare potere del padre, il quale può attuare provvedimenti urgenti e indifferibili nel caso in cui sussista un grave pericolo di pregiudizio per il figlio. Suona strana questa previsione, la quale conferisce un così rilevante potere nelle mani del solo genitore di sesso maschile, in un ambiente di piena equiparazione tra sessi e - da quanto si è visto - tra situazioni giuridiche differenti. Tuttavia, il giudice adotta i provvedimenti che ritiene più idonei a perseguire l'interesse del minore - il quale può anche essere ascoltato se maggiore degli anni quattordici - e dispone, in caso in cui il contrasto continui a permanere, che sia il genitore il quale appaia più idoneo a perseguire gli interessi del figlio, a decidere circa la questione.

Gratuito patrocinio - La famiglia di fatto assume rilevanza anche nel campo del diritto processuale penale[281]. La cassazione ha rilevato, infatti, che l'evoluzione giurisprudenziale ha portato al riconoscimento della famiglia di fatto, quale situazione di rilevanza giuridica[282]. In tal senso è stato chiarito che, per la determinazione dei limiti di reddito ai fini dell'ammissione al patrocinio a spese dello Stato è necessario sommare i redditi dell'interessato con quelli degli altri familiari conviventi, essendo tra questi compreso il convivente *more uxorio*[283]. Di recente, anche il Tribunale di Mantova si è allineato alla giurisprudenza della Cassazione, facendo riferimento all'art. 76 co. 2 del D.P.R. 115/2002[284].

31. Profili penali - Si è già ampiamente esaminato il profilo penale della

---

(281) Cfr. PAVONE M., *Gratuito patrocinio: la convivenza "more uxorio" va considerata come una famiglia*, in Altalex, 17 febbraio 2006, «In un momento in cui il dibattito politico nazionale si confronta sulla necessità dei c.d. PA.C.S. per le coppie di fatto, la Cassazione interviene sull'argomento delle convivenze *more uxorio* stabilendo che la vita delle coppie di fatto deve essere equiparata a quella delle coppie sposate in virtù della "significativa evoluzione sociale" degli ultimi tempi».
(282) Cfr. Cass. pen. 109-2006.
(283) Cfr. PAVONE M., op. cit.
(284) Cfr. BERNARDI M., *Tribunale di Mantova, 2 febbraio 2010 - Pres. Bernardi - Est. Pagliuca, Gratuito patrocinio - Revoca dell'ammissione - Superamento del limite di reddito - Familiare convivente – Convivente more uxorio – Assimilabilità – Sussistenza*, in Il Caso - Foglio di giurisprudenza, 24 febbraio 2010, «Per verificare se sia o meno superato il limite di reddito per l'ammissione al beneficio deve tenersi conto non solo del reddito percepito dal richiedente, ma anche di quelli ottenuti dal coniuge e dagli altri familiari conviventi vengono in rilievo, a tal fine, anche i redditi della persona che conviva *more uxorio* con il richiedente posto che ratio della norma è quella di considerare tutte le disponibilità allo stesso derivanti in forza di vincoli familiari e della normale condivisione delle risorse e suddivisione delle spese che avviene all'interno della famiglia».

famiglia legittima, alla quale il legislatore ha da sempre dedicato parecchia attenzione (v. retro § 19). Si è anche notato come, nel regolare la famiglia legittima, la legge si sia curata di offrire margini sempre crescenti di tutela anche a tutte le molteplici sfaccettature che questa può assumere (si pensi all'attenzione Costituzionale per le formazioni sociali in genere e per i figli naturali). La famiglia di fatto entra a pieno titolo, com'è ormai assodato, tra le formazioni sociali di rilievo, sul piano giuridico e - persino - sul versate del diritto penale. Al fenomeno evolutivo che si è in precedenza esaminato, circa il tentativo di far rientrare le famiglie di fatto sotto l'egida dell'art. 2 Cost., hanno preso parte anche i giudici penali, infatti, i quali hanno cercato di offrire riconoscimento a tutte quelle situazioni di fatto, parificabili alle famiglie legittime[285].

Maltrattamenti in famiglia - Esaminando la giurisprudenza è possibile notare come l'estensione della tutela dai reati contro la famiglia anche alle unioni di fatto è risalente[286]. La prima sezione della Cassazione penale con la sentenza 21329/2007 ha affermato la configurabilità del reato di maltrattamenti in famiglia, contemplato dall'art. 572 c.p., anche per il caso di convivente *more uxorio*, in quanto il concetto di famiglia rilevante per ciò che attiene l'articolo in questione ricomprende ogni consorzio di persone tra le quali, per via di strette relazioni e consuetudini di vita, siano sorti rapporti di assistenza e solidarietà per un apprezzabile periodo di tempo. In tale definizione data dalla Suprema Corte, rientra a ragione anche la convivenza *more uxorio* dalla quale si origina un siffatto rapporto, seppur semplicemente fattuale[287]. Questa situazione particolare rientra nel generale ampliamento della tutela penale dei reati contro la famiglia: il principio secondo cui nel concetto di famiglia rientrerebbe ogni consorzio di persone legate da strette relazioni, era già stato rimarcato nel 2005[288], quando era stato affermato che il reato in esame potesse essere integrato anche al di fuori dei confini della famiglia legittima ove si fosse consumato all'interno di un rapporto talmente stabile da far nascere obblighi di solidarietà e mutua assistenza - prescindendo

---

(285) Cfr. FANTUZZI F. R., voce *Famiglia*, in Enciclopedia Giuridica, cap. VI, par. 4, pag. 4, 2008.
(286) Cfr. Cass. pen. 101563-1966. Nonché Cass. pen. 6785-2000, esaminata da SALEMI E., *Maltrattamenti in famiglia: sistematiche vessazioni con manifestazioni di avarizia*, in Altalex, 28 giugno 2000, «La pervicace, sistematica condotta del coniuge tesa a rendere la vita insopportabile al partner con l'umiliante ed ingiustificata vessazione di esasperata avarizia integra gli estremi del reato di maltrattamenti in famiglia».
(287) Cfr. BELTRANI S., *La (mutevole) rilevanza della famiglia di fatto nel diritto penale*, in riv. Cass. Pen. 2008, vol. 48, pag. 2860.
(288) Cfr. RIVERDITI M. et al., op. cit., par. 3, «Si è venuta così formando una ormai consolidata giurisprudenza che riconosce la sussistenza del reato di maltrattamenti in famiglia anche nei confronti del convivente *more uxorio*, in quanto, ai fini del reato di cui all'art. 572 c.p., deve considerarsi famiglia ogni consorzio di persone tra le quali, per intime relazioni e consuetudini di vita, simili a quelli intercorrenti tra soggetti uniti da rapporti familiari in senso strettamente giuridico, "viene a crearsi quel rapporto stabile di comunità familiare che il legislatore ha ritenuto di dover tutelare"». Cfr. Cass. pen. 232904-2005.

dal mero dato quantitativo della durata della convivenza stessa. La citata sentenza del 2007 pone dunque un sigillo su questa evoluzione giurisprudenziale nella quale, la convivenza *more uxorio*, acquista rilevanza sotto un profilo squisitamente qualitativo e sostanziale[289]. Un'altra conferma, in tal senso, si è avuta con l'ennesima sottolineatura, da parte della Suprema Corte, del fatto che il reato di maltrattamenti possa essere commesso anche in danno del convivente *more uxorio*[290]. In ultima analisi, si veda ancora una decisione della Cassazione, in cui si pone l'accento sul requisito della stabilità della relazione di fatto, il quale sarebbe fondante per l'applicazione dell'art. 572 c.p. persino alle convivenze di fatto[291] - sulla scorta di un precedente orientamento secondo il quale, il mero rapporto di convivenza *more uxorio*, non era idoneo a integrare l'aggravante di cui all'art. 577 c.p., giacché tale aggravante era stata ritenuta configurabile solo in caso di commissione del fatto contro il coniuge[292].

Violenza - La Cassazione, nel riaffermare l'irrevocabilità della querela per il reato di violenza sessuale (art. 609-septies c.p.), ha ripetuto che, ove la persona offesa nel dibattimento tenda a edulcorare le dichiarazioni accusatorie rese nella fase delle indagini preliminari, queste possono ben entrare a far parte del fascicolo del giudice, anche in assenza di esplicita contestazione sul punto, ai sensi del rinnovato art. 500 co. 4 c.p.p. e conseguentemente condizionare la decisione di merito[293].

In tema di violenza, la Cassazione[294] ha di recente stabilito che non possa escludersi la violenza, giacché la convivente nel periodo precedente a quello esaminato in giudizio, avesse acconsentito a rapporti non tradizionali solo per far piacere al suo patner[295]. Per chiudere l'esame della fattispecie, si noti come sia stata ammessa[296] la configurabilità del concorso di reati tra il delitto di maltrattamenti in famiglia e quello di violenza sessuale, "in quanto diversi sono i beni giuridici protetti dai due delitti: nel primo caso, l'integrità psicofisica o la personalità del soggetto passivo, nel secondo caso, la libertà di determinazione della persona in materia sessuale"[297].

Cause speciali di non punibilità - Nel campo del diritto penale, la famiglia (e la famiglia di fatto) assume rilevanze sempre differenti - anche forse

---

(289) Cfr. BELTRANI S., op. cit., pag. 2861.
(290) Cfr. Editoriale, *La 'famiglia di fatto' ha ingresso in Cassazione*, in Praticanti Diritto, 05 giugno 2008.
(291) Cfr. Cass. civ. 211-2011.
(292) Cfr. Cass. pen. 8121-2007.
(293) Cfr. Cass. pen. 38109-2006.
(294) Cfr. Cass. pen. 36073-2011.
(295) Cfr. PONTICIELLO R., *È reato costringere il convivente a praticare sesso spinto*, in Altalex, novembre 2011.
(296) Cfr. Cass. pen. 984-2003.
(297) Cfr. SALEMI E., *Maltrattamenti in famiglia e violenza sessuale: configurabile il concorso fra reati*, in Altalex, 30 luglio 2005.

a causa delle differenti diciture che la legge utilizza. Per ciò che attiene al concetto di "prossimi congiunti" - di cui all'art. 384 c.p. - la Corte Costituzionale continua a rinchiudere i confini della disciplina attorno alla sola famiglia legittima - togliendo rilevanza alla convivenza *more uxorio*. Anche la Cassazione di uniformata a tale interpretazione[298], stabilendo che non si può applicare al convivente la causa di non punibilità, la quale dispiega efficacia soltanto nei confronti del coniuge. In tal senso anche la Consulta ha più volte negato che, la mancata equiparazione del convivente al coniuge, integri una lesione delle norme costituzionali - ciò perché un'eventuale presa di posizione in tal senso, di stampo additivo, finirebbe per invadere la sfera di discrezionalità riservata al legislatore, nonché per il fatto che nell'ordinamento sono rintracciabili motivazioni che giustifichino un differente trattamento giuridico delle due situazioni soggettive. Con la sentenza citata la Cassazione, pur uniformandosi alla giurisprudenza costituzionale, ha colto l'occasione per ammettere che una convivenza di fatto che possieda una certa solidità non può essere costituzionalmente irrilevante - tenuto conto del fatto che essa rientri tra quelle formazioni sociali di cui l'art. 2 cost. si fa garante. In tal senso è evidente che, un ampliamento della tutela *iure pretorio* travalicherebbe i confini del potere giurisdizionale, essendo necessaria un'esaustiva regolamentazione, che solo il legislatore può adottare, operando le scelte discrezionali che gli competono. Questo suggerimento della Corte è rimasto ancora disatteso dal legislatore, ma ha posto le basi per l'interpretazione di un'altra norma speciale - l'art. 649 c.p. sulle cause di non punibilità per i reati contro il patrimonio commessi in danno di congiunti - la cui applicabilità alle coppie di fatto è stata strenuamente esclusa dalla giurisprudenza di legittimità. Anche la Consulta ha avuto modo di argomentare nel senso di escludere l'incompatibilità costituzionale della norma in esame nella parte in cui non equipari il coniuge al convivente *more uxorio*[299].

---

(298) Cfr. Cass. pen. 35967-2006, «L'art. 384 c.p., nella parte in cui non prevede, richiamandosi alla nozione di «prossimi congiunti» contenuta nell'art. 307 c.p., che fra questi rientrino, al pari dei coniugi, anche conviventi *more uxorio*, manifestamente non si pone in contrasto con il principio di uguaglianza e di ragionevolezza di cui all'art. 3 Cost.».
(299) Cfr. C. Cost. 352-2000, «Non è fondata la questione di legittimità costituzionale dell'art. 649 c.p., nella parte in cui non stabilisce la non punibilità dei reati [...] commessi in danno del convivente *more uxorio*. Non è infatti irragionevole od arbitrario che [...] il legislatore adotti soluzioni diversificate per la famiglia fondata sul matrimonio [...] e per la convivenza *more uxorio*» additando, la Corte, ragioni di tutela non soltanto delle relazioni individuali, bensì anche di un generale interesse di protezione dell'istituzione familiare. Cfr. C. Cost. 1122-1988, «L'art. 649 c.p., riguardo ai reati contro il patrimonio, razionalmente collega l'esclusione della punibilità a dati incontrovertibili ed agevolmente riscontrabili (vincoli di parentela, affinità, adozione e coniugio) che non sono presenti nella convivenza *more uxorio*, rapporto per sua natura intrinsecamente aleatorio in quanto fondato sull'*affectio* quotidiana di ciascuna delle parti liberamente ed in ogni istante revocabile» sentenze che riprendono un'altra precedente pronuncia, C. Cost. 423-1988, in cui si afferma che «La non punibilità dei delitti contro il patrimonio commessi in danno del coniuge non legalmente separato si fonda sulla

In senso opposto si segnala una recente pronuncia in cui è stato stabilito che non è punibile il furto commesso in danno del convivente *more uxorio*, ma è punibile, a querela dell'offeso, il furto commesso in danno di persona già convivente *more uxorio*[300].

Parte della dottrina dissente circa quest'impostazione giurisprudenziale appena richiamata e ritiene che, seppur la natura tassativa della previsione di cui all'art. 384 c.p. non dovrebbe consentire secondo la giurisprudenza di estendere la tutela in questione al convivente *more uxorio* (poiché rinvia all'art. 307 c.p. per la nozione di prossimo congiunto), in realtà andrebbe verificata alla luce dell'art. 199 c.p.p. che, a differenza dell'art. 350 del vecchio c.p.p., specifica la nozione· di prossimo congiunto, comprendendovi anche il convivente[301].

Armi - Nel 2010 è stato introdotto un inedito obbligo a carico del soggetto cui è rilasciato dal questore il nulla osta all'acquisto di armi o altro provvedimento equipollente. Questi deve, infatti, comunicare tali provvedimenti ai conviventi maggiorenni (compreso quello *more uxorio*) mettendoli al corrente del fatto di essere stato autorizzato ad acquistare un'arma[302].

Gratuito patrocinio - Sul tema si veda quanto già esaminato in precedenza (v. retro § 30). Si aggiunga in questa sede che, l'art. 76 del D.P.R. 115/2002, fa esplicito riferimento - per ciò che attiene la valutazione del reddito del richiedente il patrocinio dello Stato - alle unioni familiari. In tale categoria sono pienamente ricomprese le famiglie di fatto e le convivenze *more uxorio*. In tal senso la giurisprudenza più evoluta è attenta alla situazione sociale reale, piuttosto che alla forma dell'unione delle persone conviventi - così come indicate nella legge[303].

---

presunzione di esistenza di una comunanza di interessi che assorbe il fatto delittuoso, sicché la mancata estensione della suddetta esimente alla diversa fattispecie della convivenza *more uxorio* [...] non sembra contrastare con gli artt. 2 e 3 Cost., se sussistano atti concludenti che attestano la revocazione dell'*affectio* e dunque il venir meno della convivenza *more uxorio*».

(300) Cfr. Cass. pen. 32190-2009, in ZACCARIA A. (a cura di) et al., <u>Studium Iuris</u>, CEDAM, Milano 2010, pag. 339.
(301) Cfr. DI GIOVINE O., <u>Testimonianza (falsità di)</u>, in Digesto Ipertestuale - UTET, Torino 2003, par. 8.
(302) Cfr. PISTORELLI L., <u>Disciplina penale in materia di armi: le novità introdotte dal d.lgs. n. 204 del 2010</u>, in Diritto Penale Contemporaneo, 18 gennaio 2011.
(303) Cfr. BELTRANI S., op. cit., pag. 2861.

Capitolo 4
La famiglia nel diritto internazionale pattizio

SOMMARIO: 32. La Convenzione europea per la salvaguardia dei diritti dell'uomo e delle libertà fondamentali (C.E.D.U.). - 32.1. Giurisprudenza della Corte C.E.D.U. - 33. Unione Europea: T.U.E., T.F.U.E. e Carta di Nizza. - 33.1. Giurisprudenza della Corte di Giustizia dell'U.E. - 34. Ricongiungimento familiare.

32. La Convenzione europea per la salvaguardia dei diritti dell'uomo e delle libertà fondamentali (C.E.D.U.) - La Convenzione europea per la salvaguardia dei diritti dell'uomo e delle libertà fondamentali - denominata C.E.D.U. - è stata adottata a Roma nel 1950. Seppur sia entrata in vigore nel 1953, l'Italia l'ha ratificata solamente nel 1955[304]. Essa è il simbolo più intenso del retaggio spirituale e ideologico delle civiltà europee[305] e non soltanto s'innesta alla base dei trattati istitutivi delle C.E.E. e dell'UE, ma influenza grandemente gli ordinamenti interni degli stati ad esse aderenti. Essa contiene un ampio catalogo di diritti e di procedure atte a garantire un funzionamento democratico, armonico e migliore di tutti gli ordinamenti dell'Unione Europea, a vantaggio dei cittadini di questi ultimi.

Per ciò che attiene il diritto di famiglia, la C.E.D.U. all'art. 12, rubricato "Diritto al matrimonio", stabilisce che "a partire dall'età minima per contrarre matrimonio, l'uomo e la donna hanno il diritto di sposarsi e di fondare una famiglia secondo le leggi nazionali che regolano l'esercizio di tale diritto". Mentre, all'art. 14, sotto il titolo "Divieto di discriminazione", è statuito che "il godimento dei diritti e delle libertà riconosciuti nella presente Convenzione deve essere assicurato senza nessuna discriminazione, in particolare quelle fondate sul sesso, la razza, il colore, la lingua, la religione, le opinioni politiche o quelle di altro genere, l'origine nazionale o sociale, l'appartenenza a una minoranza nazionale, la ricchezza, la nascita od ogni altra condizione". Oggetto della previsione internazionale sono dunque un diritto e un divieto. Essi sono posti in termini volutamente generici e ampi in modo che possano armonizzarsi al meglio con le differenti previsioni statali.

32.1. Giurisprudenza della Corte C.E.D.U. - Come si è detto, la C.E.D.U. individua un corposo catalogo di diritti fondamentali sulla cui applicazione vigilano, primamente, i giudici nazionali. La C.E.D.U. istituisce però anche una Corte competente sui ricorsi dei singoli stati membri (c.d. ricorso statale) o dei singoli cittadini (c.d. ricorso individuale), proponibili nel caso in cui i giudici nazionali abbiano fornito una tutela che sia risultata

---

(304) Cfr. PARISI N. et al., *Profili di diritto europeo dell'informazione e della comunicazione*, Editoriale Scientifica, Napoli 2007, pag. 63.
(305) Cfr. DRAETTA U., *Elementi di diritto dell'Unione Europea*, Giuffrè, Milano 2009.

inadeguata alla salvaguardia dei diritti riconosciuti dalla Convenzione. In tal senso si dice che la Corte C.E.D.U. operi in via sussidiaria, giacché può essere adita soltanto dopo il previo e infruttuoso ricorso ai rimedi giurisdizionali offerti dai singoli ordinamenti nazionali[306]. Le sentenze della Corte C.E.D.U. diventano definitive entro il termine di tre mesi dalla loro pronunzia, quando nessuna delle parti abbia chiesto il deferimento della questione alla c.d. Grande Camera. La Corte opera in completa indipendenza dalle giurisdizioni nazionali e, dunque, non ne costituisce giudice di ultima istanza né di merito. Essa si occupa soltanto di esaminare le legislazioni nazionali contestate dal punto di vista della loro compatibilità logica e sostanziale con le previsioni della Convenzione. Nel caso in cui sia riscontrata una violazione di tali previsioni, gli Stati hanno l'obbligo di conformarsi a quanto è statuito nelle sentenze, adottando tutte le misure atte a eliminare la violazione ed evitare che essa si ripeta[307].

Per ciò che riguarda la famiglia e, più nello specifico i vincoli familiari, si segnala un caso di un cittadino marocchino al quale era stato negato il permesso di soggiorno, nonostante fosse sposato con una cittadina olandese, dalla quale si era separato dopo aver avuto una figlia. La Corte ha rintracciato la sussistenza dei presupposti per il riconoscimento del diritto alla vita familiare nell'effettività dei rapporti tra genitore e figlio e non soltanto nella costanza del matrimonio, della coabitazione o della convivenza[308].

33. Unione Europea: T.U.E., T.F.U.E. e Carta di Nizza

- In parallelo alla Convenzione sui diritti dell'uomo, è stata creata un'altra area internazionale di convergenza degli interessi economici e politici dei paesi della zona geopolitica europea. Nel 1957 nasce, infatti, a Roma la Comunità Europea che, nel 1992 diventa Unione Europea. Con il nuovo trattato di Lisbona, entrato in vigore nel 2010, ci si trova oggi all'interno di un quadro legislativo sovranazionale che ingloba in se tutte le branche del diritto degli stati membri, al fine di raggiungere quella che da anni è definita l'armonizzazione delle legislazioni. I trattati fondamentali dell'Unione Europea sono due, ai quali si aggiunge una Carta dei diritti fondamentali dell'Unione, la quale è posta sullo stesso piano dei trattati per opera dell'art, 6 T.U.E. Questa disciplina va ad aggiungersi e si coordina con quella, sopra esaminata, della C.E.D.U. e, in tema di famiglia, si articola come segue.

All'interno del trattato sul funzionamento dell'Unione, si rintraccia all'art. 81 (ex art. 65 T.C.E.) una disposizione che inerisce alle misure concernenti il diritto di famiglia: queste, in quanto aventi implicazioni transnazionali, sono stabilite dal Consiglio, che delibera secondo una procedura legislativa speciale.

---

(306) Cfr PARISI N. et al., op. cit., pag. 63.
(307) Ibidem pag. 64-65.
(308) Cfr. UCCELLA F., voce *Matrimonio*, op. cit., cap. I, par. 16.2, pag. 62.

Ecco dunque che, la potestà legislativa dell'Unione, è fortemente limitata in tema di diritto di famiglia, essendo previsto che, il Consiglio, deliberi all'unanimità (consultando previamente il Parlamento europeo). Gli stati membri dell'Unione, quindi, non hanno voluto cedere la propria sovranità in tema di diritto di famiglia. Nulla è detto nel T.F.U.E., mentre all'interno della c.d. Carta di Nizza all'art. 9 (rubricato "Diritto di sposarsi e di costituire una famiglia"), si legge che, il diritto di sposarsi e quello di costituire una famiglia, sono garantiti secondo le leggi nazionali che ne disciplinano l'esercizio. C'è da dire, dunque, che la Carta di Nizza ha preso atto, senza disciplinarla, dell'esistenza di una situazione culturale quale quella delle unioni di fatto[309].

Sempre all'interno della Carta di Nizza, all'art. 33 (rubricato "Vita familiare e vita professionale"), è disposto che è garantita la protezione della famiglia sul piano giuridico, economico e sociale.

In tal senso, è stabilito che ogni individuo ha il diritto di essere tutelato contro il licenziamento per un motivo legato alla maternità e il diritto a un congedo di maternità retribuito e a un congedo parentale dopo la nascita o l'adozione di un figlio.

33.1. Giurisprudenza della Corte di Giustizia dell'UE - I trattati su cui si fonda l'UE contengono svariati altri principi, oltre a quelli in precedenza evidenziati, i quali, seppur non siano direttamente attinenti all'istituzione familiare, finiscono per assumere rilevanza anche in situazioni di fatto come quelle della convivenza. Si pensi ai generali principi di uguaglianza e di non discriminazione (rispettivamente artt. 9, 18 e 19 T.F.U.E.).

Al fine di garantire l'effettività e, dunque, il rispetto di tali principi, è stata istituita la C.G.U.E. - la quale ha competenza esclusiva sulle questioni di interpretazione del diritto dell'Unione. Oltre questa fondamentale competenza pregiudiziale, la Corte, ha anche una competenza di tipo contenzioso di tutte le controversie tra l'UE e i suoi agenti nonché tra gli Stati membri[310]. Proprio sul tema della discriminazione di genere, la Corte, è stata chiamata a pronunciarsi per dirimere questioni ermeneutiche di conflitto tra legislazioni statali e norme dei Trattati. Particolare, in tema di famiglia di fatto, è senza dubbio il caso Maruko (sentenza C267/06), dal nome della parte attrice, che ha segnato una svolta nell'interpretazione dei principi di non discriminazione[311].

---

(309) Cfr. SORGE B., *A proposito di «coppie di fatto»*, in Affari Sociali, n°3, 2001, pag. 189-190.
(310) Cfr. DRAETTA U., op. cit., pag. 194-195, 302.
(311) Questo è quanto si legge nella sentenza della Corte: "The combined provisions of Articles 1 and 2 of Directive 2000/78 preclude legislation such as that at issue in the main proceedings under which, after the death of his life partner, the surviving partner does not receive a survivor's benefit equivalent to that granted to a surviving spouse, even though, under national law, life partnership places persons of the same sex in a situation comparable to that of spouses so far as concerns that survivor's benefit. It is for the referring court to determine whether a surviving life partner is in a situation comparable to that of a spouse who is entitled to the survivor's benefit provided for under the occupational pension scheme managed by

Il sig. Maruko aveva intentato una causa contro l'ente previdenziale dei lavoratori teatrali tedeschi perché gli era stata da questo negata la pensione di reversibilità del suo compagno, con il quale era legato per mezzo di un'unione solidale, così come disciplinata dalla normativa tedesca. Il caso è stato particolare poiché la Corte - barcamenandosi tra il concetto di retribuzione e di prestazioni lavorative - ha previsto che fosse applicabile al caso di specie la direttiva sulla discriminazione di genere[312] in quanto, in Germania, la normativa speciale equipara i conviventi ai coniugi per quanto concerne la reversibilità della pensione. In paesi come l'Italia, quindi, tale tutela non potrebbe dispiegarsi, non essendo normativamente previsto nulla del genere in tema di unioni solidali. Solo i giudici degli stati nei quali sia prevista un'esplicita tutela per le coppie di fatto omosex, dovranno valutare se la disciplina statale sia allineata a quella europea[313].

Più precisamente la Corte ha affermato che, se un'unione registrata disciplinata in uno Stato membro è ritenuta affine al matrimonio, allora i suoi membri possono invocare il divieto di discriminazione nelle prestazioni lavorative di cui all'art. 141 T.C.E., lasciando in tal modo alle autorità nazionali la valutazione sulla comparabilità tra unione registrata e matrimonio. Allo stato attuale, pertanto, la giurisprudenza comunitaria non sembra aver identificato alcun vincolo consistente nell'obbligo di introdurre il matrimonio o altre forme di unione stabile a vantaggio di persone omosessuali[314].

Esaminando la giurisprudenza precedente della Corte, nel caso Grant era stato, ad esempio, affermato che non potesse sussistere analogia fra la situazione di una persona che avesse una relazione stabile con un compagno dello stesso sesso a quella di una persona che fosse coniugata o avesse una relazione stabile fuori del matrimonio con un compagno di sesso opposto. Ciò è sostanzialmente cambiato, almeno per quegli stati membri che hanno adottato un'esplicita disciplina sulle unioni gay, come nel caso delle "unioni solidali" previste nell'ordinamento tedesco. Nella citata sentenza Maruko, infatti, la Corte ha ritenuto sessualmente discriminante la norma, di diritto tedesco, che escludeva dal beneficio della pensione di reversibilità il partner superstite di un'unione registrata, riservando tale beneficio al solo coniuge superstite[315].

---

the Versorgungsanstalt der deutschen Bühnen".
(312) Cfr. DIRETTIVA 2000/78/CE, 27 novembre 2000, "*Quadro generale per la parità di trattamento in materia di occupazione e di condizioni di lavoro*".
(313) Cfr. DANISI C., *Il principio di non discriminazione dalla CEDU alla Carta di Nizza: il caso dell'orientamento sessuale*, in Forum di Quaderni Costituzionali, pag. 12-13. Cfr. VIOLINI L., *Il Bundesverfassungsgericht di fronte alla sentenza Maruko. un dialogo tra sordi?*, in Forum di Quaderni Costituzionali, n°2, 2009, pag. 410-413. Cfr. CALAFÀ L., *Unione solidale registrata fra persone omosessuali e pensione superstiti: il caso Tadao Maruko dinanzi alla corte di giustizia CE*, in Riv. Giur. Lav., vol. 2, 2009, pag. 237.
(314) Cfr. COZZI A. O., *Esiste un'obbligazione convenzionale o comunitaria volta a consentire il matrimonio tra persone dello stesso sesso?*, in BIN R. et al., op. cit., pag. 88.

34. Ricongiungimento familiare - Questo particolare istituto, così com'è evidente dal suo significato letterale, s'ispira all'obiettivo di permettere ai membri di una medesima famiglia di restare insieme, al fine di rendere effettivo il più generale diritto all'unità familiare - il quale si manifesta, primamente, nella convivenza del nucleo familiare stesso[316]. L'istituto in questione è additato anche con la formula "coesione familiare" e, nello specifico, consente a chiunque risieda in uno Stato straniero di rimanere legato al proprio nucleo familiare - potendosi persino derogare alle regole previste sull'ingresso degli stranieri nello Stato in questione[317]. I familiari di un soggetto che risiede legalmente in uno Stato straniero sarebbero, dunque, autorizzati a seguirlo in tale Stato, proprio grazie all'esistenza di questo diritto che è da ricondurre al novero dei diritti fondamentali della persona. Esso, secondo la mia opinione, rappresenta più precisamente un corollario di diritti più ampli: si assuma come base, per ciò che attiene alla nostra realtà geopolitica, l'art. 39 del T.C.E. - che oggi corrisponde all'art. 45 del T.F.U.E. - in esso è sancita la libertà di circolazione dei lavori attraverso gli stati aderenti all'Unione Europea. Il diritto al ricongiungimento familiare non trova un'esplicita formulazione in tale sede, ma costituisce inevitabilmente uno strumento funzionale all'effettivo esercizio del diritto di libera circolazione[318], che altrimenti rimarrebbe svuotato della propria efficacia, nonché di altri diritti previsti in svariati accordi internazionali (si pensi al diritto alla vita familiare di cui all'art. 8 C.E.D.U.)[319]. Il medesimo diritto si ricava anche dagli artt. 29, 30 e 31 della Costituzione, seppur in via interpretativa ed estensiva. Nella nostra legislazione ha fatto esplicito riferimento al ricongiungimento familiare la l. 286/1998 - la c.d. legge Bossi-Fini[320] che agli artt. 29, 29-bis e 30 si occupa proprio dell'istituto in esame. Questa legge ha attuato la Direttiva 2003/86/CE sul ricongiungimento familiare dei cittadini extracomunitari regolarmente soggiornanti in un Paese membro. La direttiva ha però lasciato grande libertà ai vari stati, circa la possibilità di accordare - o meno - rilevanza a quelle forme di legami familiari, differenti dal matrimonio. In tal senso, negli stati in cui non

---

(315) Cfr. RAVO L. M., <u>Il dibattito nazionale sul matrimonio omosessuale: la prospettiva del diritto dell'Unione Europea</u>, in BIN R. et al., op cit., pag. 288.
(316) Cfr. DI ROSA G., <u>Diritti fondamentali della persona e ricongiungimento «familiare» dei conviventi</u>, in Familia, n°3, 2009, pag. 3.
(317) Cfr. MASTROMATTEO A., <u>Il diritto al ricongiungimento familiare e la convivenza more uxorio: un rapporto in crisi o la crisi di un sistema?</u>, in Il Civilista, gennaio 2011, pag. 83.
(318) Cfr. GIGLI E., <u>Il diritto al ricongiungimento familiare nell'ambito della normativa europea</u>, in Stranieri in Italia, 12 febbraio 2003, pag. 2.
(319) Cfr. ECHR, <u>The European Convention on Human Rights</u>, in www.echr.coe.int, art.8, pag. 12, «Ogni persona ha diritto al rispetto della propria vita privata e familiare, del proprio domicilio e della propria corrispondenza».
(320) Denominata "Testo unico delle disposizioni concernenti la disciplina dell'immigrazione e norme sulla condizione dello straniero".

esiste un'espressa regolamentazione del fenomeno, la decisione sulla possibilità di autorizzare o meno il ricongiungimento familiare andrà presa caso per caso a discrezione dello stato medesimo[321].

Proprio alla luce di quanto appena osservato si noti come, nella legge di trasfusione della direttiva in esame, non ci sia traccia di regolamentazione della condizione del soggetto che non sia coniugato - e ciò è importante poiché, pur non riconoscendo rilevanza giuridica all'unione non coniugale, la legge si richiama al partner e conferisce rilevanza al caso in cui si sia in presenza di un'unione registrata con un cittadino di uno stato membro secondo le leggi di questo stato. In tal senso, la Cassazione, non ha però riconosciuto il diritto al ricongiungimento familiare di una coppia omosessuale di cui faceva parte un cittadino neozelandese, argomentando sul fatto che, seppur fossero riconosciuti come coppia di fatto nel paese d'origine dello straniero, la convivenza *more uxorio* non avesse il carattere della stabilità che scaturisce, invece, dal coniugio[322].

C'è da analizzare, a conclusione di questa breve sortita, un fatto paradossale che la disciplina in esame ha creato: la c.d. discriminazione a rovescio. Ciò avviene perché, la disciplina più favorevole offerta dal diritto comunitario, può essere applicata soltanto al cittadino dell'Unione il quale decida di migrare in un altro stato membro. Se, invece, questi decidesse di rimanere nel proprio stato d'origine, non potrebbe valersi della disciplina inerente al ricongiungimento familiare, se non nei più ristretti limiti della legislazione del proprio stato d'appartenenza. Nel caso italiano, dunque, se si vuole beneficiare del ricongiungimento familiare, in virtù di un'unione riconosciuta in altri stati, sarebbe necessario migrare altrove perché il diritto europeo operi appieno - restando altrimenti i soggetti interessati sottoposti all'egida della legge nazionale, molto poco aperta in tal senso. Se il cittadino italiano, convivente con persona extracomunitaria in forza di un'unione registrata, volesse restare in Italia ed esercitare il diritto al ricongiungimento familiare, ciò gli sarebbe impedito dalla disciplina interna. Sotto il profilo della legittimità di tale assetto normativo, la Consulta non ha ritenuto illegittimi gli articoli in esame, poiché essa segue un proprio generale orientamento per cui non sempre si può equiparare la famiglia legittima a quella di fatto - proprio per la differente stabilità che caratterizza i due istituti. La dottrina più accorta, però, tende a distinguere il partner etero da quello omosex, poiché nel primo caso si potrebbe optare per il matrimonio o la convivenza, nel secondo i soggetti gay non hanno scelta: devono per forza di cose convivere. In tal senso non spetta alle autorità nazionali stabilire quale forma di relazioni debbano scegliere i propri cittadini - essendo chiaramente discriminante (almeno agli occhi dell'interprete) la disciplina in vigore. Anche la Cassazione si è allineata

---

(321) Cfr. MASTROMATTEO A., op. cit., pag. 84
(322) Cfr. DI ROSA G., op. cit., pag. 7-9.

alla giurisprudenza Costituzionale affermando che il cittadino italiano non può valersi della disciplina di diritto europeo quando sceglie di rimanere nel proprio stato, poiché in Italia questi dev'essere considerato cittadino italiano e non europeo - restando quindi assoggettabile alla sola disciplina interna[323].

Si segnala, da ultimo, una recente sentenza in controtendenza secondo la quale anche la convivenza con il nipote italiano di quattro anni, rende legittima la concessione del permesso di soggiorno per motivi familiari al cittadino straniero precedentemente espulso ai sensi della l. 286/1998[324].

Conclusioni - L'analisi sin qui compiuta ci permette di rispondere a quelle domande che, sin dall'inizio dell'esperimento polito europeo, hanno accompagnato la sempre crescente attività legislativa sovranazionale: il diritto europeo influisce enormemente sulle legislazioni nazionali - ora in maniera incisiva con i regolamenti, ora in maniera meno penetrante, con le Direttive di armonizzazione. In un modo o in un altro, l'UE sta tracciando il graduale percorso verso l'integrazione di nuovi istituti nei vari ordinamenti statali[325].

---

(323) Cfr. MASTROMATTEO A., op. cit., pag. 85, 88-89.
(324) Cfr. LANZIERI M., *Straniero convive con nipote italiano? Espulsione vietata*, in Altalex, 14 maggio 2012.
(325) Cfr CALÒ E., *Dalla famiglia di fatto al piccolo matrimonio: un diritto comunitario della famiglia?*, in Riv. Contratto e Impresa Europa 2000, vol. 5, pag. 669.

Capitolo 5
L'ESPERIENZA LEGISLATIVA STRANIERA

SOMMARIO: 35. Premessa. - 36. Stati Uniti d'America. - 37. Spagna. - 38. Francia. - 39. Regno Unito. - 40. Germania.

35. Premessa - Il fenomeno della convivenza *more uxorio* non è soltanto risalente nel tempo - come s'è visto in precedenza, ma è anche diffuso in tutto il mondo. La situazione italiana, così come sommamente esaminata in quest'opera, è apparsa frammentata e composita, poiché basata sul *dictum* dei giudici nomofilattici e di legittimità, che hanno cercato di svolgere una funzione di garanti non solo delle norme (primarie e secondarie) ma anche dei diritti dei singoli - sui quali aleggia tuttora un silenzio legislativo che pone l'Italia fuori dal panorama giuridico del resto del mondo. Non essendo questa la sede per operare una compiuta comparazione tra le diverse normative, si prenderanno a modello in maniera fugace i paesi più rappresentativi dell'area Euro nonché la parte nord del continente d'oltreoceano.

La classe delle unioni civili è molto diversificata nel mondo e comprende un'estrema varietà di regole e strutture di disciplina. Per quanto concerne le unioni civili, sono ravvisabili

Figura 1 - Situazione legislativa dell'area geopolitica europea in tema di coppie di fatto (fonte Wikipedia).

almeno tre diverse linee di tendenza: una in cui si affianca al matrimonio una nuova forma di unione civile, aperta, contrariamente al primo, anche alle coppie omosessuali. Una seconda tendenza ha visto l'introduzione di un tipo di unione civile sostanzialmente identico al matrimonio ma riservata alle sole coppie omosessuali. Un'ultima tecnica legislativa, probabilmente la più aperta, ha deciso di accogliere appieno le proposte gay: estendendo l'istituto del matrimonio civile anche alle coppie omosessuali[326].

36. Stati Uniti d'America - Il sistema americano è, com'è noto a tutti i giuristi, un sistema giuridico di common law - in cui non esiste la codificazione e le leggi in senso stretto sono pochissime e rare. Nei sistemi di common law, la regolazione giuridica delle varie situazioni concrete è affidata ai giudici, che valutano il da farsi caso per caso. In tal modo, le questioni giudiziali si risolvono applicando gli schemi argomentativi elaborati in precedenti pronunce simili. In questo modo, ogni nuova decisione su una questione prima irrisolta, diventa un precedente giuridicamente vincolante per la risoluzione delle future controversie a essa assimilabili. È questo il meccanismo del "precedente (giudiziale) vincolante". Per ciò che attiene al matrimonio, la competenza a regolarlo appartiene agli stati confederati, dovendo questi curarsi di non violare la Costituzione Federale[327].

L'esperienza americana in tema di coppie di fatto vede come antesignano lo stato del Massachusetts, la cui Corte Suprema nel 2003 ha autorizzato gli omosessuali a contrarre matrimonio. Al contempo, la citata Corte, ha bandito la proposta del legislatore nazionale in tema di unioni civili appositamente pensate per le coppie gay, mossa dalla ratio di evitare di piegare l'istituto del matrimonio a queste nuove frontiere della convivenza. Più indietro sul Massachusetts è di certo lo stato della California, il cui codice penale considerava reato la coabitazione adulterina. Per ciò che attiene ai rapporti patrimoniali, nelle corti americane, si ricorre alla teoria dell'ingiustificato arricchimento. Si afferma pure che i diritti dei familiari di fatto sulla casa familiare siano analoghi a quelli degli sposi. Diritti patrimoniali sono, inoltre, riconosciuti sull'intero patrimonio del partner deceduto o comunque in caso di cessazione della convivenza, o se il richiedente abbia contribuito alla sua formazione[328].

37. Spagna - Per ciò che attiene le coppie di fatto, in Spagna, queste

---

(326) Cfr. CORTESE L., *Le unioni civili in Europa: un'analisi giuridica comparata*, Tesi di Laurea, Brescia, A.A. 2005-06, pag. 3-4.
(327) Cfr. BARDUSCO A. et al., *Costituzioni comparate*, Giappichelli, Torino 2009, pag. 60-61.
(328) Cfr. MARTIRADONNA I., op. cit., par. 15. Si segnala al lettore che, per tutte le voci trattate nel presente capitolo, si è altresì fatto comune ma misurato riferimento alle informazioni sommarie presenti sull'Enciclopedia Libera del web, dalla quale si è attinta anche l'immagine (Figura 1) - la quale illustra la situazione legislativa Europea.

hanno sempre avuto e continuano ancora a ricoprire una certa rilevanza. A esse, ad esempio, la Catalogna riconosce dei diritti già dal 1998 - grazie alla legge 10/1998 che si occupa, appunto, di unioni stabili. Anche altre regioni autonome della Spagna avevano riconosciuto diritti alle unioni di fatto, persino dello stesso sesso.

La Spagna è stata da sempre una terra pesantemente influenzata dalla cultura cattolica - persino in maniera maggiore dell'Italia per certi versi[329]. Eppure con la legge 13/2005, che ha riscritto l'art. 44 del codice civile spagnolo, l'istituto del matrimonio è stato aperto anche alle coppie omosessuali[330].

38. Francia - La legge 944/1999 ha introdotto nel Code Civil francese i capitoli "Du pacte civil de solidarité" e "Du concubinage". Gli articoli che regolano il PA.C.S. sono sette; l'ottavo si occupa, invece, del concubinato[331].

La legge in esame definisce il Patto civile di solidarietà, c.d. PA.C.S., come un contratto tra due persone maggiorenni dello stesso sesso o di sesso diverso, stipulato al fine di organizzare e regolare la loro vita in comune.

Il PA.C.S. prevede una dettagliata tutela della famiglia di fatto: si tratta di uno strumento di diritto comune, non essendo altro se non un vero e proprio contratto in cui s'incontrano le volontà dei due conviventi - che va registrato presso la cancelleria del Tribunal d'Instance competente per territorio. Nell'accordo rientrano gli obblighi per i partner quali quello, appunto, di convivere e di prestarsi reciproco aiuto materiale. È altresì prevista la responsabilità solidale per i debiti contratti in costanza della convivenza.

Il contratto in esame si estingue o con la morte di uno dei partner, o con il matrimonio per le coppie eterosessuali oppure ancora dopo tre mesi dalla richiesta di entrambi i partner. I benefici del welfare e la riduzione delle tasse si acquisiscono dopo tre anni dalla stipulazione del PA.C.S.

Il contratto del P.A.C.S. non deve essere confuso con l'istituto del *concubinage* - che assai si distingue dal concubinato italiano - e che altro non sarebbe se non la mera convivenza di fatto, alla quale la legge riconosce dei limitati diritti e una discreta rilevanza giuridica - sia per ciò che attiene ai rapporti interni, sia per quelli esterni.

La ratio cui s'ispirano i PA.C.S. in Francia, non è soltanto quella di tutelare

---

(329) Cfr. FALCONES I., *La mano di Fatima*, Mondolibri, Milano 2009, in cui è ricostruita romanzescamente la fervenza o, meglio, la ferocia cristiana nei confronti dei *moriscos* spagnoli durante il sedicesimo secolo.

(330) Cfr. OPPES A., *Spagna, le nozze gay sono legge*, in La Repubblica, 01 luglio 2005.

(331) Cfr. PALLADINI L., *Il Pacte Civil de Solidarité in Francia: uno sguardo comparativo*, Tesi di Laurea, Reggio Emilia, A.A. 2006-07, pag. 6, «Il termine francese *concubinage* non ha mai avuto la valenza negativa attribuitagli in Italia [...] il concubinato è una situazione di fatto, che si contrappone a quella di diritto che si viene a creare con il matrimonio e a causa della sua natura è da sempre un fenomeno irriducibilmente polimorfo».

gli omosessuali, bensì tutte le coppie (gay ed etero) che non vogliono sposarsi e preferiscono utilizzare uno strumento giuridico diverso dal matrimonio civile o religioso, senza però rimanere prive delle tutele e delle prerogative di cui gode una coppia "regolarmente" unita[332].

39. Regno Unito - Per ciò che attiene ai paesi dell'unione anglosassone, fino a diversi anni fa dottrina e giurisprudenza negavano il riconoscimento dei diritti alle famiglie di fatto - i cui membri erano considerati come "strangers to each other", poiché integranti un comportamento considerato, addirittura, ai limiti del peccato. È per questo motivo che, i contratti tra conviventi, erano ritenuti nulli per "immoral consideration". L'atteggiamento è, com'è noto, mutato già dal momento in cui le Corti inglesi hanno rintracciato in capo ai conviventi diversi interessi meritevoli di tutela, ossia degli "ownership interest".

Assai celebre, in tal senso, è il caso Marvin vs Marvin, tanto che si parla di un prima e di un dopo Marvin: la sentenza ha reso possibile il riconoscimento di diritti patrimoniali alla fine del apporto di convivenza sul patrimonio dell'altro convivente, alla fine del rapporto, anche in assenza di un contratto (che comunque, se esistesse, dovrebbe ritenersi valido), perché si ritiene sussistente tra i partner un "tacit understatment", oppure una semplice identificazione di un'aspettativa ("resulting or constructive trust").

Nonostante nei sistemi di common law, la tutela delle nuove questioni giuridiche, sia apprestata per la quasi totalità dall'opera dei giudici, in tema di famiglia di fatto vi è una tendenza differente, poiché è la legge ad aver regolato il problema. È così che, nel diritto inglese, il "Domestic violence and matrimonial Proceeding Act" del 1976 fornisce una definizione di famiglia di fatto. Secondo la legge sono membri di tale famiglia un uomo e una donna che vivono l'uno con l'altra "in the same household as husband and wife". Dove "as husband and wife" equivale, grossomodo, alla formula latina *more uxorio*. Questa legge parifica i coniugi ai conviventi, estendendo a questi ultimi i diritti che sono previsti per i primi - seguendo la scia di una precedente legge, "The Provision for family and dependance Act" del 1975, in cui si prevede una "provision" (cioè una quota del patrimonio del partner defunto) per il mantenimento del superstite.

Anche in tema di locazione, il Regno Unito, con "The Housing Act" del 1980 permette la successione nel rapporto locatizio del superstite purché la "cohabitation" sia durata più di un anno. I conviventi sono considerati un'unica famiglia con risorse e patrimonio comuni, al fine di valutare l'opportunità di vari interventi sociali: così precisa il "Family Income Supplements Act"[333].

---

(332) Cfr. MARTIRADONNA I., op. cit., par. 14.
(333) Cfr. MARTIRADONNA I., op. cit., par. 15.

Questa evoluzione ha portato il Regno Unito non soltanto ad accettare un fenomeno che ha preso a crescere sin dalla metà degli anni '70 e che è divenuto, adesso, la più diffusa maniera per mezzo della quale, soprattutto i giovani, costruiscono la loro prima famiglia[334], bensì anche a prevedere, per mezzo del c.d. "Civil Partnership Act" del 2004[335], la possibilità persino per le coppie del medesimo sesso di legarsi in un'unione registrata avente degli effetti molto simili a quelli del matrimonio classico, pur non essendo in nessun modo etichettabile come "matrimonio gay", così come riportato dalla stampa sensazionalistica. Per l'ordinamento britannico le parti contraenti assumono, infatti, lo status legale di "civil partners" e non di coniugi.

40. Germania - Al contrario di quanto si è avuto modo di osservare per i paesi anglosassoni, nel diritto tedesco sono assai rari i riferimenti del legislatore alla famiglia di fatto. Il più noto è contenuto nella BSHG\s 122 del 1976, con la quale è stato equiparato il convivente al coniuge, nonché è stato disposto che sia cumulato il patrimonio della coppia ai fini della "sozialhilfe" (ossia dei servizi sociali).

La giurisprudenza ha però avuto un importante ruolo di arricchimento della materia, avendo creato una radicale differenziazione tra la famiglia legittima e quella di fatto. Si è così giunti a non ammettere la revoca delle donazioni tra conviventi in caso d'infedeltà. Al contrario si è, invece, escluso l'arricchimento senza causa del familiare di fatto, superstite, che abbia accudito il defunto, sull'argomentazione che per il coniuge non sarebbe previsto alcun compenso, nella medesima situazione. Altra giurisprudenza ha ammesso, come sta accadendo anche in Italia, la possibilità di successione nei rapporti di locazione oppure la perdita del diritto all'assegno di mantenimento nel caso di convivente separato o divorziato.

Se la giurisprudenza è dunque sufficientemente ampia, influente è soprattutto l'atteggiamento della dottrina, che ha approfondito probabilmente più d'ogni altra le caratteristiche del fenomeno.

Questa si è soffermata su aspetti molto particolari della famiglia di fatto avendo riguardo alla durata e alla stabilità di questa, per tentare di capire se utilizzare l'analogia con le norme familiari esistenti oppure lottare per l'adozione di un'apposita disciplina *de iure condendo*.

Come s'è visto per l'Italia, anche in Germania si è fatta leva sull'autonomia privata e sugli strumenti di diritto comune per regolare le famiglie di fatto, ma si è però tenuta in conto la possibilità di una comunione dei beni e degli arredi o magari di una società di fatto senza scopo di lucro. Infine si è evidenziata

---

(334) Cfr. FRANCESCONI M., *Divorzio e convivenza in Gran Bretagna. Quale futuro per la famiglia?*, in Affari Sociali, 05 maggio 200, pag. 422.
(335) Cfr. Civil Partnership Act, pubblicato su:
< http://www.legislation.gov.uk/ukpga/2004/33/contents >.

un'ipotesi di comunità familiare di diritto personale: dalla convivenza sorgerebbe, in tal senso, una sorta di contratto personale, fonte di diritti e doveri non soltanto morali o sociali[336].

Di recente è stato, persino, introdotto l'istituto giuridico della convivenza registrata[337]. Questo tipo di unione civile è stata pensata ed è ammessa soltanto per le coppie omosessuali - senza voler equiparare queste coppie a quelle unite in matrimonio, pur prevedendo disposizioni molto simili a quelle contenute nel diritto di famiglia tedesco. Essa consente alle persone dello stesso sesso di vedere riconosciuta la loro unione, fondata sull'aiuto e sull'assistenza reciproca, in modo formale per tutta la vita. Si tratta quindi di un istituto indubbiamente diverso dal matrimonio e previsto unicamente come alternativa ad esso per le coppie dello stesso sesso. In virtù della modifica apportata a tale istituto dalla legge del 15 dicembre 2004, è stato inserito un paragrafo - il quarto - all'art. 46 del Libro IV del codice di previdenza sociale per equiparare gli effetti dell'unione solidale a quelli del matrimonio per quanto riguarda il diritto a ottenere la pensione di reversibilità[338].

L'unione in esame trae origine dalla manifestazione di volontà delle parti circa la loro intenzione di convivere a vita. Da ciò discende l'obbligo di assistersi e sostenersi anche dopo un'eventuale separazione. Oltre agli obblighi citati, la convivenza registrata prevede dei diritti contributivi e assistenziali, in tema di assicurazioni e cittadinanza ad esempio.

Per ciò che attiene l'adozione, questa era esclusa e, fino al 2004, non potevano essere adottati nemmeno i figli del convivente - mentre adesso c'è la possibilità di esercizio di una potestà congiunta e di ottenere l'affido in caso di morte del genitore naturale.

Al convivente superstite, inoltre, sono attribuiti come s'è già accennato, gli stessi diritti successori che il matrimonio conferisce ai coniugi, oltre alla pensione di reversibilità, al permesso d'immigrazione per il partner straniero, alla reversibilità dell'affitto e all'obbligo di soddisfare i debiti contratti dalla coppia.

Nel 2009 la Corte costituzionale federale ha stabilito, in controtendenza col passato, l'estensione di tutti i diritti e i doveri del matrimonio alle coppie registrate dello stesso sesso[339].

---

(336) Cfr. MARTIRADONNA I., op. cit., par. 16.
(337) C.d. *Eingetragene Lebenspartnerschaft* - introdotto in il 16 febbraio 2001 con la legge *Gesetz über die Eingetragene Lebenspartnerschaft* - in vigore dal 1° agosto successivo.
(338) Cfr. DANISI C., op. cit., pag. 12.
(339) Cfr. sul problema la citata sentenza Maruko.

X
Conclusioni

41. Riletture - Durante l'intera trattazione si è sempre tenuto un occhio rivolto verso la nostra Carta Fondamentale. Nella situazione normativa odierna, è ormai necessario tenere in conto anche altri cataloghi di diritti (C.E.D.U., Carta di Nizza, ecc.) - tanto che in dottrina si parla della necessità di riconoscere in capo ai giudici nazionali un obbligo di preventiva interpretazione comunitariamente orientata, che altro non sarebbe se non un'evoluzione dell'interpretazione costituzionalmente orientata che da sempre la Corte Costituzionale opera[340].

Dall'esame che ho compiuto, molto sommariamente, sul fenomeno della convivenza extraconiugale, ho potuto trarre alcune conclusioni - che sono ben lungi dall'essere, però, il reale punto di chiusura della questione. Ho già accennato in precedenza circa la necessità che si distingua, in termini linguistici e concettuali, tra istituti differenti (quali matrimonio e unione). Ciò è stato ben compreso dai legislatori e dai giudici. Il matrimonio è un istituto millenario e peculiare, che ha dei presupposti specifici. Ecco perché non ritengo possa, né mai potrà, aversi, neppure *de iure condendo*, una forma di matrimonio che non sia quella c.d. classica. Nulla vieta, però, la possibilità di riconoscere altre forme di unione che si differenzino dal matrimonio, per struttura e sostanza, ma che possano però essere a esso equiparate, in termini di tutela, su un piano più squisitamente giuridico - ponendo quindi l'accento sugli effetti giuridici (e non sulla forma) da ricollegare a esse. Non esiste, in tal senso, il concetto di "matrimonio gay": si tratta, in pratica, di un paradosso. Il matrimonio civile, e prima ancora naturale, è per definizione etero.

La nostra Carta Costituzionale ci impone, però, di offrire tutela a tutti i singoli soggetti che siano portatori d'interessi tali da essere ritenuti meritevoli di detta tutela. Ecco che, sul piano degli effetti giuridici, ben si potrebbe accettare l'idea, ormai diffusa nel resto del mondo, circa la possibilità di regolare le unioni civili (almeno per quanto concerne quelle omosessuali) in modo puntuale e compiuto. Dal punto di vista strettamente teorico non sembrano riscontrarsi vincoli di sorta. La Costituzione, infatti, non ha creato la famiglia, ma ha potuto semplicemente riconoscerla quale formazione naturale preesistente all'ordinamento giuridico. Valutando dallo stesso punto di vista il fenomeno della convivenza *more uxorio*, che è tutt'altro che recente, ben si potrebbe ripercorrere il cammino tracciato dai Padri Costituenti, riconoscendo la famiglia di fatto, in quanto esistente e diffusa nel tessuto sociale. Non si dovrebbe, ancora una volta, creare *ex novo* un istituto, bensì fare i conti con la sua esistenza fattuale, riconoscerlo e delimitarlo. In vista di quest'obiettivo,

---

(340) Cfr. MASTROMATTEO A., op. cit., pag. 88.

prenderebbe sempre più piede la possibilità di estendere analogicamente - caso per caso - le previsioni familiari alla famiglia di fatto - quando si fosse in presenza di un accordo di convivenza (più o meno tacito).

Da quanto si è appena osservato, si evince la certezza che nulla vieti la possibilità di creare nuovi istituti e discipline per tutelare situazioni leggermente differenti dal matrimonio. Il giusto approccio a simili progetti, però, non può non essere che di tipo problematico e, in tal senso, c'è innanzi tutto da domandarsi se ciò sia davvero indispensabile. Si ritornerà sul punto a breve, adesso è necessario operare un'altra distinzione concettuale - che a mio avviso si cela già dietro l'orientamento dominante della Consulta - tra famiglia di fatto e convivenza *more uxorio*[341]. Per quanto questi concetti siano intesi quali sinonimi - anche durante la trattazione, infatti, non si è fatta alcuna distinzione in merito - si deve rilevare come si sia creata, giurisprudenzialmente, una vera e propria graduazione del fenomeno. Sembrerebbero esistere, infatti, delle vere e proprie famiglie di fatto - per nulla dissimili strutturalmente e sostanzialmente - dai matrimoni civili, accanto alle quali ci sarebbero delle più flebili unioni, meno stabili, basate sulla mera convivenza a mo' di coniugi (*more uxorio*). Questa differenza concettuale è già, per certi versi, lo spunto per la valutazione giudiziale delle varie situazioni reali da parte dei giudici di legittimità. Potrebbe essere un ottimo punto di partenza per la costruzione di quello statuto minimo che, ormai, è tutt'altro che un'ipotesi retorica *de iure condendo*.

Per il momento, almeno in Italia, quella che prevale è la sostanza sulla forma - giacché i giudici continuano costantemente ad assicurare tutela a situazioni che sembrano essere totalmente fuori dalle previsioni del diritto. Oltre ad una presa di posizione esplicita del legislatore, che non è un'idea innovativa per una tesi come questa, è necessario per un giurista leggere in maniera sempre nuova la realtà e le disposizioni esistenti nell'ordinamento. Non si può, in questa sede, non concordare sull'inclusione della famiglia di fatto tra le formazioni sociali di cui all'art. 2 Cost. delle quali essa rappresenta forse la maggiore espressione e dalla quale discendono, man mano, tutti gli altri aggregati sociali. Questo, però, sembra essere solo il primo passo verso quella graduazione della rilevanza che, le varie situazioni di fatto, assumono riguardo all'applicazione delle norme di diritto familiare anche oltre l'ambito della famiglia legittima.

Come si diceva poc'anzi, però, è necessario valutare se sia davvero necessario estendere in maniera cieca e ampia la tutela familiare anche alla convivenza - magari per mezzo di una nuova normativa. Più precisamente, l'interrogativo più rilevante al quale rispondere è quello che sorge sulla

---

(341) Più volte, nel corso della trattazione, si è fatto cenno al peso che Corte Costituzionale e Cassazione hanno attribuito al parametro della stabilità, della durata e dell'affidabilità del vincolo per differenziare o assimilare famiglia legittima e famiglia di fatto.

questione della necessità - o inutilità - di creare una disciplina autonoma della famiglia di fatto.

La tesi che, in conclusione, si sostiene, è immancabilmente ispirata a una considerazione essenziale: come si è avuto modo di osservare lungo il corso di tutta la trattazione, alla famiglia di fatto sono sempre stati riconosciuti dei margini di tutela abbastanza ampi. Si è trattato, per la maggior parte dei casi, di una tutela mutuata per opera della giurisprudenza dalle previsioni del diritto di famiglia. Si è parlato di statuto minimo, di riforme particolari quali PA.C.S. e DI.CO., e tutto in vista di uno scopo ultimo che sarebbe quello della creazione di una tanto attesa disciplina *ad hoc* delle convivenze. Per quanto, durante il corso della trattazione, si sia carezzata con favore l'idea garantista che sorregge una simile ricerca di regole e di certezza del diritto, non si può almeno per un momento, frenare ogni entusiasmo in merito.

Il rischio, continuando in questa direzione, sarebbe a mio avviso quello di creare una disciplina in tutto e per tutto simile a quella che regola già il matrimonio civile. Il problema dei patti civili di solidarietà o degli statuti dei diritti e dei doveri dei conviventi, sarebbe da rintracciare in un'inutile duplicazione di discipline - almeno quanto riguarda le coppie eterosessuali.

È pur vero, infatti, che esistano situazioni in cui, come s'è visto per le coppie dello stesso sesso, è impossibile sposarsi (poiché vietato) e l'unica scelta possibile è data dalla convivenza. Regolare l'unione omosessuale, magari con un esplicito richiamo legislativo alla normativa familiare è, senz'altro, necessario. Lasciando da parte, però, le considerazioni sul mondo omosessuale, che è strutturalmente bisognoso di una tutela *ad hoc* o comunque "assimilata sul piano degli effetti giuridici" a quella prevista per le coppie etero, c'è da domandarsi seriamente cosa cambierebbe tra un'unione etero registrata, consumata davanti ad un ufficiale dello stato civile e un matrimonio (civile) celebrato davanti al medesimo ufficiale.

Da quanto si è sin qui osservato, una disciplina speciale sulla convivenza avrebbe, quale proprio punto di partenza, un contratto - il c.d. contratto di convivenza. In questi termini, se si pensa al matrimonio civile denudandolo dai suoi connotati etici e morali, ci si trova, comunque, davanti ad un accordo (anche se non proprio di un contratto in senso tecnico). Di qui sorge il dubbio circa l'utilità di una disciplina *ad hoc* - almeno per quanto riguarda le coppie etero, che ben potrebbero sposarsi - la quale disciplina sarebbe, di certo, ricalcata sulla scia del diritto di famiglia vigente. Il prezzo da pagare, per equiparare i conviventi ai coniugi in tal modo, sarebbe quello di una duplicazione della disciplina che, forse, non sortirebbe nemmeno gli effetti sperati.

La creazione di una disciplina "fotocopia" per le convivenze di fatto sembra essere, alla luce del ragionamento operato, inutile e ridondante, giacché si avrebbero due tipologie di "accordi" sostanzialmente uguali, diversi soltanto per le etichette a essi conferite - l'uno sarebbe il classico matrimonio e l'altro sarebbe un accordo di convivenza. Se il problema è porre in capo ai conviventi i diritti e i doveri previsti per i coniugi, le strade da percorrere sembrano essere soltanto due: chi desidera esplicitamente una tale tutela, può sempre sposarsi secondo le norme civili. Chi invece preferisce non vincolarsi, è molto probabile che non vorrà farlo né se si tratti di matrimonio, né tantomeno se si tratti di un accordo di convivenza. Ecco che, una disciplina sugli accordi di convivenza sortirebbe gli stessi effetti dell'odierna disciplina sul matrimonio: chi non ama e non è capace di impegnarsi in un matrimonio, non sceglierebbe di firmare nemmeno un accordo di convivenza. Si avrebbero, a questo punto, due strumenti di diritto comune simili, che resterebbero inutilizzati mentre le coppie di fatto continuerebbero a esistere.

L'unica tutela per chi, quindi, non vorrà mai stipulare alcun accordo, né vincolarsi giuridicamente, rimarrebbe quella giudiziale, dove sarà il giudice a estendere caso per caso le previsioni del codice civile alla coppia di fatto - perseguendo l'obiettivo dell'equiparazione tra conviventi e coniugi di cui sopra.

Sul piano degli strumenti giuridici, dunque, sembra che la disciplina sul matrimonio sia già sufficiente a garantire la tutela necessaria ai singoli individui e ai loro interessi. L'attività giudiziale sembra essere, dal canto suo, altrettanto efficace per le situazioni non regolamentate. In entrambi i casi è, comunque, possibile giungere a una quasi totale equiparazione degli effetti giuridici delle due situazioni: matrimonio e convivenza di fatto. Il giudice sarebbe inoltre utile per ovviare a tutti i problemi che possono sorgere in costanza di situazioni particolari, quali la pendenza di un divorzio, nelle quali non si può contrarre matrimonio e, probabilmente, non si potrebbe nemmeno registrare e dar vita a una nuova famiglia di fatto.

L'idea più innovativa che in questa sede si propone, dunque, è quella di favorire l'utilizzo degli strumenti di diritto già esistenti, magari riformandoli secondo le esigenze moderne e di regolare in maniera essenziale le situazioni spurie particolari, insuscettibili di rientrare sotto l'egida del matrimonio, senza però duplicare le discipline esistenti, operazione che andrebbe a scapito della loro interpretazione e del loro coordinamento con l'intero sistema giuridico.

De *iure cond*endo, è auspicabile, dunque, non soltanto un'esplicita presa di posizione sulle unioni omosessuali, bensì anche la previsione legislativa di quelle norme - già applicate dai giudici - sulle consolidate e stabili situazioni di convivenza *more uxorio* le quali, così delineate, potrebbero assurgere a vere e proprie famiglie di fatto - intese, queste, come qualcosa di più di semplici convivenze.

Lasciare, infatti, la situazione in mano alla sola giurisprudenza, così come avviene ancor oggi, non è consigliabile proprio per i numerosi problemi che - in assenza di espliciti richiami legislativi - sorgono per l'applicazione delle norme vigenti ai casi concreti (si pensi alla risoluzione delle controversie successorie tra partner e parenti del *de cuis*, o ai casi di gravi malattie in cui il partener non gode degli stessi diritti del coniuge in termini di visite, accessi o decisioni: in tal senso una disciplina che cogliesse una volta per tutte la rilevanza della famiglia di fatto sarebbe senza dubbio il tassello mancante allo statuto minimo di questa).

BIBLIOGRAFIA

Libri, codici, monografie ed enciclopedie

AAVV, *Maximus. Dizionario enciclopedico*, a cura della Redazione Grandi Opere De Agostini diretta da Mario Nilo, Novara, Istituto Geografico De Agostini, 1993.
ALIBRANDI, LUIGI, *Codice Penale. Commentato con la giurisprudenza*, 29ª ed., Piacenza, Casa Editrice La Tribuna, 2011.
ANTOCI, BASILIO, *Fede, Metodo, Esperienza. Approccio con il mondo dell'educazione. Spunti e Riflessioni*, 1ª ed., col. I Segni del Tempo, Catania, Akkuaria Edizioni, 2010.
ANTOLISEI, FRANCESCO, CONTI, LUIGI, *Manuale di diritto penale. Parte Speciale*, 15ª ed. (a cura di) Carlo Federico Grosso, Milano, Giuffrè, 2008.
APRILE, PINO, *Elogio dell'Imbecille. Gli intelligenti hanno fatto il mondo, gli stupidi ci vivono alla grande*, 1ª ed., col. Piemme Best-seller, Milano, Piemme, 2010.
ARCIDIACONO, LUIGI, CARULLO, ANTONIO, RIZZA, GIOVANNI, *Diritto Costituzionale*, 1ª ed., Bologna, Monduzzi, 2005.
ARRIETA, JUAN IGNACIO, *Codice di Diritto Canonico e Leggi Complementari. Commentato*, 2ª ed. it. (a cura di) Juan Ignatio Arrieta, tr. it. di Sua Em.za Rev.ma Card. Tarcisio Bertone, Roma, Libreria Editrice Vaticana Coletti a San Pietro, 2007.
ASPREA, SAVERIO, *La famiglia di fatto*, Milano, Giuffrè, 2009.
AULETTA, GIUSEPPE, SALANITRO, NICCOLÒ, *Diritto Commerciale*, 17ª ed., Milano, Giuffrè, 2009.
AULETTA, TOMMASO, *Il Diritto di Famiglia*, (a cura di) Tommaso Auletta in (a cura di) Bessone Mario, *Trattato di diritto privato*, vol. 4, tomo I, Torino, Giappichelli, 2010.
BARDUSCO, ALDO, FURLAN, FEDERICO, IACOMETTI, MIRYAM, MARTINELLI, CLAUDIO, VIGEVANI, GIULIO, ENEA, SCHLEIN, VIVIANI, MARIA PAOLA, *Costituzioni Comparate*, 2ª ed., Torino, Giappichelli, 2009.
BENVENUTO, SERGIO, *La Gelosia. Impulso naturale o passione inconfessabile?*, col. Farsi un'Idea, Bologna, Il Mulino, 2011.
BESSONE, MARIO, *Trattato di diritto privato*, (a cura di) Bessone Mario, Torino, Giappichelli, 2010.
BIN, ROBERTO, BRUNELLI, GIUDITTA, GUAZZAROTTI, ANDREA, PUGIOTTO, ANDREA, VERONESI, PAOLO, *La «società naturale» e i suoi "nemici". Sul paradigma eterosessuale del matrimonio*, col. Amicus Curiae - Atti dei seminari "preventivi" ferraresi, Torino, Giappichelli, 2010.
BONILINI, GIOVANNI, *Le donazioni*, (a cura di) Bonilini Giovanni in (a cura di) Bonilini Giovanni *Trattato di diritto delle successioni e donazioni*, vol. 6, Milano, Giuffrè, 2009.
BONILINI, GIOVANNI, *Trattato di diritto delle successioni e donazioni*, Milano, Giuffrè, 2009.
BUDANO, GABRIELE, DEMOFONTI, SARA, *La misurazione delle tipologie familiari nelle indagini di popolazione*, Roma, ISTAT, 2010.
CARIOLA, AGATINO, *Il diritto costituzionale e la sua applicazione. Una selezione di materiali giurisprudenziali*, (a cura di) Agatino Cariola, Torino, Giappichelli, 1998.
CECCHINI, BIANCA, *Accertamento e attribuzione della paternità*, Padova, Casa Editrice Dott. Antonio Milani (CEDAM), 2008.
CIVELLO, MARIA LUCIA, *La Famiglia di Fatto*, Tesi di Laurea discussa alla Facoltà di Giurisprudenza, Roma, A.A. 2003-04.
COLLURA, GIORGIO, LENTI, LEONARDO, MANTOVANI, MANUELA, *Trattato di diritto di famiglia*, 2ª ed., col. Trattato di diritto di famiglia - diretto da Paolo Zatti, vol. 2 - Filiazione, Milano, Giuffrè, 2012.
COMITI, ANTONELLA, LIGUORI, STEFANO, *Codice di Procedura Civile Esplicato minor*, Napoli, Ed. Giuridiche Simone, 2009.
CORSETTI, CARLO, *Elementi di Logica Sillogistica*, 1ª ed., Roma, Aracne, 2000.
CORTESE, LUCA, *Le unioni civili in Europa: un'analisi giuridica comparata*, Tesi di Laurea discussa presso l'Università degli Studi di Brescia - Facoltà di Giurisprudenza, Brescia, A.A. 2005-06.
DE MASELLIS, MARIELLA, GIORDANO, EMILIA ANNA, *Violenza in famiglia. Percorsi giurisprudenziali*, Milano, Giuffrè, 2011.
DE NOVA, GIORGIO, *Codice Civile e leggi collegate*, Milano, Zanichelli, 2011.
DE ROSA, GABRIELE, *Storia Contemporanea*, 2ª ed., Milano, Minerva Italica, 1976.
DRAETTA, UGO, *Elementi di diritto dell'Unione Europea*, 5ª ed., Milano, Giuffrè, 2009.
ECO, UMBERTO, *Come si fa una tesi di laurea*, Milano, Bompiani, 2001.
FALCONES, ILDEFONSO DE SIERRA, *La mano de Fátima*, Barcellona, Random House Mondadori, 2009 (tr. it. di Nanda Di Girolamo, ed. it. Longanesi, *La mano di Fatima*, Milano, Edizione Mondolibri, 2009 su licenza Longanesi & C.).
FALLETTI, ELENA, *Famiglie di fatto e convivenze*, Padova, Casa Editrice Dott. Antonio Milani (CEDAM), 2009.
FANTUZZI, FEDERICA ROMANA, *La famiglia nel diritto penale: un concetto unitario?*, Tesi di Dottorato in Scienze Penalistiche discussa presso l'Università degli Studi di Trieste, Trieste, A.A. 2006-07. URL < http://hdl.handle.net/10077/2648 >.
FEDELE, PIETRO, *Grande Dizionario Enciclopedico UTET*, Torino, Unione Tipografico-Editrice Torinese, 1986 (ristampa 1990).
FELTRI, MARIA FRANCESCO, BERTAZZONI, MARIA MANUELA, NERI, FRANCESCA, *I Giorni e le Idee*, 1ª ed., Torino, Sei, 2002.
FINOCCHIARO, FRANCESCO, *Diritto Ecclesiastico*, 10ª ed. (a cura di) Bettetini Andrea e Lo Castro Gaetano, Bologna, Zanichelli, 2009.
FINOCCHIARO, FRANCESCO, ONIDA, FRANCESCO, *Matrimonio concordatario. Matrimonio degli acattolici*, col. Voci della Enciclopedia del Diritto, vol. 25, Milano, Giuffrè, 1977.
GIGLI, ELENA, *Il diritto al ricongiungimento familiare nell'ambito della normativa europea*, in Stranieri in Italia, 12 febbraio 2003.

GRASSO, CRISTINA, *La famiglia di fatto e il principio di non discriminazione in base all'orientamento sessuale, ovvero le unioni tra soggetti del medesimo sesso: analisi comparata*, Tesi di Laurea discussa presso l'Università degli studi di Catania - Facoltà di Giurisprudenza, Catania, A.A. 2007-08.

HEGEL, GEORG WILHELM FRIEDRICH, *Grundlinien der Philosophie des Rechts, 1821 (Lineamenti di filosofia del diritto*, ed. it. (a cura) di Francesco Messineo e Armando Plebe, Bari, Laterza, 1965).

JAEGER, PIER GIUSTO, DENOZZA, FRANCESCO, TOFFOLETTO, ALBERTO, *Appunti di Diritto Commerciale. Impresa e Società*, 7ª ed., Milano, Giuffrè, 2010.

LA ROSA, SALVATORE, *Principi di Diritto Tributario*, 3ª ed., Torino, Giappichelli, 2009.

LÉVI-STRAUSS, CLAUDE, *Les Structures élémentaires de la parenté*, Parigi, 1949 *(Le strutture elementari della parentela*, ed. it. (a cura) di Alberto Mario Cirese, Milano, Feltrinelli, 1969).

LO CASTRO, GAETANO, *Matrimonio, Diritto e Giustizia*, Milano, Giuffrè, 2003.

LO MENZO, GIUSEPPE, PIRRONE, V., RIZZO, N., SCIABICA, S., *L'aborto. Nuovi criteri medico legali*, Catania, Editrice Centro Studi, 1979.

LOCKE, JOHN, *An essay concerning the true original, extent, and end of civil government*, Londra, Awnsham Churchill, 1690 *(Il secondo trattato sul governo*, tr. it. di Anna Gialluca, col. I classici del pensiero libero, Milano, RCS Quotidiani per Corriere della Sera, 2010).

LOMBARDIA, PEDRO, *Lecciones de Derecho Canonico. Introduccion - Derecho constitucional - Parte general*, Madrid, Editorial Tecnos, 1984 *(Lezioni di Diritto Canonico. Introduzione - Diritto Costituzionale - Parte generale*, ed. it. (a cura di) Gaetano Lo Castro, Milano, Giuffrè, 1985).

LOSANO, MARIO GIUSEPPE, *I Grandi Sistemi Giuridici*, 2ª ed., Roma, Laterza, 2000.

LOSANO, MARIO GIUSEPPE, *Sistema e struttura nel diritto. Vol. 1: Dalle origini alla scuola storica*, Milano, Giuffrè, 2002.

MANDRIOLI, CRISANTO, *Diritto Processuale Civile*, 19ª ed., vol. 1, Torino, Giappichelli, 2007.

MARTIN, THOMAS R., *Ancient Greece: from Prehistoric to Hellenistic Times*, Yale University Press, 1996 (tr. it. di Margherita Fusi, *Storia dell'Antica Grecia*, ed. it. (a cura di) Monica Berti, Roma, Newton & Compton, 2006).

MIGLIORINO, FRANCESCO, *Il Corpo Come Testo*, Torino, Bollati Boringhieri, 2008.

MONTANARI, BRUNO, *Filosofia, Metodo, Diritto*, Napoli, Scriptaweb, 2009.

ROCCELLA, MASSIMO, *Manuale di diritto del lavoro. Mercato del lavoro e rapporti di lavoro*, 2ª ed., Torino, Giappichelli, 2005.

ROUSSEAU, JEAN JACQUES, *Du contrat social: ou principes du droit politique*, 1762 *(Contratto sociale*, ed. it. (a cura di) Roberto Gatti, Classici del pensiero, Milano, BUR Biblioteca Universale Rizzoli, 2005).

PALLADINI, LORENA, *Il Pacte Civil de Solidarité in Francia: uno sguardo comparativo*, Tesi di Laurea discussa presso l'Università degli Studi di Modena e Reggio Emilia - Facoltà di lettere e filosofia, Reggio Emilia, A.A. 2006/07.

PARINI, GIORGIA, *La responsabilità civile nelle relazioni familiari con particolare riguardo al rapporto genitori-figli*, Tesi di Dottorato in Diritto privato nella dimensione europea discussa presso l'Università degli Studi di Padova, Padova, A.A. 2008-09. URL < http://paduaresearch.cab.unipd.it/2553/1/GiorgiaParinitesidottorato.pdf >.

PARISI, NICOLETTA, *Casi e materiali di diritto europeo dell'informazione e della comunicazione*, 2ª. con la collaborazione di Maria Berretta, Napoli, Editoriale Scientifica, 2007.

PARISI, NICOLETTA, RINOLDI, DINO, *Profili di diritto europeo dell'informazione e della comunicazione*, 2ª ed. (a cura di) Nicoletta Parisi e Dino Rinoldi, Napoli, Editoriale Scientifica, 2007.

PATERNITI, CARLO, PATERNITI, FILIPPO, *Manuale dei reati: singole previsioni*, Milano, Giuffrè, 2011.

PEGORARO, LUCIO, *Linguaggio e certezza della legge nella giurisprudenza della Corte Costituzionale*, col. Università di Milano - Facoltà di giurisprudenza - Istituto di filosofia e sociologia del diritto - Quaderni di filosofia analitica del diritto, Giuffrè, Milano 1988.

PERLINGIERI, PIETRO, *Codice Civile Annotato con la Dottrina e la Giurisprudenza*, UTET, Torino, Unione Tipografico-Editrice Torinese, 1980 (ristampa 1984).

PIRRONE, MARCELLA, *Convivenza o Matrimonio? Una scelta consapevole*, a cura del Comune di Bolzano - Assessorato alle Politiche Sociali e alle Pari Opportunità, tr. di Sabine Ruedl, Bolzano, Novembre 2004.

POCAR, FAUSTO, *Diritto dell'Unione Europea e delle Comunità Europee*, 10ª ed., Milano, Giuffrè, 2006.

SATTA, SALVATORE, *Il mistero del processo*, col. Piccola Biblioteca Adelphi, Milano, Adelphi Edizioni, 1994.

SCARPELLI, UMBERTO, *Università di Milano - Facoltà di giurisprudenza - Istituto di filosofia e sociologia del diritto - Quaderni di filosofia analitica del diritto*, (a cura di) Umberto Scarpelli, vol. 8, Milano, Giuffrè, 1988.

SCIARRA, SILVANA, *Manuale di diritto sociale europeo*, 1ª ed. (a cura di) Silvana Sciarra, Torino, Giappichelli, 2010.

SERPI, GIUSEPPE, BARASSI, LUDOVICO, METITIERI, GENNARO, *Evoluzione del diritto di famiglia con riferimento alla filiazione ed ai rapporti personali e patrimoniali tra coniugi*, Secondo tema del Congresso internazionale del notariato latino (Barcellona, settembre/ottobre 1975), a cura dei notai Giuseppe Serpi coordinatore, Lodovico Barassi, Gennaro Metitieri, Savigliano, L'Artistica Savigliano, 1975.

SLEPOJ, VERA, *Le Ferite degli Uomini*, 1ª ed., col. Oscar Saggi, Milano, Mondadori Editore, 2005.

SOLIGNANI, TIZIANO, *Guida alla separazione e al divorzio*, col. Risposte, Milano, Vallardi, 2010.

TORRENTE, ANDREA, SCHLESINGER, PIERO, *Manuale di Diritto Privato*, 17ª ed., Milano, Giuffrè, 2004.

TALASSI, STEFANO, *La convivenza more uxorio*, Tesi di Laurea discussa alla Facoltà di Giurisprudenza, Trento, A.A. 1998-99.

TRECCANI, GIOVANNI, *Enciclopedia Giuridica*, Roma, Istituto della Enciclopedia Italiana Fondata da Giovanni Treccani, 1989.

TRECCANI, GIOVANNI, *La Piccola Treccani*, Milano, Istituto della Enciclopedia Italiana Fondata da Giovanni Treccani, 1995.

TRIMARCHI, PIETRO, *Istituzioni di Diritto Privato*, 16ª ed., Milano, Giuffrè, 2005.

VAN CAENEGEM, RAOUL CHARLES, *An Historical Introduction to Private Law*, Cambridge, Cambridge University Press, 1992 (tr. it. di Adriana Musumarra, *Introduzione Storica al Diritto Privato*, ed. it. (a cura) di Mario Acheri, Bologna, Il Mulino, 2004).

VASSALLO, GIUSEPPINA, *Figli Naturali e Famiglia di Fatto*, col. Famiglia, Montecatini Terme, Altalex Consulting, 2011.
VILLARI, ROSARIO, *Storia Contemporanea*, 6ª ed., col. Collezione Scolastica, Roma, Editori Laterza, 1974.
WELZEL, HANS, *Naturrecht und Materiale Gerechtigkeit*, Vandenhoeck und Ruprecht, 1951 (ed. it. (a cura di) Giuseppe De Stefano, *Diritto Naturale e Giustizia Materiale*, Milano, Giuffrè, 1965).
ZACCARIA, ALESSIO, *Studium Iuris*, (a cura di) Zaccaria Alessio, Milano, Casa Editrice Dott. Antonio Milani (CEDAM), 2010.

Atti, saggi, articoli e altre pubblicazioni

AAVV, *"Convivenza more uxorio o famiglia di fatto"*, in Separazione-divorzio.com, < http://www.separazione-divorzio.com/convivenza.php >.
AAVV, *"Compendio di diritto della famiglia e delle successioni"*, in De Stasio - Studio Legale, Compendi e dispense di diritto, 1998.
AAVV, *"Gratuità e onerosità tra inefficacia e revocabilità nel fallimento"*, in < http://utenti.multimania.it/solfano/utili/, 19 febbraio 2004 >.
AAVV, *"Le strutture familiari. Media 2002/03"*, in ISTAT - Struttura e dinamica sociale: Famiglia e Società, 27 ottobre 2004.
AAVV, *"Ricongiungimento familiare"*, in Polizia di Stato - Sito istituzionale, 20 gennaio 2011, < http://www.poliziadistato.it/articolo/219/ >.
AAVV, Editoriale, *"Assegno di divorzio e rilevanza di convivenza more uxorio del coniuge separato"*, (a cura di) redazione, in Altalex, 2002.
AAVV, Editoriale, *"Bagnasco: nuova bufera sui Dico"*, in Corriere della Sera, 01 aprile 2007.
AAVV, Editoriale, *"Gay hanno diritto a vita familiare come tutte le coppie"*, in Altalex, 15 marzo 2012.
AAVV, Editoriale, *"Finalmente la parola della Suprema Corte di Cassazione: l'art. 317 bis c.c. rimane il referente normativo della potestà e dell'affidamento"*, in Praticanti Diritto, 12 aprile 2007.
AAVV, Editoriale, *"Irlanda, matrimoni 'umanisti' saranno riconosciuti"*, in UAAR, 02 maggio 2012.
AAVV, Editoriale, *"La 'famiglia di fatto' ha ingresso in Cassazione"*, in Praticanti Diritto, 05 giugno 2008.
AAVV, Editoriale, *"La Famiglia si Fonda sul Diritto Naturale"*, in L'Osservatore Romano, 14 maggio 2011.
AAVV, Editoriale, *"La Famiglia Risorsa di Futuro"* in L'Osservatore Romano, 07 giugno 2011.
AAVV, Editoriale, *"Reggio Emilia: coppia gay, sì a ricongiungimento familiare"*, in Justice TV, 05 marzo 2012.
AAVV, Editoriale, *"Risarcimento danni, Cassazione riconosce famiglia di fatto"*, in Online-news - L'informazione a domicilio, 08 giugno 2011,
< http://www.online-news.it/2011/06/08/risarcimento-danni-cassazione-riconosce-famiglia-di-fatto/ >.
AAVV, Editoriale, *"Seconde nozze e pensione di reversibilità: rilevanza del periodo di convivenza"*, (a cura di) redazione, in Altalex, 2003.
ANDREW, DUFF, *"True guide to the treaty of Lisbon"*, in Alde.eu, 01 dicembre 2007, (tr. it. *"Guida al trattato di Lisbona"*, in Alde.eu, 01 dicembre 2007), < http://www.alde.eu/fileadmin/files/Download/True-Guide-IT-4web.pdf >.
ATTI CAMERA, Proposta di legge n°3296, *"Disciplina del patto civile di solidarietà e delle unioni di fatto"*, 21 ottobre 2002, < http://legxiv.camera.it/_dati/leg14/lavori/stampati/pdf/14PDL0050850.pdf >.
ATTI CAMERA, Proposta di legge n°3308, *"Norme in materia di unione registrata, di unione civile, di convivenza di fatto, di adozione e di uguaglianza giuridica tra i coniugi"*, 23 ottobre 2002, < http://legxiv.camera.it/_dati/leg14/lavori/stampati/pdf/14PDL0041490.pdf >.
BAGNATO, MARIA ELENA, *"Ex coniuge fa un figlio con il convivente? Stop all'assegno"*, in Altalex, 08 febbraio 2012.
BALESTRA, LUIGI, *"L'evoluzione del diritto di famiglia e le molteplici realtà affettive"*, in Il Diritto di Famiglia, (a cura di) Tommaso Auletta, Torino, Giappichelli, 2010.
BELLINI, GESUELE, *"Diritti e doveri delle persone stabilmente conviventi (DI.CO.). Disegno di legge approvato dal CdM l'08.02.2007"*, in Altalex, 12 febbraio 2007.
BELLINI, GESUELE, *"Ogni attività lavorativa è presunta a titolo oneroso"*, in Altalex, 21 maggio 2009.
BELLISARIO, ELENA, *"Ancora sul contrasto circa i criteri di ripartizione della pensione di reversibilità tra coniuge divorziato e coniuge superstite"*, in Giur. It., 2001, pag. 1128.
BELOTTI, ANDREA, *"La casa al coniuge convivente con figlio maggiorenne con lavoro precario"*, in Persone e Danno, 16 aprile 2012.
BELTRANI, SERGIO, *"La (mutevole) rilevanza della famiglia di fatto nel diritto penale"*, in Riv. Cass. Pen. 2008, vol. 48, pag. 2860.
BERGAMINI, ELISABETTA, *"Miti e realtà nella disciplina dell'UE in tema di famiglia omosex"*, in La «società naturale» e i suoi "nemici", (a cura di) Bin R. et al., Torino, Giappichelli, 2010.
BERNARDI, MAURO, *"Tribunale di Mantova, 2 febbraio 2010 – Pres. Bernardi – Est. Pagliuca. Gratuito patrocinio – Revoca dell'ammissione – Superamento del limite di reddito – Familiare convivente – Convivente more uxorio – Assimilabilità – Sussistenza"*, in Il Caso - Foglio di giurisprudenza, 24 febbraio 2010, < http://www.ilcaso.it/giurisprudenza/archivio/2033.php >.
BIARELLA, LAURA, *"Figlio maggiorenne può intervenire nella causa di separazione dei genitori"*, in Altalex, 02 aprile 2012, < http://www.altalex.com/index.php?idnot=17593 >.
BONAZZI, AUGUSTO, *"Obbligazione naturale"*, in Digesto Ipertestuale - UTET, Torino, Unione Tipografico-Editrice Torinese, 2003.
BUFFONE, GIUSEPPE, *"Tribunale Lamezia Terme, 01 dicembre 2011 - Pres. Ianni - Est. Danise. Separazione – Assegno in favore del coniuge debole – Nuova convivenza more uxorio – Diritto del coniuge onerato ad una riduzione/eliminazione dell'assegno – Sussiste"*, in Il Caso - Foglio di giurisprudenza, 16 gennaio 2012, < http://www.ilcaso.it/giurisprudenza/archivio/6817.php >.
BUFFONE, GIUSEPPE, *"Tribunale Reggio Emilia, 13 febbraio 2012 - Est. Tanasi. Matrimonio del cittadino straniero con cittadino italiano, celebrato in altro Stato (nel caso di specie: Spagna) - Matrimonio Omosessuale - Ricongiungimento familiare - Artt. 23, 25 d.lgs. 30/2007 -*

Applicabilità - Sussiste", in Il Caso - Foglio di giurisprudenza, 19 marzo 2012, < http://www.ilcaso.it/giurisprudenza/archivio/7052.php >.

BUFFONI, MARTA, "*Maltrattamenti in famiglia: reato configurabile anche tra conviventi more uxorio*", in Altalex, 12 novembre 2009.

CALAFÀ, LAURA, "*Unione solidale registrata fra persone omosessuali e pensione superstiti: il caso Tadao Maruko dinanzi alla corte di giustizia CE*", in Riv. Giur. Lav., vol. 2, 2009, pag. 237.

CALALUNA, ANGELA, "*Nuova convivenza dell'ex coniuge e assegno di mantenimento*", in Altalex, 01 dicembre 2011.

CALAMANDREI, PIERO, Assemblea Costituente, "*Atti*", seduta del 23 aprile 1947, < http://legislature.camera.it >.

CALÒ, EMANUELE, "*Dalla famiglia di fatto al piccolo matrimonio: un diritto comunitario della famiglia?*", in Riv. Contratto e Impresa Europa 2000, vol. 5, pag. 667.

CAPORRELLA, VITTORIO, "*La famiglia nella Costituzione italiana. La genesi dell'articolo 29 e il dibattito della Costituente*", in Storicamente, n°6, 2010, < http://www.storicamente.org/07_dossier/famiglia/famiglia_costituzione_italiana.htm >.

CARADONNA, IVAN, "*Il diritto islamico: categorie generali e norme penali*", in Diritto e Diritti, novembre 2003, < http://www.diritto.it/articoli/transnazionale/caradonna.html >.

CARCANO, RAFFAELE, "*Scozia, il matrimonio 'ateo' è di gran moda*", in UAAR, 02 luglio 2008.

CARMELLINO, GIOVANNI, "*Tribunale Novara, 10 giugno 2012 - Pres. Quatraro - Est. Filice. Separazione – Provvedimenti in caso di inadempienze o violazione – Decadenza dal diritto di godimento della casa familiare – Giudizio di conformità dell'interesse del minore – Convivenza more uxorio*", in Il Caso - Foglio di giurisprudenza, 18 aprile 2012, < http://www.ilcaso.it/giurisprudenza/archivio/7105.php >.

CASADIO, GIOVANNA, "*Pacs, è scontro sul testo della legge*", in La Repubblica, 03 febbraio 2007.

CHIRICOSTA, GIOVANNI, "*La convivenza more uxorio in Italia*", in Diritto&Diritti - Diritto.it, 10 febbraio 2011, ISSN 1127-8579.

CICCARELLO, SEBASTIANO, "*Parentela e affinità*", in Il Diritto di Famiglia, (a cura di) Tommaso Auletta, Torino, Giappichelli, 2010.

CONFORTI, ROSALIA, "*L'obbligazione alimentare - diritto agli alimenti*", in Overlex - Portale giuridico, 19 febbraio 2008.

CONFORTI, ROSALIA, "*Misure contro la violenza nelle relazioni familiari: la legge 154/2001*", in Overlex - Portale Giuridico, 02 marzo 2008.

CORSINI, PAOLA, "*Il matrimonio tra persone dello stesso genere: l'eloquenza del silenzio normativo*", in La «società naturale» e i suoi "nemici", (a cura di) Bin R. et al., Torino, Giappichelli, 2010.

COSSIRI, ANGELA, "*Famiglie omosessuali, famiglie clandestine. La lacuna dell'ordinamento che produce discriminazione*", in La «società naturale» e i suoi "nemici", (a cura di) Bin R. et al., Torino, Giappichelli, 2010.

COTINI, CARMINE, "*La delibazione della sentenza ecclesiastica di nullità matrimoniale*", in SLC, < http://www.studiolegalecotini.it/matrimonio-concordatario-delibazione-della-sentenza-ecclesiastica.htm >.

COZZI, ALESSIA OTTAVIA, "*Esiste un'obbligazione convenzionale o comunitaria volta a consentire il matrimonio tra persone dello stesso sesso?*", in La «società naturale» e i suoi "nemici", (a cura di) Bin R. et al., Torino, Giappichelli, 2010.

COZZI, ALESSIA OTTAVIA, "*Il diritto alla pensione di reversibilità del partner di un'unione solidale registrata: la Corte di Giustizia al bivio tra il divieto comunitario di discriminazione in base all'orientamento sessuale e il diritto nazionale*", in Forum di Quaderni Costituzionali, 30 aprile 2008.

CRUCIANI, CESIRA, "*Divorzi in Romania? Rapidi e a basso costo*", in Altalex, 02 novembre 2011, < http://www.altalex.com/index.php?idnot=15871 >.

CULTRERA, STEFANO, "*Ricettazione e convivenza more uxorio*", in Altalex, 18 dicembre 2009.

CUOCOLO, FAUSTO, "*Famiglia. Profili Costituzionali*", in Enciclopedia Giuridica, voce Famiglia, cap. I.

DANISI, CARMELO, "*Il principio di non discriminazione dalla CEDU alla Carta di Nizza: il caso dell'orientamento sessuale*", in Forum di Quaderni Costituzionali, 14 marzo 2010.

DI BARI, MICHELE, "*La lettura in parallelo delle sentenze n. 138/2010 e n. 245/2011 della Corte Costituzionale: una breve riflessione*", in Forum di Quaderni Costituzionali, 13 settembre 2011.

DI GIOVINE, OMBRETTA, "*Testimonianza (Falsità di)*", in Digesto Ipertestuale - UTET, Torino, Unione Tipografico-Editrice Torinese, 2003.

DI ROSA, GIOVANNI, "*Diritti fondamentali della persona e ricongiungimento «familiare» dei conviventi*", in Familia, n°3, 2009.

DIGREGORIO, PAOLANNA, "*Convivenza more uxorio e accessione: nuovi spunti di riflessione*", in Giur. It., 2004, pag. 532.

DOGLIOTTI, MASSIMO, "*La forza della famiglia di fatto e la forza del contratto. Convivenza more uxorio e presupposizione*", in Famiglia e Diritto, vol. 5, 2001, pag. 529.

EUROPEAN CONVENTION OF HUMAN RIGHTS, "*The European Convention on Human Rights*", in http://www.echr.coe.int, (tr. it. "*Convenzione per la salvaguardia dei Diritti dell'Uomo e delle Libertà fondamentali*" a cura della Cancelleria della Corte europea dei Diritti dell'Uomo).

FANTUZZI, FEDERICA ROMANA, "*Famiglia. Delitti contro la famiglia*", in Enciclopedia Giuridica, voce Famiglia, cap. VI, 2008.

FAGGIANO, ISABELLA, "*Più felici senza l'anello. Coppie a confronto in una ricerca USA: chi si sposa ha una salute migliore, chi non lo fa è più sereno*", in Il Secolo XIX, 24 gennaio 2012.

FERRANDO, GILDA, "*Il matrimonio civile*", in Il Diritto di Famiglia, (a cura di) Tommaso Auletta, Torino, Giappichelli, 2010.

FERRANDO, GILDA, "*Rilascio del passaporto al genitore naturale: un altro passo sulla via dell'eguaglianza nella disciplina del rapporto di filiazione*", tratto da Info UTET, Banche Dati Platinum, Torino, Unione Tipografico-Editrice Torinese, aprile 2007.

FERRETTI, ALESSANDRO, "*Abbandono del tetto coniugale? Non sempre è reato*", in Altalex, 06 aprile 2012.

FERRETTI, ALESSANDRO, "*Anche al convivente gay spetta il risarcimento in caso di sinistro mortale*", in Altalex, 18 ottobre 2011.

FERRETTI, ALESSANDRO, "*Non sussistono maltrattamenti senza abitualità*", in Alatalex, 09 marzo 2012.

FERRETTI, ALESSANDRO, "*Padre naturale: l'obbligo del mantenimento sorge con la nascita del figlio*", in Altalex, 23 aprile 2012.

FINOCCHIARO, FRANCESCO, "*Matrimonio concordatario*", in FINOCCHIARO F. et al., *Matrimonio concordatario. Matrimonio degli acattolici,*

Voci della Enciclopedia del Diritto, vol. 25, Milano, Giuffrè, 1977, pag. 1.
FINOCCHIARO, MARIO, "*Convivenza extraconiugale* e «*convivenza more uxorio*». *Differenze (ai fini del diritto all'assegno di divorzio)*", in Giust. Civ., 2002, pag. 1001.
FRANCESCONI, MARCO, "*Divorzio e convivenza in Gran Bretagna. Quale futuro per la famiglia?*", in Affari Sociali, 2000, n°5, pag. 417.
GAGLIARDI, FABIO, "*Matrimonio civile*", in Digesto Ipertestuale - UTET, Torino, Unione Tipografico-Editrice Torinese, 2003.
GALLUZZO, SABINA, ANNA RITA, "*Convivenza more uxorio - Rapporti patrimoniali, diritti successori e donazioni*", tratto da "*Famiglia e minori*", percorso operativo di LEX24 (a cura di) Galluzzo Sabina Anna Rita, in Diritto24 - Il Sole 24 Ore, 10 novembre 2011.
GASPARRE, ANNALISA, "*Maltrattamenti in famiglia anche se la convivenza è more uxorio*", in Osservatorio sulla Legalità, 10 agosto 2011.
GIACALONE, ANTONIO, "*I maltrattamenti del coniuge*", in Altalex, 30 luglio 2005.
GIACHÈ, GIANLUCA, "*Scozia, in aumento i matrimoni umanisti*", in UAAR, 22 febbraio 2011.
GRECO, ANGELO, "*Coppie gay sempre più tutelate*", in La Legge Per Tutti - Portale di informazione giuridica per il cittadino, 03 novembre 2011, < http://www.laleggepertutti.it/ >.
IEZZONI, HERMANS, JOSEPH, "*Cassazione n. 4 del 3 gennaio 2008: riconoscimento del figlio naturale*", in ABC.
LANZIERI, MAURO, "*Straniero convive con nipote italiano? Espulsione vietata*", in Altalex, 14 maggio 2012.
LOSTIA, ANGELA, "*Uniti e divisi. Le condizioni materiali del ricongiungimento familiare*", in Presidenza del Consiglio dei Ministri - Dipartimento Affari sociali - Commissione per le politiche di integrazione, Working Paper, n°4, maggio 1999.
LUCCIOLI, GABRIELLA, "*L'azione per la dichiarazione giudiziale di paternità*", in Giustizia Catania,
< http://www.giustizia.catania.it/formazione/190407/luccioli.pdf >.
MAGRI, MATTEO, "*Patto di famiglia*", in Persona e Danno - Enciclopedia.
MARANI, SIMONE, "*Anche i figli sono vittime dei maltrattamenti subiti dalla madre*", in Altalex, 03 dicembre 2010.
MARANI, SIMONE, "*Coppia gay: non trascrivibile l'atto di matrimonio contratto all'estero*", in Altalex, 22 marzo 2012.
MARANI, SIMONE, "*Immigrazione irregolare e convivenza more uxorio*", in Altalex mese settembre 2008.
MARI, RAFFAELLA, "*Genitori assegnati in affidamento alla figlia di quattro anni*", in La Legge Per Tutti - Portale d'informazione giuridica per il cittadino, 09 marzo 2012, < http://www.laleggepertutti.it/ >.
MARTELLI, UMBERTO, "*Le coppie omosessuali hanno il diritto alla vita familiare. Lo afferma la Cassazione*", in Articolo Tre, 15 marzo 2012.
MARTINI, CARLO, MARIA, "*Famiglia e politica*", Discorso per la vigilia di s. Ambrogio 2000 (Milano 6 dicembre 2000), Centro Ambrosiano, Milano, in Affari Sociali, 2001, n°3, pag. 250.
MARTIRADONNA, IVAN, "*Famiglia di fatto*", in Digesto Ipertestuale - UTET, Torino, Unione Tipografico-Editrice Torinese, 2003.
MASSERELLI, BARBARA, "*Affido condiviso: potestà genitoriale e competenza del tribunale dei minorenni*", in Altalex, 25 luglio 2006.
MASTROMATTEO, ALBERTO, "*Il diritto al ricongiungimento familiare e la convivenza more uxorio: un rapporto in crisi o la crisi di un sistema?*", in Il Civilista, gennaio 2011, pag. 80.
MATTEO, GRAZIA, "*Ripartizione della pensione di reversibilità tra coniuge superstite e coniuge divorziato: le opzioni esegetiche delle Sezioni unite della Corte di cassazione*", in Giur. It., 1999.
MAZZUCATO, FILIPPO, "*Rapporto di fatto*", in Digesto Ipertestuale - UTET, Torino, Unione Tipografico-Editrice Torinese, 2003.
MELANI, ANDREA Y., "*Nella costituzione c'è posto per tutti... a proposito di famiglia*", in Forum di Quaderni Costituzionali, 03 marzo 2008.
MESSINA, ELISABETTA, "*Introduzione ai 'reati contro la famiglia', nozione di 'famiglia' nel codice penale e sua evoluzione, misure coercitive ex art. 282-bis c.p.p., violazione degli obblighi di assistenza familiare, mancata corresponsione dell'assegno divorzile*", in Giustizia Catania,
< http://www.giustizia.catania.it/formazione/190407/messina.pdf >.
MILITELLO, MARIAGRAZIA, "*Le nuove discriminazioni*", in Manuale di diritto sociale europeo, (a cura di) Silvana Sciarra, Torino, Giappichelli, 2010.
MILIZIA, GIULIA, "*Anche il convivente more uxorio può succedere nella locazione*", in Diritto&Diritti - Diritto.it, 10 maggio 2007, ISSN 1127-8579,
< http://www.diritto.it/docs/23943-anche-il-convivente-more-uxorio-puo-succedere-nella-locazione?page=1 >.
MOCCI, ALESSIA, "*Recensione al Libro «La Famiglia di Fatto»*", in Vincenzo Di Michele, < http://www.vincenzodimichele.it/libri-e-recensioni/la-famiglia-di-fatto >.
MONDELLO, MICHELE, "*La Famiglia Fondata sul Matrimonio e le Famiglie*", in TCRS - Centro Studi Teoria e Critica della Regolazione sociale, Reciprocità e alterità. La genesi del legame sociale - Quaderno 2010, Catania 2010, ISSN: 1970-5476,
< http://www.lex.unict.it/tcrs/numero/2011/Testo%20Mondello.pdf >
MORETTI, MIMMA, "*Affidamento Familiare*", in Digesto Ipertestuale - UTET, Torino, Unione Tipografico-Editrice Torinese, 2003.
MORO, SUSANNA, "*Coppia di fatto omosessuale e ricongiungimento familiare*", in Altalex, 12 maggio 2009.
ONIDA, FRANCESCO, "*Matrimonio degli acattolici*", in FINOCCHIARO F. et al., *Matrimonio concordatario. Matrimonio degli acattolici*, Voci della Enciclopedia del Diritto, vol. 25, Milano, Giuffrè, 1977, pag. 61.
OPPES, ALESSANDRO, "*Spagna, le nozze gay sono legge*", in La Repubblica, 01 luglio 2005.
PALERMO, GIANFRANCO, "*Convivenza more uxorio e famiglia naturale*", in Giur. It., 1999, pag. 1608.
PALMIERI, GERMANO, "*Mantenimento e convivenza more uxorio*", in La Stampa, 20 giugno 2011, < http://www3.lastampa.it/i-tuoi-diritti/sezioni/famiglia-successioni/focus/articolo/lstp/408012/ >.
PALMIERI, GERMANO, "*Separazione, divorzio e mantenimento*", in La Stampa, 20 giugno 2011, < http://www3.lastampa.it/i-tuoi-diritti/sezioni/famiglia-successioni/focus/articolo/lstp/408000/ >.
PAVONE, MARIO, "*Gratuito patrocinio: la convivenza 'more uxorio' va considerata come una famiglia*", in Altalex, 17 febbraio 2006
PERROTTA, GIULIO, "*Convivenza more uxorio. Diritti, doveri ed obblighi*", in Il Diritto amministrativo - Rivista Giuridica, Studi 2012, 20 gennaio 2012.

PETITTI, CINZIA, "*I diritti nelle famiglie di fatto: attualità e futuro*", in Familia, 2003.

PISTORELLI, LUCA, "*Disciplina penale in materia di armi: le novità introdotte dal d.lgs. n. 204 del 2010*", in Diritto Penale Contemporaneo, 18 gennaio 2011.

PONTICIELLO, ROSITA, "*È reato costringere il convivente a praticare sesso spinto*", in Altalex - schede di giurisprudenza, novembre 2011.

POSTERARO, NICOLA, "*L'assegno familiare non è dovuto se la ex moglie convive col nuovo partner*", in La Legge Per Tutti - Portale di informazione giuridica per il cittadino, 10 marzo 2012, < http://www.laleggepertutti.it/ >.

PULEO, SALVATORE, "*Famiglia. Disciplina Privatistica: in Generale*", in Enciclopedia Giuridica, voce Famiglia, cap. II.

RAVERA, CRISTINA, "*Affido condiviso: sulla competenza del tribunale per i minorenni*", in Altalex, 13 aprile 2007.

RAVO, LINDA MARIA, "*Il dibattito nazionale sul matrimonio omosessuale: la prospettiva del diritto dell'Unione Europea*", in La «società naturale» e i suoi "nemici", (a cura di) Bin R. et al., Giappichelli, Torino 2010.

RINALDI, MANUELA, "*Revisione dell'assegno di mantenimento e convivenza more uxorio*", in Altalex, 15 febbraio 2010.

ROMANO, MARIA, CLELIA, "*La popolazione omosessuale nella società italiana*", in ISTAT - Dipartimento per le statistiche sociali ed ambientali, anno 2011.

ROPPO, ENZO, "*Famiglia. Famiglia di Fatto*", in Enciclopedia Giuridica, voce Famiglia, cap. III, 1999 (postilla di aggiornamento).

ROPPO, VINCENZO, BENEDETTI, ALBERTO MARIA, "*Famiglia. Famiglia di Fatto*", in Enciclopedia Giuridica, voce Famiglia, cap. III.

ROSSI, RITA, "*Matrimonio omosex: sconfinamento della cassazione?*", in Persone e Danno, 18 marzo 2012.

ROSSI, STEFANO, "*La famiglia di fatto nella giurisprudenza della Corte Costituzionale*", in Forum di Quaderni Costituzionali, 19 giugno 2007.

ROSSI, STEFANO, "*The single man. Risarcimento del danno da morte del convivente di una coppia omosessuale*", in Persona e Danno, 03 giugno 2011.

RIVERDITI, MAURIZIO, PISAPIA, GIANDOMENICO, PISAPIA, GIULIANO, "*Famiglia (delitti contro)*", in Digesto Ipertestuale - UTET, Torino, Unione Tipografico-Editrice Torinese, 2003.

SALEMI, ELENA, "*Maltrattamenti in famiglia: sistematiche vessazioni con manifestazioni di avarizia*", in Altalex, 28 giugno 2000.

SALEMI, ELENA, "*Maltrattamenti in famiglia e violenza sessuale: configurabile il concorso fra reati*", in Altalex, 30 luglio 2005.

SANTINI, MATTEO, "*Accordi di convivenza e famiglia di fatto*", in Ius Sit - Sito di informazione giuridica, 30 luglio 2007.

SCHLESINGER, PIERO, "*L'unità della Famiglia*", in Studi in Onore di F. Santoro Passarelli, Napoli, Jovene, 1972.

SOLIGNANI, TIZIANO, "*Separazione dei conviventi*", in Solignani, Massa e altri, < http://blog.solignani.it/schede-pratiche/famiglia/separazione-dei-conviventi/ >.

SORGE, BARTOLOMEO, Editoriale "*A proposito di «coppie di fatto»*", in Affari Sociali, 2001, n°3, pag. 189.

STORANI, PAOLO M., "*Cassazione n°4184/2012 - Matrimoni e famiglie omosessuali - analisi del dott. Marco Gattuso*", in Studio Cataldi - Portale di informazione giuridica, 19 marzo 2012.

TESTINI, ANNA MARIA, "*Matrimonio e convivenza: influenza del sistema di genere nella scelta del partner*", in Affari Sociali Internazionali, 2006, n°2, pag. 55.

TOMMASINI, RAFFAELE, "*La famiglia di fatto*", in Il Diritto di Famiglia, (a cura di) Tommaso Auletta, Torino, Giappichelli, 2010.

UCCELLA, FAUSTO, "*Matrimonio. Matrimonio Civile*", in Enciclopedia Giuridica, voce Matrimonio, cap. I.

VALSECCHI, ALFIO, "*Non configurabile il delitto di 'stalking' nel contesto familiare*", in Diritto Penale Contemporaneo, 2012.

VASSALLO, GIUSEPPINA, "*Il genitore che non riconosce i figli deve risarcire il danno causato*", in Altalex, 13 febbraio 2012.

VIDÈ, SIMONA, "*Se la casa coniugale in comproprietà venisse assegnata ai figli minori?*", in Leggi di Famiglia - Il blog di informazione legale per separazioni e divorzi, 08 marzo 2012.

VILLA, GABRIELE, "*È più facile divorziare che uscire dal Dico*", in Il Giornale, 13 febbraio 2007.

VIOLINI, LORENZA, "*Il Bundesverfassungsgericht di fronte alla sentenza Maruko: un dialogo tra sordi?*", in Forum di Quaderni Costituzionali, n°2, 2009, pag. 410-413.

Normativa

- CARTA DI NIZZA - Carta dei Diritti fondamentali dell'Unione Europea, Nizza, 11/12/2000;
- TUE - Trattato sull'Unione Europea (versione consolidata), Maastricht, 07/02/1992;
- TFUE - Trattato sul funzionamento dell'Unione Europea (versione consolidata), Roma, 25/03/1957;
- CEDU - Convenzione per la salvaguardia dei Diritti dell'Uomo e delle Libertà fondamentali, Roma, 04 novembre 1950;
- Direttiva 2004/38/CE;
- Direttiva 2000/78/CE;
- Legge 38/2009;
- Legge 54/2006;
- Legge 154/2001;
- Legge 149/2001;
- Legge 286/1998;
- Legge 218/1995;
- Legge 74/1987;
- Legge 943/1986;
- Legge 184/1983;
- Legge 183/1983;
- Legge 354/1975;
- Legge 151/1975;
- Legge 898/1970;
- Legge 356/1958;
- Legge 1726/1918;
- Decreto Legislativo 204/2010;
- Decreto Legislativo 30/2007;
- Decreto Legislativo 216/2003;
- Decreto Legislativo 286/1998;
- Decreto del Presidente della Repubblica 115/2002;

Banche dati giuridiche

- Info UTET, *Banche Dati Platinum*, Torino, Unione Tipografico-Editrice Torinese, aprile 2007;
- Digesto Ipertestuale UTET, 3ª ed., Torino, Unione Tipografico-Editrice Torinese, 2003;

Enciclopedie multimediali

- Enciclopedia Microsoft Encarta, Microsoft Corporation, 1999;
- Enciclopedia Bompiani, Rizzoli new media - RCS Libri e Grandi Opere;
- GEDEA, Grande Enciclopedia DeAgostini, Novara, Istituto Geografico De Agostini, 1995;

Enciclopedie on-line

- Enciclopedia Treccani - Il portale del sapere, Istituto dell'Enciclopedia Italiana fondato da Giovanni Treccani S.p.A. - http://www.treccani.it/
- Wikipedia - L'enciclopedia libera, Wikimedia Foundation Inc. - http://www.it.wikipedia.org/

Altre opere

- Cherubini Lorenzo Jovanotti e Centonze Michele, *Serenata Rap*, Soleluna/Mercury, Milano 1994;
- Dixon Leslie e Singer Randi Mayem, *Mrs. Doubtfire*, 20th Century Fox/Blue Wolf, USA 1993;

Giurisprudenza

Corte Costituzionale,	Corte di Cassazione,	Altri giudici,
sentenza 2011, n°245; sentenza 2010, n°138; sentenza 2010, n°82; sentenza 2009, n°335; sentenza 2000, n°532; sentenza 2000, n°352; sentenza 1998, n°166; sentenza 1997, n°451; sentenza 1996, n°23; sentenza 1994, n°281; sentenza 1989, n°454; sentenza 1988, n°1122; sentenza 1988, n°423; sentenza 1986, n°237; sentenza 1982, n°18; sentenza 1980, n°135; sentenza 1980, n°45; sentenza 1979, n°55; sentenza 1977, n°76; sentenza 1976, n°179; sentenza 1971, n°169; sentenza 1971, n°31; sentenza 1968, n°126; ordinanza 1988, n°57;	civ. sentenza 2012, n°6694; civ. sentenza 2012, n°5652; civ. sentenza 2012, n°5414; civ. sentenza 2012, n°4184; civ. sentenza 2011, n°12278; civ. sentenza 2011, n°211; civ. sentenza 2010, n°23968; civ. sentenza 2010, n°20134; civ. sentenza 2010, n°1096; civ. ordinanza 2009, n°15835; civ. sentenza 2009, n°6441; civ. sentenza 2009, n°2709; civ. sentenza 2009, n°1833; civ. sentenza 2008, n°24858; civ. sentenza 2008, n°4; civ. sentenza 2007, n°14921; civ. ordinanza 2007, n°8362; civ. sentenza 2006, n°15760; civ. sentenza 2006, n°5632; civ. sentenza 2006, n°1179; civ. sentenza 2004, n°44614; civ. sentenza 2004, n°13286; civ. sentenza 2004, n°12557; civ. sentenza 2004, n°10102; civ. sentenza 2003, n°11975; civ. sentenza 2003, n°3713; civ. sentenza 2002, n°432; civ. sentenza 2001, n°282; civ. sentenza 1998, n°3503; civ. sentenza 1994, n°2988; civ. sentenza 1987, n°879; civ. sentenza 1980, n°6400; civ. sentenza 1977, n°556; civ. sentenza 1957, n°1888; pen. sentenza 2010, n°41142; pen. sentenza 2010, n°6587; pen. sentenza 2009, n°40727; pen. sentenza 2009, n°32190; pen. sentenza 2008, n°20647; pen. sentenza 2007, n°21329; pen. sentenza 2007, n°8121; pen. sentenza 2006, n°38109; pen. sentenza 2006, n°35967; pen. sentenza 2006, n°109; pen. sentenza 2005, n°232904; pen. sentenza 2003, n°984; pen. sentenza 1988, n°217; pen. sentenza 12 giugno 1987; pen. sentenza 1966, n°101563; S.S.U.U. ordinanza 2011, n°14839; S.S.U.U. sentenza 1998, n°159;	**Trib. Firenze**, 18 giugno 1986; **Trib. Lamezia Terme**, 01 dicembre 2011; **Trib. Mantova**, 02 febbraio 2010; **Trib. Milano**, 2011, n°9965; ordinanza, 13 novembre 2009; sez. XI, 09 marzo 2004; 2001, n°9965; 05 ottobre 1988; 10 gennaio 1985; **Trib. Minorile Catania**, 16 maggio 1987; **Trib. Monza**, Sez. IV, 29 giugno 2006; **Trib. Novara**, 10 giugno 2011; **Trib. Padova**, sez. I, 04 aprile 2003; **Trib. Reggio Emilia**, sez. I, 13 febbraio 2012; **Trib. Trieste**, 29 febbraio 2012;

FAMIGLIE E CONVIVENZE. PROFILI COSTITUZIONALI.

II
PREMSESSA

01. La famiglia: specchio della società .... pag. 05

CAPITOLO 1
LA FAMIGLIA IN GENERALE: FILOSOFIA, STORIA E DIRITTO

02. Il concetto di famiglia nel Diritto Naturale .... » 10
03. Cenni sul matrimonio nel Diritto Naturale .... » 15
04. La famiglia ellenica .... » 17
05. La concezione romanistica della famiglia e del suo diritto .... » 18
06. Il matrimonio nel Diritto Romano .... » 19
07. Il coniugio nel Diritto Canonico .... » 20
08. Delibazione delle sentenze canoniche .... » 25
09. Cenni sul Diritto Islamico .... » 28
10. Il matrimonio nella Sharì'a .... » 30
11. La moderna concezione etnologica di famiglia .... » 33
12. La "non naturalità" della famiglia .... » 34

CAPITOLO 2
DIRITTO DI FAMIGLIA

13. Concezione Costituzionale della famiglia .... » 38
14. Il diritto di famiglia .... » 42
15. Parentela e affinità .... » 43
16. Rapporti personali tra i coniugi .... » 43
17. Rapporti patrimoniali .... » 44
    17.1. Regime patrimoniale .... » 44
    17.2. Il fondo patrimoniale .... » 45
    17.3. L'impresa familiare e l'azienda coniugale .... » 45
    17.4. Regime tributario .... » 46
    17.5. Regime successorio .... » 47
    17.6. Cause di scioglimento del matrimonio .... » 49
18. Rapporti personali tra genitori e figli .... » 52
19. Profili penali .... » 55
    19.1. I delitti contro la integrità e la sanità della stirpe .... » 56
    19.2. I delitti contro la famiglia .... » 56
    19.3. La legge 154 del 2001 sulla violenza familiare .... » 60

CAPITOLO 3
LA FAMIGLIA DI FATTO

20. Cenni sull'istituto in generale .... » 62

21.	Profili costituzionali	»	64
22.	Analogia e statuto minimo	»	65
23.	La famiglia di fatto nella legislazione ordinaria vigente	»	66
24.	Progetti di legge: PA.C.S. e DI.CO.	»	68
25.	Coppie omosessuali	»	69
	25.1. Cenni sulla tutela antidiscriminatoria	»	73
26.	Natura dei rapporti personali tra conviventi	»	74
	26.1. Ricongiungimento familiare	»	76
	26.2. La c.d. rilevanza esterna della famiglia di fatto	»	77
27.	La filiazione naturale e l'adozione	»	77
	27.1. Rapporti tra genitori e figli naturali	»	81
28.	Rapporti patrimoniali tra conviventi	»	83
	28.1. Regime tributario	»	85
	28.2. L'impresa familiare	»	86
	28.3. La presunzione di gratuità del lavoro del convivente	»	87
	28.4. Diritto successorio	»	87
29.	La cessazione della convivenza	»	91
	29.1. L'assegno familiare	»	96
30.	Profili di diritto processuale	»	99
31.	Profili penali	»	104

CAPITOLO 4
LA FAMIGLIA NEL DIRITTO INTERNAZIONALE PATTIZIO

32.	La Convenzione europea per la salvaguardia dei diritti dell'uomo e delle libertà fondamentali (CEDU)	»	108
	32.1. Giurisprudenza della Corte CEDU	»	108
33.	Unione Europea: TUE, TFUE e Carta di Nizza	»	109
	33.1. Giurisprudenza della Corte di Giustizia dell'UE	»	110
34.	Ricongiungimento familiare	»	112

CAPITOLO 5
L'ESPERIENZA LEGISLATIVA STRANIERA

35.	Premessa	»	115
36.	Stati Uniti D'America	»	116
37.	Spagna	»	117
38.	Francia	»	117
39.	Regno Unito	»	118
40.	Germania	»	119

χ
CONCLUSIONI

41.	Riletture	»	121
β	Bibliografia	»	127

Cenni biografici

BASILIO ANTOCI è nato il 12 febbraio 1987 e, dopo la maturità scientifica conseguita nel 2005, si è laureato in Giurisprudenza nel 2012 presso l'Università degli studi di Catania. Nel 2010 ha pubblicato un saggio pedagogico-filosofico intitolato "*Fede, Metodo, Esperienza. Approccio con il mondo dell'educazione. Spunti e riflessioni*" per la collana "I segni del tempo" di Edizioni Akkuaria. Nel 2013 ha iniziato a scrivere articoli giuridici per Studio Cataldi - Quotidiano Giuridico On-Line. Quest'opera nasce dalla rielaborazione dai lavori di ricerca espletati nel 2012 per la redazione della tesi di laurea, sotto la guida del relatore chiar.mo prof. Agatino Cariola.

Maggiori informazioni sull'Autore sono disponibili all'indirizzo web:

http://www.antoci.tk

Bibliografia

"*Può il rappresentato ratificare tacitamente l'operato del rappresentante che abbia omesso di spenderne il nome?*" in Studio Cataldi - Quotidiano Giuridico On-Line, Studio Cataldi, Ascoli Piceno, 09 settembre 2013.

"*L'assegnazione della casa familiare non è assistenzialismo*" in Studio Cataldi - Quotidiano Giuridico On-Line, Studio Cataldi, Ascoli Piceno, 05 settembre 2013.

"*Affidamento del minore alla madre lesbo. La Cassazione: "Affermare, senza prove, che sia dannoso per il bambino è frutto di un pregiudizio*" in Studio Cataldi - Quotidiano Giuridico On-Line, Studio Cataldi, Ascoli Piceno, 02 settembre 2013.

"*Il sistema giuridico*" in Studio Cataldi - Quotidiano Giuridico On-Line, Studio Cataldi, Ascoli Piceno, 31 agosto 2013.

"*La norma giuridica*" in Studio Cataldi - Quotidiano Giuridico On-Line, Studio Cataldi, Ascoli Piceno, 29 agosto 2013.

"*Fede, metodo, esperienza. Approccio con il mondo dell'educazione. Spunti e riflessioni*", collana I segni del tempo, Edizioni Akkuaria, 1ª Ed., Catania, settembre 2010, ISBN 978-88-6328-090-6.

www.ingramcontent.com/pod-product-compliance
Lightning Source LLC
Chambersburg PA
CBHW070233180526
45158CB00001BA/466